Beck-Wirtschaftsberater

Rhetorik

dtv

Beck-Wirtschaftsberater

Rhetorik

Sicher und erfolgreich sprechen

Von Wolfgang Mentzel

Deutscher Taschenbuch Verlag

Originalausgabe
Deutscher Taschenbuchverlag GmbH & Co. KG
Friedrichstraße 1a, 80801 München
© 2000. Redaktionelle Verantwortung: Verlag C. H. Beck oHG
Druck und Bindung: C. H. Beck'sche Buchdruckerei, Nördlingen
(Adresse der Druckerei: Wilhelmstraße 9, 80801 München)
Satz: Primustype Robert Hurler GmbH, Notzingen
Umschlaggestaltung: Agentur 42 (Fuhr & Partner), Mainz
ISBN 3-423-50845-0 (dtv)
ISBN 3-406-46915-9 (C. H. Beck)

Vorwort

Wer vor Zuhörern spricht, möchte sicher auftreten und überzeugen. Dieses Buch weist Ihnen den Weg, wie Sie durch Training Ihre rednerischen Fähigkeiten entwickeln oder verbessern können. Es enthält Regeln und Empfehlungen, die Sie bei beruflichen, öffentlichen oder privaten Redeanlässen anwenden können. Ich habe versucht die Fragen zu beantworten, die im Laufe meiner fünfundzwanzigjährigen Tätigkeit als Rhetorik-Trainer von den Seminarteilnehmern gestellt wurden.

Das Buch ist im Bausteinesystem aufgebaut, sodass Sie ein Kapitel, das Sie besonders interessiert, herausgreifen können. Ich empfehle, als Wegweiser zunächst das erste Kapitel zu lesen. Es enthält alle Arbeitsschritte von der Übernahme eines Vortrags bis zu seiner Durchführung und die entsprechenden Verweise auf die übrigen Bausteine. Die Verbindung zwischen den einzelnen Kapiteln ist durch zahlreiche Querverweise sichergestellt. Für eine schnelle Information werden am Ende jedes Hauptkapitels die wichtigsten Regeln unter der Überschrift „Auf den Punkt gebracht" nochmals in einer Checkliste zusammengefasst.

Schon Cicero sagte „Reden lernt man durch Reden". Was bringt dann ein Buch über Rhetorik? Es bringt Ihnen etwas, wenn Sie das dargestellte rhetorische Instrumentarium nicht nur lesen, sondern in Übungen praktisch umsetzen. Sie finden über 40 Übungen, die Sie alleine oder in einer Gruppe durchführen können.

Die genannten Regeln und Empfehlungen gelten für beide Geschlechter. Liebe Leserinnen, ich bitte um Ihr Verständnis, dass ich aus Platzgründen die Ausführungen in männlicher Form gehalten habe.

Schönwald, im April 2000 *Wolfgang Mentzel*

Inhaltsverzeichnis

Vorwort V

1. **Von der Idee zum Vortrag – gleichzeitig ein Wegweiser durch das Buch** 1
   1.1 Schriftliche Vorbereitung 1
   1.2 Nehmen Sie sich ausreichend Zeit 2
   1.3 Systematisch vorgehen 3

2. **Überzeugen – Informieren – Unterhalten** 11
   2.1 Überzeugungsrede 12
   2.2 Informationsrede 15
   2.3 Gelegenheitsrede 16
   2.4 Stegreifrede 17

3. **Interesse wecken durch einen gelungenen Einstieg** 21
   3.1 Die Einleitung erfüllt mehrere Aufgaben 21
   3.2 Begrüßung und Anrede 23
   3.3 Der wichtige erste Satz 25
   3.4 Hinführung zum Thema 33

4. **Die Kerngedanken gehören in den Hauptteil** 39
   4.1 Entscheidend ist, was die Zuhörer verstehen 40
   4.2 Informationsverluste 42
   4.3 Kommunikation auf zwei Ebenen 44
   4.4 Gliederungsmuster 46

5. **Ein überzeugender Vortrag verlangt einen starken Schluss** . 49
   5.1 Rechtzeitig aufhören 49
   5.2 Schluss ankündigen 50
   5.3 Vom Appell bis zum Toast 51

6. Gliederungshilfen für verschiedene Anlässe 57
6.1 Überzeugungs- und Informationsreden 58
6.2 Berufliche und private Gelegenheitsreden 63
6.3 Es geht auch anders 67

7. Wer überzeugen möchte, muss frei sprechen 71
7.1 Sprechdenken 71
7.2 Das Stichwortmanuskript 72
7.3 Manuskriptreden nur in Ausnahmefällen 83
7.4 Vorsicht vor auswendig vorgetragenen Reden 87

8. „Erfolgreich sprechen" heißt „verständlich sprechen" 91
8.1 Dimensionen der Verständlichkeit 91
8.2 Auf die richtigen Worte kommt es an 94
8.3 Kurze Sätze sind das Geheimnis des guten Redners . 99
8.4 Redefiguren 101
8.5 Rhetorische Fragen verwenden 105
8.6 Dialekt oder Schriftdeutsch 108

9. Sprech- und Atemtechnik 111
9.1 Artikulation 112
9.2 Lautstärke 114
9.3 Sprechtempo 114
9.4 Gönnen Sie sich und den Zuhörern Pausen 116
9.5 Atemtechnik 119

10. Auch der Körper „spricht" mit 123
10.1 Blickkontakt bedeutet Zuhörerkontakt 126
10.2 Mimik 129
10.3 Gestik 130
10.4 Haltung 133
10.5 Kleidung 135

11. Ein Bild sagt mehr als tausend Worte 137
11.1 Visuelle Hilfen haben viele Vorteile 137
11.2 Tafel, Flipchart, Pinnwand 141
11.3 Tageslichtprojektor 143

11.4	Film- und Videoeinsatz, Diaprojektor	146
11.5	Sonstige Hilfsmittel	147

12. Ein bisschen Spannung gehört dazu ... 149
12.1 Üben bevor der Ernstfall eintritt ... 152
12.2 Eine gute Vorbereitung beruhigt ... 156
12.3 Die letzte halbe Stunde vor dem Vortrag ... 157
12.4 Das Verhalten während des Vortrags ... 160

13. Mit Störungen umgehen ... 165
13.1 Hilfen, wenn Sie hängen bleiben ... 165
13.2 Sie haben sich versprochen ... 170
13.3 Umgang mit Zwischenrufen ... 171
13.4 Die Zuhörer sind desinteressiert ... 175
13.5 Genießen Sie Ihren Beifall ... 177

14. Die Aussprache nach dem Vortrag ... 181
14.1 Eine Aussprache hat viele Vorteile ... 181
14.2 Unterschiedliche Verfahrensweisen ... 182
14.3 Umgang mit einzelnen Diskussionsbeiträgen ... 184
14.4 Moderationsmethode ... 188

15. Stoffsammlung ... 197
15.1 Spontanideen sofort aufschreiben ... 197
15.2 Systematische Stoffsammlung ... 198
15.3 Kreativitätstechniken ... 201
15.4 Mind-Mapping ... 203
15.5 Ideenarchiv anlegen ... 205

16. Dichter werden geboren, Redner werden gemacht ... 207

Literatur- und Quellenverzeichnis ... 215
Stichwortverzeichnis ... 217

Eine Reise von 1000 Kilometern
beginnt mit dem ersten Schritt.
(Chinesisches Sprichwort)

1. Von der Idee zum Vortrag – gleichzeitig ein Wegweiser durch das Buch

Der Grundstein für den Redeerfolg wird mit der Vorbereitung gelegt. Edison soll einmal gesagt haben, eine gute Erfindung bestehe zu einem Prozent aus Inspiration und zu 99 Prozent aus Transpiration. Eine ähnliche Relation gilt auch für die Vorbereitung eines Vortrags. Zwar hat wohl jeder Redner bei der Übernahme eines Themas schnell ein paar Ideen, aber die allein machen noch keinen guten Vortrag aus. Bis der Vortrag gehalten werden kann sind zahlreiche Arbeitsschritte erforderlich: Die Anfangsideen müssen um weiteres Material ergänzt werden. Die Gedanken müssen geordnet und in eine sinnvolle Gliederung gebracht werden. Die richtigen Formulierungen müssen gefunden werden. Ein Manuskript muss erstellt werden und mancher Redner muss sich den Vortrag rhetorisch aneignen.

In diesen Kapitel finden Sie die einzelnen Stufen für eine systematische Vorbereitung. Zuvor noch zwei wichtige Empfehlungen: **Nehmen Sie sich ausreichend Zeit und bereiten Sie sich schriftlich vor.**

1.1 Schriftliche Vorbereitung

Viele Redner verlassen sich auf ihr umfassendes Fachwissen und ihre Spontaneität. Beides sind wichtige Voraussetzungen, insbesondere um in einer Besprechung einen Diskussionsbeitrag zu leisten oder auch einmal aus dem Stegreif eine kleine Rede zu halten. Sie reichen jedoch nicht aus, um eine überzeugende Präsentation, einen gelungenen Fachvortrag oder im privaten Bereich eine spritzige Geburtstagsrede halten zu können. **Nur wenn Sie sich schriftlich vorbereiten, befassen Sie sich intensiv mit dem Thema und stellen si-**

cher, dass Sie während des Vortrags auf Ihre Vorüberlegungen zurückgreifen können.

Verlassen Sie sich nicht auf Ihr Gedächtnis. Schon bei einfachen Telefongesprächen beweisen wir uns laufend, wie unzuverlässig das Gedächtnis ist. Wir legen uns vor dem Telefonat einige Gedanken (im Kopf) zurecht und stellen nachdem wir den Hörer aufgelegt haben fest, dass wir trotzdem einiges vergessen haben. Bei einem Vortrag ist die Anzahl der Einzelinformationen, die vergessen werden könnten, wesentlich größer.

Als Ergebnis der schriftlichen Vorbereitung sollten Sie über ein zuverlässiges Redemanuskript verfügen. Zu dessen Gestaltung gibt es viele Möglichkeiten. Ich empfehle in diesem Buch die Verwendung von Stichwortkärtchen. Aber auch jede andere schriftliche Form ist besser, als die Vorbereitung nur auf ein kurzes Durchdenken zu beschränken.

1.2 Nehmen Sie sich ausreichend Zeit

Bei der Vorbereitung eines Vortrags, wie auch bei anderen Gelegenheiten, hören wir von vielen Menschen, dass sie erst unter Zeitdruck richtig arbeiten können. Stimmt diese Behauptung wirklich oder ist sie nicht nur eine Ausrede oder Selbsttäuschung um eine Arbeit zunächst einmal vor sich herzuschieben?

Nutzen Sie den gesamten Zeitraum, der zwischen der Übernahme und Durchführung des Vortrags liegt. Sobald Sie sich mit Ihrem Thema einmal befasst haben, arbeitet dieses im Geist weiter, auch dann, wenn Sie nicht unmittelbar damit beschäftigt sind. Das gilt auch, wenn Sie durch eine größere Ruhephase in der Vorbereitung etwas Abstand gewinnen. Neue Ideen entstehen und Sie kommen aus eingefahrenen Denkschienen heraus. Diese Chance entgeht Ihnen, wenn Sie in allerletzter Minute nur das unbedingt Notwendige zusammentragen.

Sicherlich gibt es Situationen, in denen wir ohne ausführliche Vorbereitung sprechen müssen. Das typische Merkmal einer Stegreifrede besteht gerade darin, dass sie spontan gehalten werden muss. Auch für solche Situationen finden Sie in diesem Buch Empfehlungen (vgl. Seite 17). In den meisten Fällen steht der Vortragstermin allerdings frühzeitig fest und es liegt am Redner, wie er die verfügbare Zeit nutzt.

1.3 Systematisch vorgehen

Eine vollständige Stoffsammlung und eine Gliederung sind erst möglich, wenn der Redner sich im Klaren darüber ist, was er mit seinem Vortrag erreichen möchte. Ein endgültiges Manuskript kann erst erstellt werden, wenn die Inhalte des Vortrags feststehen. Die in der Grafik dargestellten Ablaufschritte für eine systematische Vorbereitung haben sich bewährt.

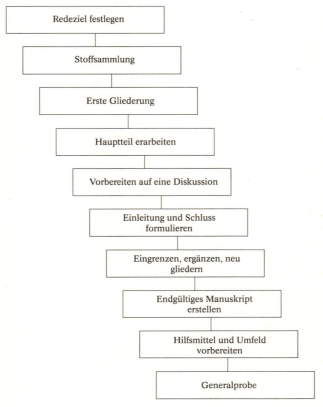

1. Von der Idee zum Vortrag

Redeziel festlegen

„Wer nicht weiß, wohin er will, braucht sich nicht zu wundern, wenn er ganz woanders ankommt." Diese bekannte Feststellung von Robert Mager gilt auch für jeden Vortrag. Die erste Frage, die sich jedem Redner stellt, ist die Frage nach dem Redeziel. **Erst wenn das Redeziel eindeutig feststeht, können die weiteren Vorbereitungsschritte sinnvoll durchgeführt werden.**

> **Beispiel:**
> Stellen Sie sich vor, ein Vorgesetzter überrascht einen Mitarbeiter mit folgender Aufgabe: „Bitte vertreten Sie mich am übernächsten Freitag bei der Kammer. Ich soll dort zum Thema ‚Qualitätsmanagement' referieren und bin verhindert. Sie leiten seit Jahren unsere Abteilung Qualitätskontrolle und beherrschen das Thema sowieso viel besser als ich".

Nehmen wir an, dass eine Ablehnung dieser Bitte kaum möglich ist: Zum einen ist der Mitarbeiter gemäß der betrieblichen „Machtverhältnisse" verpflichtet, die Aufgabe zu übernehmen. Außerdem hat sich der Vorgesetzte eines Tricks bedient, denn er hat versucht, seinen Mitarbeiter mit der Formulierung *„Sie beherrschen das Thema viel besser als ich"* zu motivieren (manipulieren!). Schließlich will der Mitarbeiter überhaupt nicht ablehnen, denn er hält sich tatsächlich für fachlich kompetent und der Vortrag bietet ihm eine Gelegenheit sich zu profilieren.

Der angesprochene Mitarbeiter wird den Vortrag also halten und will möglichst bald mit der Vorbereitung beginnen. Zuvor muss er allerdings noch einige wesentliche Fragen klären, denn außer einem Hinweis auf den Termin (übernächster Freitag), hat der Vorgesetzte keine genauen Angaben gemacht. Heißt das Thema nur *„Qualitätsmanagement"* oder ist es genauer formuliert? Es ist ein Unterschied, ob das im eigenen Unternehmen bestehende Konzept nur vorgestellt wird oder ob die Zuhörer dafür gewonnen werden sollen Qualitätsmanagement in ihrem Unternehmen einzuführen. Im ersten Fall würde die Information im Vordergrund stehen, der Vortrag könnte dann z. B. lauten: *„Erfahrungen mit dem Qualitätsmanagementkonzept der Firma XYZ"*. Im zweiten Fall wäre das Ziel, die Zuhörer von der Notwendigkeit des Qualitätsmanagements zu überzeugen. Das Thema könnte in diesem Fall wie folgt formuliert sein: *„Qualitätsmanagement – eine unverzichtbare Wettbewerbskomponente".*

Falls die Formulierung des Themas keine genaue Auskunft über das Redeziel gibt, dann muss sich der Redner auf andere Weise Klarheit verschaffen. Hilfe erhalten Sie, wenn Sie sich in die Rolle der Zuhörer versetzen und überlegen, welche Fragen diese durch den Besuch Ihres Vortrags beantwortet haben möchten. Auch die Zusammensetzung des Publikums sowie eine Information über dessen Vorkenntnisse und Erfahrungen mit dem Thema können Hinweise auf das Redeziel geben. Ein Vortrag vor Fachkollegen hätte wahrscheinlich andere Ziele und Inhalte als wenn vor Teilnehmern referiert würde, die sich erstmalig mit diesem Thema befassen.

Wenn Sie sich für ein eindeutiges Redeziel entschieden haben, dann schreiben Sie dieses auf und legen es bei den weiteren Arbeitsschritten deutlich sichtbar vor sich. Damit können Sie jederzeit überprüfen, ob Sie noch zielorientiert arbeiten. Im zweiten Kapitel (vgl. Seite 11) werden wir näher auf mögliche Redeziele eingehen. Sie werden sehen, dass sich nahezu alle Redeanlässe auf drei Grundtypen zurückführen lassen. Aber über diese muss Klarheit bestehen.

Stoffsammlung

Nachdem das Redeziel feststeht, folgt die Stoffsammlung. Auch wer ein Thema beherrscht, hat nicht alle Einzelheiten jederzeit auf Abruf parat. Grundsätzlich sind bei der Stoffsammlung zwei Schritte zu unterscheiden:
- Einige Gedanken werden Ihnen bei der Übernahme des Themas spontan einfallen. **Halten Sie alle Ideen unbedingt schriftlich fest, auch wenn Sie noch nicht sicher sind, ob Sie diese im Vortrag tatsächlich benötigen.**
- In einer zweiten Stufe folgt die systematische Stoffsammlung. Regen Sie Ihr Denken durch Leitfragen an: Wer sind die Zuhörer? Welche Vorkenntnisse sind vorhanden? Was soll mit dem Vortrag erreicht werden?

Einzelheiten zur Vorgehensweise bei der Stoffsammlung, mögliche Materialquellen sowie einige bewährte Arbeitstechniken finden Sie in Kapitel 15 (vgl. Seite 197).

1. Von der Idee zum Vortrag

Vorläufige Gliederung

Als Ergebnis der Stoffsammlung verfügen Sie über eine Fülle an ungeordnetem Material. **Entscheiden Sie sich frühzeitig für eine erste (Grob-)Gliederung.** Vielleicht hatten Sie bei der Stoffsammlung bereits eine Idee. Bei einem Kurzvortrag mag für diese erste Strukturierung die Unterteilung in Einleitung – Hauptteil – Schluss genügen. Bei einem umfangreicheren Fachvortrag sollte zumindest der Hauptteil detaillierter untergliedert sein.

Je früher Sie sich für eine Gliederung entscheiden, umso gezielter können Sie vorgehen. Sie können das bereits vorhandene Material zuordnen und die einzelnen Teile gewichten. Sie wissen auch, für welche Gliederungspunkte schon ausreichend Material vorliegt bzw. für welche Punkte weitere Aktivitäten erforderlich sind.

Ich spreche hier bewusst von einer vorläufigen Gliederung, denn es ist durchaus möglich, dass diese bis zur endgültigen Fertigstellung des Vortrags nochmals geändert werden muss. In den Kapiteln 3 bis 5 finden Sie Einzelheiten zur Gestaltung von Einleitung (vgl. Seite 21), Hauptteil (vgl. Seite 39) und Schluss (vgl. Seite 49). Kapitel 6 enthält einige bewährte Standardgliederungen sowie Gliederungsvorschläge für die wichtigsten Redeanlässe (vgl. Seite 57).

Hauptteil erarbeiten

Oben habe ich empfohlen bei der Stoffsammlung zunächst alle Ideen festzuhalten. Das heißt jedoch nicht, dass auch alle Gedanken in den Vortrag eingehen. **Nehmen Sie in das endgültige Manuskript nur auf, was wirklich gesagt werden muss.** Entscheiden Sie über die Aufnahme und das Gewicht einzelner Themen anhand folgender Auswahlfragen:

- Welche Themen müssen im Vortrag unbedingt enthalten sein und ausführlich dargestellt werden?
- Was sollte in kürzerer Form angesprochen werden?
- Welche Informationen sind überflüssig und können entfallen?

Vor allem die letzte Entscheidung, vorhandenes Wissen wegzulassen, fällt bei Fachthemen manchmal schwer. Der Fachmann glaubt, im Sinne einer vollständigen Darstellung sämtliche Einzelheiten nennen zu müssen. Je besser jemand mit einem Thema vertraut ist, umso schwerer fällt ihm die Beschränkung auf das Wesentliche. Hierbei kann es hilfreich sein den Vortrag aus der Sicht der Zuhörer zu sehen. Diese würden durch zu viele Details überfordert und überblicken möglicherweise nicht mehr den Gesamtzusammenhang. Gedanken, die für den Redner selbstverständlich sind, sind für die Zuhörer völlig neu und müssen von diesen erst verarbeitet werden. Überfordern Sie Ihr Publikum nicht, denken Sie auch umgekehrt daran, dass einigen Zuhörern manche für Sie selbstverständliche Voraussetzungen (Vorkenntnisse) fehlen können, die zunächst geklärt werden müssen.

Die Orientierung am Publikum ist auch notwendig, um die richtige Sprache zu finden. Leider sprechen viele Redner über die Köpfe ihres Publikums hinweg. In Kapitel 8 (vgl. Seite 91) befassen wir uns mit der sprachlichen Gestaltung (Wortwahl, Satzbau usw.).

Bei Tagungen kann es vorkommen, dass Sie einer von mehreren Rednern sind; in solchen Fällen sollten Sie bei der Stoffauswahl auch Ihre Vor- und Nachredner berücksichtigen. Falls Sie Gelegenheit haben sich über den Inhalt der anderen Referenten zu informieren können Sie ggf. auf diese eingehen und Überschneidungen vermeiden.

Vorbereiten auf eine Diskussion

Bei der Ausarbeitung des Hauptteils wird auch eine Rolle spielen, ob nach dem Vortrag eine Diskussion (Aussprache) vorgesehen ist oder ob es spontan dazu kommen kann. Sollte das der Fall sein, dann können z. B. solche Aspekte, die nur für einen Teil des Publikums von Interesse sind, in die Diskussion verlagert werden.

Gehen Sie bei Ihren Vorüberlegungen zur Diskussion von Ihrem Vortrag aus und überlegen Sie, welche Fragen oder Einwendungen beim Publikum ausgelöst werden könnten. Halten Sie auf Verdacht zusätzlich einige Punkte fest, die Sie (bei Bedarf) erst in der Diskussion ansprechen wollen. Einzelheiten zur Gestaltung einer Diskussion werden in Kapitel 14 (vgl. Seite 181) behandelt.

Einleitung und Schluss formulieren

Die Behandlung des eigentlichen Themas ist Sache des Hauptteils. Wenn dieser steht, dann sollte es nicht mehr schwer sein einen passenden Einstieg sowie einen geeigneten Schluss zu finden. Leider verschießen viele Redner ihr Pulver zu früh. Die Einleitung soll zwar das Interesse des Publikums wecken, aber sie soll nicht bereits das Problem behandeln. Meiden Sie diese Gefahr, indem Sie **Einleitung und Schluss erst nach Fertigstellung des Hauptteils endgültig festlegen**. Das schließt nicht aus, dass Sie gute Ideen für die Einleitung oder den Schluss schon bei der Stoffsammlung festhalten. Aber der endgültige Entscheid sollte erst fallen, wenn Sie sich über die Inhalte des Hauptteils sicher sind.

Stoff eingrenzen, ergänzen, neu gliedern

Wer rechtzeitig mit der Vorbereitung beginnt, kann diese auch einmal unterbrechen und das Erarbeitete zwischenzeitlich ruhen lassen. Durch die zeitliche Distanz verändert sich manchmal die Einstellung zum Thema. Nicht jeder Einfall aus der Stoffsammlung muss auch ausgesprochen werden. **Werfen Sie alles hinaus, was nicht unbedingt zum Erreichen des Redeziels erforderlich ist**. Das gilt für Spontanideen ebenso, wie für die systematische Materialsammlung.

Die Ruhephase bietet auch die Chance Lücken im bisherigen Konzept zu erkennen. Dann ist es erforderlich nochmals in die Materialsuche einzusteigen und die bisherigen Gedanken zu ergänzen. **Scheuen Sie sich auch nicht Ihren Vortrag nochmals neu zu gliedern, wenn Sie eine bessere Idee haben**. Deshalb war die bisherige Gliederung nicht nutzlos. Diese hat Ihnen auch schon geholfen Ordnung in Ihre Gedanken zu bringen und zu erkennen in welchen Teilen Sie über ausreichend Material verfügen und wo noch etwas fehlt.

Endgültiges Manuskript erstellen

Beim Erarbeiten des Hauptteils, der Einleitung und des Schlusses entsteht ganz von selbst ein erster Entwurf eines Redemanuskripts. Allerdings wird kaum eine Erstfassung perfekt sein. Neue Einfälle, gestrichene oder hinzugekommene Gedanken, aber auch nur eine schlechte Schrift erfordern eine zweite oder dritte Fassung. **Nur ein perfekt vorbereitetes Manuskript wird im Vortrag eine wirkliche Hilfe sein**. Ich befürworte ebenso wie die meisten Rhetorik-Trainer und Autoren von Rhetorikbüchern das freie Reden anhand von Stichworten. Einzelheiten zum Aussehen eines Stichwortmanuskripts und über andere Möglichkeiten der Manuskriptgestaltung finden Sie in Kapitel 7 (vgl. Seite 71).

Der Erfolg eines Vortrags hängt nicht nur davon ab, was gesagt wird. **Genau so wichtig ist es, wie die Gedanken vorgetragen werden.** Dabei ist zwischen der Sprechtechnik (Lautstärke, Betonung, Pausen usw.) und der Körpersprache (Blickkontakt, Mimik, Gestik, Haltung usw.) zu unterscheiden. Zumindest einige Hinweise auf die Sprechtechnik können als Regieanweisung schon in das Redemanuskript aufgenommen werden. Das sprechtechnische Instrumentarium enthält Kapitel 9 (vgl. Seite 111); die Wirkungen der Körpersprache werden in Kapitel 10 (vgl. Seite 123) behandelt.

Hilfsmittel und Umfeld vorbereiten

Während der Vorüberlegungen werden Sie sich auch über geeignete Hilfsmittel Gedanken machen. Sie müssen sich u. a. entscheiden, ob Sie bestimmte Aussagen durch Visualisierung bildhaft veranschaulichen wollen. Die wichtigsten Visualisierungsinstrumente (Tafel, Flipchart, Pinnwand, Overheadprojektor) sind in Kapitel 11 (vgl. Seite 137) dargestellt. Die Vorbereitung von Hilfsmitteln kann zeitlich parallel mit der Ausarbeitung des Vortrags ablaufen.

Soweit Sie Einfluss nehmen können, sollten Sie schon bei der Vorbereitung an das Umfeld denken. Zum Umfeld zählen der Vortragsraum sowie die Ausstattung mit technischen Hilfsmitteln. Wer einzelne Gedanken visuell unterstützen möchte, muss sicher sein, dass die erforderlichen Medien vorhanden sind. Informieren Sie sich auch rechtzeitig, ob Sie hinter einem Pult sprechen werden und ob ein Mikrofon benutzt werden muss.

Generalprobe

Dem erfahrenen Redner wird das Wissen um ein gut vorbereitetes Manuskript genügen. Er wird auch, wenn zwischen dem Abschluss der Vorbereitung und dem Vortragstermin einige Zeit verstreicht, keine Probleme haben anhand des Manuskripts seinen Vortrag zu halten. Wer weniger Erfahrung hat sollte sich durch einen Probevortrag unbedingt überprüfen (lassen). Es reicht im Allgemeinen aus den Vortrag auf Tonband zu sprechen und kritisch abzuhören. **Wenn Sie die Generalprobe etwas mehr dem „Ernstfall" angleichen wollen,**

dann halten Sie den Vortrag vor Familienmitgliedern oder Freunden. Bitten Sie einen solchen Zuhörerkreis um offene Kritik, die sowohl den Inhalt und die sprachliche Gestaltung des Vortrags (Wortwahl und Satzbau) als auch Ihre Sprechtechnik und das körpersprachliche Verhalten umfassen.

Durch eine solche Generalprobe können Sie prüfen, ob Sie sich innerhalb der vorgesehenen Redezeit befinden und ob Ihre Gliederung folgerichtig aufgebaut ist. Sie können „schwierige Formulierungen" trainieren und Sie erfahren, ob bestimmte Gedanken (Beispiele, Vergleiche, Zitate) so ankommen, wie Sie sich das vorgestellt haben. Das alles vermittelt zusätzliche Sicherheit und trägt dazu bei, etwa vorhandenes Lampenfieber zu reduzieren.

Falls Lampenfieber für Sie dennoch ein Problem darstellen sollte, und das ist leider bei vielen Rednern der Fall, dann helfen Ihnen die Ratschläge in Kapitel 12 (vgl. Seite 149). Schließlich kann der Erfolg Ihres Vortrags auch durch äußere Störungen (Zwischenrufe, desinteressierte Zuhörer) beeinträchtigt werden. In Kapitel 13 (vgl. Seite 165) finden Sie Tipps, wie Sie mit Störungen umgehen können.

Auf den Punkt gebracht:
- Bereiten Sie sich schriftlich vor.
- Nehmen Sie sich ausreichend Zeit.
- Gehen Sie systematisch vor.
- Verschaffen Sie sich Klarheit über das Redeziel. Prüfen Sie, vor wem Sie sprechen und was Sie mit dem Vortrag erreichen wollen.
- Halten Sie alle Spontanideen zum Thema sofort schriftlich fest.
- Fördern Sie die systematische Stoffsammlung durch Leitfragen.
- Entscheiden Sie sich frühzeitig für eine erste Gliederung.
- Erarbeiten Sie zuerst den Hauptteil, danach die Einleitung und den Schluss.
- Versuchen Sie durch eine Ruhepause etwas Abstand vom Thema zu gewinnen.
- Erstellen Sie ein zuverlässiges (Stichwort-)Manuskript.
- Bereiten Sie auch Hilfsmittel vor und informieren Sie sich über das Umfeld.
- Halten Sie den Vortrag einmal zur Probe.

> Drei Dingen sind es,
> die der Redner leisten muss:
> Lehren – Antreiben – Erfreuen.
> (Quintilian)

2. Überzeugen – Informieren – Unterhalten

In den bisherigen Ausführungen habe ich abwechselnd von Rede oder Vortrag gesprochen. Im Redealltag begegnen uns zahlreiche andere Begriffe wie Ansprache, Referat, Vorlesung, Präsentation, Statement oder auch Predigt und Plädoyer. Auch jeder Beitrag in einer Diskussion oder Debatte ist eine kleine Rede. Die Aufzählung unterschiedlicher Bezeichnungen soll hier nicht fortgesetzt werden und auch auf eine akademische Begriffsdiskussion wird verzichtet. Sämtliche Regeln und Empfehlungen in diesem Buch gelten, wenn nicht ausdrücklich etwas Anderes gesagt wird, für alle Situationen, in denen vor Publikum gesprochen wird.

Wichtiger als ob im konkreten Fall eine Rede oder ein Vortrag gehalten wird oder ob ein anderer Begriff zutrifft, ist die Frage, **was mit der Rede erreicht werden soll, also die Frage nach dem Redeziel.** Trotz unterschiedlicher Bezeichnungen lassen sich letztendlich alle Reden auf drei Grundformen zurückführen. Die Überschrift zu diesem Kapitel enthält die drei typischen Zielrichtungen, unter die sich alle Reden einordnen lassen.

- Der Redner möchte seine Zuhörer **überzeugen** (z. B. im Verkaufsvortrag);
- der Redner möchte über ein Thema **informieren** (z. B. in einem wissenschaftlichen Referat);
- der Redner möchte sein Publikum **unterhalten** bzw. einen bestimmten **Anlass würdigen** (z. B. bei der Ehrung eines langjährigen Mitarbeiters).

In Anlehnung an das jeweils im Vordergrund stehende Redeziel haben sich in der Praxis die Begriffe Überzeugungsrede, Informationsrede und Gelegenheitsrede durchgesetzt.

2. Überzeugen – informieren – unterhalten

> **Beispiele:**
> - Herr A muss am Vormittag bei der wöchentlichen Zusammenkunft der Abteilungsleiter sprechen; er möchte bei seinen Kollegen erreichen, dass der Werbeetat für das nächste Jahr erhöht wird. Am Nachmittag informiert er die Mitarbeiter seiner Abteilung über die von der Geschäftsleitung getroffenen Beschlüsse. Am Abend würdigt er im Kegelclub „Alle Neune" mit ein paar launigen Worten den Geburtstags eines Kegelbruders.
> - Frau B ist politisch engagiert und setzt sich im Gemeinderat für den Bau eines Spielplatzes im Neubaugebiet ein. Unter einem anderen Tagesordnungspunkt berichtet sie über den Stand der Bauarbeiten am Klärwerk. Zuvor hat sie den Bürgermeister vertreten und die Glückwünsche der Gemeinde zu einer Diamantenen Hochzeit überbracht.

Sowohl bei Herrn A als auch bei Frau B können wir die drei typischen Redeanlässe unterscheiden:
- Die Erhöhung des Werbeetats bzw. der Bau eines Spielplatzes sind Überzeugungsreden; die Redner versuchen ihre Zuhörer von ihrer Meinung zu überzeugen.
- Die Information der Mitarbeiter in der Abteilung bzw. der Bericht über den Stand der Bauarbeiten sind Sachvorträge; die Redner informieren über bestimmte Ereignisse.
- Die Geburtstagsansprache beim Kegelclub und die Glückwünsche zur Diamantenen Hochzeit sind Gelegenheitsreden. Im Mittelpunkt der Ausführungen steht die Würdigung der Jubilare, zusätzlich sollen die übrigen Veranstaltungsteilnehmer unterhalten werden.

Das Redeziel bei der Gelegenheitsrede ist zumeist eindeutig erkennbar; dagegen kommt es zwischen der Überzeugungsrede und dem Sachvortrag häufig zu Überschneidungen. Im ersten Teil eines Vortrags wird über einen Sachverhalt informiert, im zweiten Teil will der Redner sein Publikum für die vorgestellte Lösung gewinnen (überzeugen).

2.1 Überzeugungsrede

Die Überzeugungsrede ist im beruflichen, geschäftlichen, politischen oder gesellschaftlichen Alltag die wichtigste Redeform. Sie

2.1 Überzeugungsrede

wird immer dann gehalten, wenn es dem Redner darum geht, andere von einer Meinung zu überzeugen bzw. zu einem bestimmten Tun zu veranlassen. Statt von Überzeugungsrede wird auch von Meinungsrede gesprochen, weil der Redner immer eine vorgegebene oder eigene Meinung vertritt.

Die Überzeugungsrede ist auf ein ganz bestimmtes Ziel ausgerichtet; der Redner versucht die Einstellung und den Willen seiner Zuhörer so zu beeinflussen, dass er sie für dieses Ziel gewinnt. Bei der Argumentation überwiegen meistens taktische Überlegungen; sie wird oft nur einseitig geführt, d. h., die dem Redeziel förderlichen Argumente werden dargelegt, während die Gegenargumente häufig unterschlagen werden. Die Ausführungen beschränken sich auf das Wesentliche; eine breite Erörterung von Sachinformationen könnte die Zuhörer verwirren und vom Redeziel ablenken. **Am Ende der Überzeugungsrede wird in aller Regel ein Appell an die Zuhörer gerichtet, sich entsprechend der Empfehlungen des Redners zu verhalten.**

Durch die Überzeugungsrede werden neben dem Verstand vor allem der Wille und das Gefühl der Zuhörer angesprochen. Schon Aristoteles hat die drei wichtigsten Motive erkannt, die Menschen zum Handeln bewegen: Angst, Gewinnstreben und Anerkennungsstreben. Die Bedeutung des emotionalen Bereichs wird z. B. bei Verkaufsvorträgen oder Wahlreden besonders deutlich: Die Wahlrede des Politikers ist immer eine Überzeugungsrede; selbst wenn die vorgetragenen Argumente nicht alle überzeugen, sollen letztlich die Wähler dazu gebracht werden, sich bei der Wahl für die Partei des Politikers zu entscheiden. Der typische Schluss der Wahlrede lautet darum häufig: *„..... deshalb wählen Sie am Sonntag die XY-Partei!"*

Beispiele:
Im betrieblichen Alltag:
- Herr A (vgl. oben) appelliert an seine Kollegen, den Werbeetat zu erhöhen.
- Der Sicherheitsbeauftragte sieht beim Betriebsrundgang, dass einige Mitarbeiter den vorgeschriebenen Schutzhelm nicht tragen. Er wird spontan eine kleine Überzeugungsrede halten und dazu aufrufen, künftig den Helm zu benutzen.

2. Überzeugen – informieren – unterhalten

Im gesellschaftlichen Bereich:
- Frau B (vgl. oben) ruft ihre Gemeinderatskollegen auf, den Bau des Spielplatzes zu unterstützen.
- Der Vereinsvorstand appelliert an die Mitglieder, einer Beitragserhöhung zuzustimmen.

Im Privatleben:
- Die Familie ist sich uneinig über das diesjährige Urlaubsziel. Jedes Familienmitglied plädiert für sein Wunschziel.
- Der Bewohner eines Mehrfamilienhauses fühlt sich durch einen im Haus lebenden Hund gestört. Er versucht auf der Eigentümerversammlung die anderen Parteien davon zu überzeugen, dass in die Hausordnung ein „Verbot zum Halten von Haustieren" aufgenommen wird.

Präsentation

In den letzten Jahren hat sich immer stärker der Begriff „Präsentation" durchgesetzt. Wer präsentiert, informiert über eine Idee und versucht das Publikum für diese Idee zu gewinnen. Das Wort Idee steht dabei als Platzhalter für Projekt, Vorschlag, Konzept, Angebot, Produkt und Entwurf, aber auch für die Ergebnisse aus Forschung und Entwicklung. Diese Definition zeigt, dass die Präsentation sowohl die Information als auch die Überzeugung zum Ziel hat, wobei die Überzeugung im Vordergrund steht. **Der Präsentator will seine Zuhörer von der Richtigkeit seiner Idee überzeugen.**

„Um Erfolg zu haben, musst du den Standpunkt des andern einnehmen und die Dinge mit seinen Augen betrachten" (Henry Ford I). Wer präsentiert, muss sich in die Situation seiner Zuhörer versetzen können, damit er seinem Anliegen zum Durchbruch verhelfen kann. Die Kenntnis der Interessen der Partner ist Voraussetzung für den Präsentationserfolg. Nur wer die Interessen seiner Zuhörer kennt, wird in der Lage sein diesen auch den Nutzen und die Vorteile seiner Idee aufzuzeigen. Oder umgekehrt formuliert: Die Zuhörer werden sich nur dann für eine Idee entscheiden, wenn sie deren Nutzen oder Vorteile erkennen.

Häufig wird eine Präsentation erschwert, weil die Zuhörer nicht vom Fach sind und deshalb die Fachsprache nur bedingt verstehen. Außerdem stoßen neue Vorschläge oft auf vorhandene (verfestigte) Meinungen und müssen gegen jahrelange Gewohnheiten ankämpfen. Dem Präsentator steht oft nur wenig Zeit zur Verfügung. Projekte, an denen Wochen, Monate oder gar Jahre gearbeitet wurde, müssen in einer halben Stunde vorgestellt werden. Bei Präsentationen werden die gesprochenen Ausführungen durch visuelle Hilfsmittel unterstützt. Außerdem ist häufiger als beim reinen Vortrag mit Unterbrechungen zu rechnen. Am Ende des Präsentationsvortrags findet zumeist eine Diskussion statt.

> **Beispiele für Präsentationen:**
> - Die neue Arbeitszeitregelung wird vorgestellt
> - Das neue Werbekonzept soll verabschiedet werden
> - Das Sortiment wird präsentiert

2.2 Informationsrede

Das Ziel der Informationsrede (auch Sachvortrag genannt) ist die Darstellung und Klärung von Sachverhalten sowie die Informations- oder Wissensvermittlung. Die wichtigste Anwendungssituation ist der **Fachvortrag** bzw. das **Referat**. Bei den Zuhörern wird vorwiegend, jedoch nicht ausschließlich (vgl. Seite 44) der Verstand angesprochen. Die Inhalte werden (weitgehend) wertfrei dargeboten; positive und negative Aspekte werden gleichermaßen dargestellt. Der Redner trennt korrekt zwischen eigener Meinung und Fremdmeinung.

Auch bei der Informationsrede kommt es ganz entscheidend auf die Zusammensetzung des Zuhörerkreises an. Nicht immer geht es um die Weitergabe von Spezialistenwissen; entscheidend ist oft die Fähigkeit des Referenten komplexe Zusammenhänge so vereinfacht darzustellen, dass sie einem größeren Kreis zugänglich werden. Im Gegensatz zur Überzeugungsrede endet die Informationsrede nicht zwangsläufig mit einem Appell. Der Fachvortrag wird, ebenso wie die Präsentation, häufig durch visuelle Hilfsmittel unterstützt.

Beispiele:
- Bei beruflichen oder wissenschaftlichen Fachvorträgen (Referaten) wird im Wesentlichen informiert.
- Auch in der schulischen und beruflichen Bildung wird hauptsächlich informiert. Der Ausbilder oder Lehrer muss zwar seine Schützlinge überzeugen etwas für die Schule zu tun, aber bei den vermittelten Kenntnissen handelt es sich zumeist um eine Weitergabe von Informationen.
- Auch bei den verschiedenen Berichtsarten (Geschäftsbericht, Messebericht, Lagebericht) dominieren die informatorischen Aspekte. Hierher gehören auch zwei unserer Einleitungsbeispiele: Herr A berichtet seinen Kollegen über die Beschlüsse der Geschäftsleitung; Frau B informiert die übrigen Gemeinderatsmitglieder über den Stand der Bauarbeiten am Klärwerk.
- Eine Erzählung gehört im weiteren Sinne ebenfalls zu den Informationsreden, denn auch hier wird in erster Linie über wirkliche oder erfundene Geschehnisse informiert (berichtet).

2.3 Gelegenheitsrede

Im Mittelpunkt der Gelegenheitsrede (häufig auch Ansprache genannt) steht ein bestimmter beruflicher, gesellschaftlicher oder privater Anlass, der durch den Redner gewürdigt wird. Zusätzlich soll das Publikum in den meisten Fällen auch unterhalten werden. Die Ausführungen richten sich vor allem an das Gefühl der Zuhörer.

Die Gelegenheitsrede befasst sich mit der augenblicklichen Situation, in der sie gehalten wird. Vom Redner wird erwartet, dass er auf die dem Anlass entsprechende Stimmung (Trauer, Freude) eingeht. Leider wird aus der Gelegenheitsrede häufig eine Verlegenheitsrede, die sich in einer Sammlung von Floskeln erschöpft.

Im Buchhandel werden zahlreiche Sammlungen von Musterreden angeboten. Solche „fertigen" Reden können eine Orientierungshilfe sein, sie sollten aber nicht unverändert übernommen werden, da sie oft zu starr und unpersönlich wirken. Sie kommen beim Publikum wesentlich besser an, wenn Sie einen typischen, anlassbezogenen Aspekt aufgreifen und darum Ihre „eigene" Rede bauen. In diesem Buch finden Sie deshalb keine ausformulierten Reden, sondern einige Mustergliederungen als Orientierungshilfe (vgl. Seite 64).

Die Bandbreite der Gelegenheitsrede erstreckt sich von der umfassenden Festrede über die Trauerrede bis zu den wenigen „passenden Worten", die bei einem geselligen Anlass (Geselligkeitsrede) gesprochen werden müssen. Eine Gelegenheitsrede soll auf jeden Fall kurz gehalten werden. Von wenigen Ausnahmen abgesehen (Trauerrede), sind humorige Anmerkungen willkommen.

> **Beispiele:**
> Die Anlässe sind im privaten, gesellschaftlichen oder beruflichen Bereich ähnlich:
> - Gäste oder Mitarbeiter werden begrüßt oder verabschiedet.
> - Ehrungen (Jubiläen, Pensionierungen, Verdienste) werden vollzogen.
> - Glückwünsche bei Feiern (Betriebsjubiläum, Einweihung, Eröffnung, Hochzeit, Geburtstag, Taufe, Hausbau, Examen) werden ausgesprochen.
> - Von unseren einleitenden Beispielen gehören die Glückwünsche zur Diamantenen Hochzeit und die Geburtstagsworte beim Kegelclub zu den Gelegenheitsreden.

2.4 Stegreifrede

Die Stegreifrede ist keine eigene Redeform im bisher besprochenen Sinne. **Der Begriff wird dann verwendet, wenn jemand aus der bestehenden Situation heraus, also ohne Vorbereitung, eine Rede hält.** Der Begriff wurde von dem mittelhochdeutschen Wort „stegereif" (Steigbügel) abgeleitet; eilige Nachrichten berittener Boten wurden früher oft „aus dem Steigbügel", also ohne abzusteigen, übermittelt.

Auf Churchill geht der Ausspruch zurück: *„Am meisten Vorbereitung kosten mich immer meine spontan gehaltenen, improvisierten Reden".* Es ist weder privat noch beruflich auszuschließen, dass Sie plötzlich aus irgendeinem Grund das Wort ergreifen müssen. Dabei kann die Initiative für eine Stegreifrede von Ihnen selbst ausgehen, weil Sie das Bedürfnis haben Position zu beziehen, oder

2. Überzeugen – informieren – unterhalten

Sie werden dazu genötigt. Die drei typischen Redeformen (Überzeugungs-, Informations- und Gelegenheitsrede) können immer auch Stegreifreden sein; besonders häufig kommt sie allerdings als Gelegenheitsrede (Familienfeste, Ehrungen) vor. Präsentationen und Fachvorträge werden dagegen wegen der eingesetzten visuellen Hilfsmittel im Allgemeinen vorbereitet sein.

Wenn Sie einer Stegreifrede nicht ausweichen können, dann verstecken Sie sich nicht hinter nichts sagenden Floskeln *("Es fällt mir schwer", "Ich bin nicht vorbereitet", "Ich bin kein guter Redner", "Eigentlich ist schon alles gesagt", "Ich bin heute indisponiert"*). Solche Formulierungen würden nur als schwache Ausrede empfunden und interessieren jetzt niemanden mehr. Gehen Sie selbstbewusst an die Aufgabe heran und bringen Sie das Unvermeidliche in knapper Form hinter sich.

Überlegen Sie zunächst das Ziel ihrer Rede (überzeugen, informieren oder würdigen/unterhalten). Knüpfen Sie bei Gelegenheitsreden zum Einstieg an den Vorredner an oder sprechen Sie den Anlass der Veranstaltung an. Bei Überzeugungsreden und Sachvorträgen genügt es im Allgemeinen, wenn Sie auf ein, zwei Aspekte aus der vorherigen Situation eingehen, Ihr eigenes Fazit ziehen und mit einem Appell schließen (vgl. Kapitel 6).

Beginnen Sie nicht zu schnell mit dem Sprechen. Versuchen Sie noch einen Augenblick Zeit zu gewinnen, damit Sie sich die Namen der anzusprechenden Personen und zumindest ein paar Gedanken notieren können, die Ihnen spontan einfallen. Eine solche Notiz ermöglicht es, Ordnung in die vorzutragenden Gedanken zu bringen und beruhigt, denn Sie stehen nicht ohne jegliche Hilfe vor Ihrem Publikum. Auch wenn Sie Ihren Notizzettel nur in der Tasche stecken haben, vermittelt er doch Sicherheit. Sie wissen, dass Sie im Notfall darauf zurückgreifen können, selbst wenn es sich nur um ein Mini-Manuskript handelt.

Genau genommen ist jeder Wortbeitrag im Gespräch oder in einer Diskussion eine kleine Stegreifrede. Aber diese Situation wird anders empfunden, als wenn eine freie Rede vor einer Gruppe gehalten werden muss.

2.4 Stegreifrede

Übungen zur Stegreifrede

Falls Ihnen zu diesem Zeitpunkt die Übungen zur Stegreifrede zu schwierig erscheinen, dann beginnen Sie zunächst mit einfacheren Übungen (vgl. Kapitel 16, Seite 207).

Übung Nr. 1: Miniatur-Stegreifrede
Halten Sie Kurzvorträge von ein bis zwei Minuten Dauer über Gegenstände des täglichen Lebens (z. B. Buch, Armbanduhr, Fahrrad, Computer usw.).
Übungsziel: Durch diese und die nächsten beiden Übungen lernen Sie spontan zu formulieren und verbessern Ihre Fähigkeit frei zu sprechen. Kontrollieren Sie sich jeweils durch Tonbandaufzeichnungen.

Übung Nr. 2: Stegreifrede zu bekannten Themen
Überlegen Sie sich einige Themen, die Sie gut beherrschen bzw. mit denen Sie sich in der Vergangenheit schon einmal befasst haben. Versuchen Sie, ein bis zwei Minuten lang zu diesen Themen zu sprechen

Übung Nr. 3: Stegreifrede zu einfachen Vorgängen
Formulieren Sie einfache Themen entsprechend der nachfolgenden Beispiele und versuchen Sie, mindestens zwei Minuten lang eine Stegreifrede darüber zu halten.
Themenbeispiele:
- Besuch im Hallenbad
- Sonntagsspaziergang
- Feierabend
- Einkaufsbummel
- Arztbesuch

Übung Nr. 4: Was würde ich selbst sagen?
Überlegen Sie sich bei allen Reden und Vorträgen, an denen Sie teilnehmen, was Sie selbst sagen würden, wenn Sie sich zu diesem Thema unerwartet äußern müssten. Sie werden feststellen, dass Sie recht schnell „brauchbare" Gedanken entwickeln.
Übungsziel: Diese Übung hilft Ihnen Ihre Überraschung unter Kontrolle zu halten, wenn Sie plötzlich aufgefordert werden, eine kleine Rede (aus dem Stegreif) zu halten (Quelle: Schorkopf, S. 163).

2. Überzeugen – informieren – unterhalten

Auf den Punkt gebracht:
- Die Vorbereitung eines Vortrags beginnt mit der Frage nach dem Redeziel: Wollen Sie überzeugen, informieren oder unterhalten?
- Die Überzeugungsrede soll zu Taten verlassen; sie läuft auf einen Appell hinaus.
- Die Informationsrede dient der Klärung von Sachverhalten und der Wissensvermittlung; sie richtet sich primär an den Verstand der Zuhörer.
- Die Gelegenheitsrede soll einen Anlass würdigen und unterhalten.
- Die Präsentation ist zumeist eine Überzeugungsrede, bei der die verbalen Ausführungen visuell unterstützt werden.
- Die Stegreifrede soll kurz sein; sie wird ohne größere Vorbereitung gehalten.

Der Anfang ist die Hälfte des Ganzen.
(Aristoteles)

3. Interesse wecken durch einen gelungenen Einstieg

Mit der Stoffsammlung tragen wir die Bausteine für unsere Rede zusammen. Diese liegen aber zunächst noch so vor uns, wie sie vom Fuhrwerk gefallen sind. Die notwendige Sortierung erreichen wir durch eine Gliederung. **Eine klare Gliederung ist eine unerlässliche Voraussetzung für die Verständlichkeit eines Vortrags. Sie hilft dem Redner, Ordnung in seine Gedanken zu bringen und erleichtert es dem Publikum, den Ausführungen zu folgen.**

Schon in der Schule wurde uns beigebracht, dass ein Aufsatz nach der bekannten Dreiteilung zu gliedern ist:
- **Einleitung**
- **Hauptteil**
- **Schluss**

Dieses Standardschema gilt auch für Vorträge; es geht auf die Antike zurück und hat sich bis heute bewährt. Allerdings ist die Unterteilung in nur drei Punkte für die meisten Themen zu grob; eine aussagefähige Gliederung wird innerhalb dieser Hauptpunkte weiter unterteilt sein. Beim Entscheid, wie stark ein Thema untergliedert werden soll, sind auch der Redeanlass und der Zuhörerkreis zu beachten. In diesem Kapitel geht es um die Gestaltung der Einleitung.

3.1 Die Einleitung erfüllt mehrere Aufgaben

Haben Sie nicht auch schon manches Buch zur Seite gelegt, weil es zu Beginn langweilig war? Haben Sie nicht auch schon den Fernseher nach wenigen Minuten ausgeschaltet, weil Sie der Film von Anfang an nicht angesprochen hat? Dem Autor oder Regisseur ist es in diesen Fällen nicht gelungen Sie sofort so zu packen, dass Sie da-

3. Interesse wecken durch einen gelungenen Einstieg

bei geblieben sind. Ähnliches gilt auch für einen Vortrag. **Der Erfolg vieler Vorträge hängt davon ab, ob es dem Redner mit den ersten Worten gelingt, sein Publikum für sich einzunehmen.**

Die Einleitung dient zunächst dazu, den Kontakt zum Publikum herzustellen und dieses zum Thema hinzuführen. Außerdem müssen die Zuhörer erfahren, wozu ihnen der Vortrag nützt und wie sie diesen im Rahmen ihrer vorhandenen Kenntnisse und Erfahrungen einordnen können.

Durch einen überzeugenden Beginn werden die Zuhörer von Anfang an gefesselt und wenden ihre Aufmerksamkeit schnell dem Redner zu. Dieser bereitet sein Publikum auf das Thema vor ohne mit der Türe ins Haus zu fallen. Die eigentliche Informations- und Überzeugungsarbeit, das Bemühen die Zuhörer für die eigene Meinung zu gewinnen, gehören dagegen in den Hauptteil.

Stellen Sie sich einmal vor, ein Redner würde wie folgt beginnen: *„Meine Damen und Herren, ich spreche zu Ihnen über das Thema: Alkoholwerbung im Fernsehen. Ich bin der Meinung, dass jegliche Werbung für Alkohol im Fernsehen sofort verboten werden muss......"*. Dieser Redner kommt zu schnell zur Sache. Er stellt weder den notwendigen Kontakt zu seinem Publikum her noch gibt er diesem die Möglichkeit sich gedanklich auf das Thema einzustellen. Außerdem beachtet er nicht, dass einige Zuhörer auch anderer Meinung sein könnten. Solche Zuhörer würden wahrscheinlich schnell abschalten, denn sie erfahren bereits mit dem ersten Satz, dass ihre Meinung als falsch angesehen wird.

Der Einstieg hilft den Zuhörern auch sich auf die Person des Redners einzustimmen. Der Redner ist vielfach eine Fremder, die Zuhörer müssen sich zunächst an das Aussehen und die Sprechweise (Tempo, Lautstärke, Dialektfärbung) gewöhnen.

Auch der Redner selbst benötigt den Einstieg um in den richtigen Sprechrhythmus zu kommen. Wenn Sie spüren, dass Ihre Einstiegsformulierungen angekommen sind, hilft das eine eventuell vorhandene Anfangsspannung schneller zu überwinden. Erinnern Sie sich nochmals an das letzte Beispiel: Der Redner, der sofort seine eigene Meinung darlegt, stößt zumindest bei einigen Zuhörern auf Widerspruch. Diese werden das durch entsprechende körpersprachliche, vielleicht auch verbale Äußerungen zeigen. Das spürt der Redner und die Spannung steigt. Wenn der Redner dagegen den Reaktionen des Publikums entnimmt, dass es ihn akzeptiert, wird die Spannung gemindert. Die erste Hürde liegt hinter ihm, die Sicherheit steigt.

Bei Gelegenheitsreden wird nach der Anrede im Allgemeinen der Anlass genannt. Bei Überzeugungsreden und Sachvorträgen gehören zur Einleitung

- die Begrüßung und Anrede der Zuhörer,
- ein Anfangssatz, der Interesse weckt und „Lust auf mehr" macht und
- die thematische Hinführung der Zuhörer zum Hauptteil.

3.2 Begrüßung und Anrede

Beginnen Sie Ihre Ausführungen immer mit einer Anrede und Begrüßung der Zuhörer. Zwischen Ihnen und den Zuhörern besteht zunächst eine Art unsichtbare Barriere, die Sie möglichst schnell überwinden müssen. Dabei hilft Ihnen die richtige Anrede.

Wie die Anrede lautet, hängt vom Anlass und vom Zuhörerkreis ab. Sie müssen entscheiden, ob Sie eher Nähe oder eher Distanz aufbauen wollen. Die Anrede *„Meine Damen und Herren"* oder *„Sehr geehrte Damen und Herren"* ist zwar relativ unpersönlich, aber immer korrekt. Diese Formulierung ist auf jeden Fall besser, als ohne Anrede direkt ins Thema einzusteigen. **Die Zuhörer fühlen sich stärker angesprochen, wenn die Anrede deutlicher auf den anwesenden Personenkreis abgestellt ist.**

Beispiele:
- „Liebe Mitarbeiter" oder „Guten Tag, liebe Mitarbeiter"
- „Liebe Kollegen"
- „Liebes Brautpaar, liebe Gäste"
- „Liebe Mitglieder des Tennisclubs Schwarz-Gelb"
- „Guten Abend, liebe Anwohner der Lindenstraße"

Begrüßung und Anrede müssen nicht unbedingt die ersten Worte sein. Sie können auch in den ersten Satz eingefügt werden.

3. Interesse wecken durch einen gelungenen Einstieg

> **Beispiel:**
> „Die Ausschussquote ist im letzten Quartal um einen halben Prozentpunkt zurückgegangen, liebe Mitarbeiter. Diese Tendenz sollten wir fortsetzen..."

Sollten herausragende Persönlichkeiten anwesend sein, dann sind diese zusätzlich mit Namen oder Titel (oder beidem) anzusprechen. Prüfen Sie genau, wer namentlich begrüßt werden muss und vermeiden Sie zu lange Namensaufzählungen.

> **Beispiele:**
> - „Sehr geehrte Frau Präsidentin, meine Damen und Herren, am vergangenen Sonntag jährte sich.....".
> - „Verehrter Herr Bürgermeister Schmidt, liebe Mitglieder des Gemeinderats,..."

Falls in einer reinen Herrenrunde nur eine Dame anwesend ist oder umgekehrt nur ein Mann in der Damenrunde, dann sollte für diese Einzelperson jeweils der Name verwendet werden, falls er bekannt ist.

> **Beispiele:**
> - „Sehr geehrte Frau Schöller, meine Herren,..."
> - „Sehr geehrte Damen, lieber Herr Kollege Schmidt,..."

Wenn Sie bei der Begrüßung Namen und Titel verwenden, dann informieren Sie sich vorher genau über den richtigen Wortlaut. Das gilt auch, wenn Sie im Rahmen einer Veranstaltungseröffnung einen Gast vorstellen. Es wirkt wenig glaubhaft, sondern eher peinlich, wenn betont wird, was für einen bekannten und profilierten Redner man für diese Veranstaltung gewinnen konnte und gleichzeitig ein falscher Name verwendet wird. Schützen Sie sich vor einem solchen Lapsus, indem Sie den Namen voll ausgeschrieben in Ihr Manuskript aufnehmen.

Die Anrede kann im Verlauf des Vortrags gelegentlich (nicht zu häufig) wiederholt werden. Wenn Sie einzelne Personen oder

Gruppen namentlich ansprechen, werden auch die übrigen Zuhörer neugierig.

> **Beispiele:**
> - „In Ihrer Abteilung, Herr Schneider, liegt die Fehlzeitenquote schon seit Jahren unter dem Betriebsdurchschnitt".
> - „Meine Damen und Herren vom Betriebsrat, ich danke Ihnen, dass Sie bei der Einführung der neuen Arbeitszeitregelung von Anfang an mit der Personalabteilung zusammengearbeitet haben".

Bei einer Gelegenheitsrede (z. B. eine Geburtstagsrede oder ein Mitarbeiterjubiläum) kann mit der Anrede auch zwischen dem Jubilar und den übrigen Anwesenden gewechselt werden.

> **Beispiel:**
> Vortragsbeginn: „Sehr verehrte Gäste, liebe Kollegen und Mitarbeiter, lieber Herr Forst, ...".
> Im weiteren Verlauf der Ansprache wird dann die gesamte Festgesellschaft mit „Meine Damen und Herren" angesprochen und bei personenbezogenen Aussagen der Jubilar mit Namen: „Lieber Herr Forst, als vor über 30 Jahren......".

3.3 Der wichtige erste Satz

Neben der passenden Anrede hat der Redner mit einem gelungenen Anfangssatz eine zweite Möglichkeit, sein Publikum für sich zu gewinnen. Stellen Sie sich einmal die übliche Redesituation vor. Der Redner steht auf einem Podium, hinter einem Mikrofon oder auch frei mit einigen Metern Abstand vor seinem Publikum. Beide Seiten kennen sich nicht oder wissen zumindest nicht, was sie in der nächsten halben Stunde gegenseitig voneinander zu erwarten haben. **Es hängt zu einem großen Teil von der Wirkung des Einstiegssatzes ab, ob die Zuhörer an Ihren weiteren Ausführungen interessiert sind und sich darauf konzentrieren oder ob sie bereits hier abschalten und sich gelangweilt zurücklehnen.**

Auf den folgenden Seiten finden Sie zahlreiche Möglichkeiten für einen gelungenen Einstieg. Entscheiden Sie sich für eine Variante, die sowohl zum Publikum als auch zu Ihnen selbst passt. Lässt sich Ihr Publikum eher über die Betonung des „Wir-Gefühls" (Kontaktschiene) gewinnen oder indem Sie es neugierig machen? Wenn Sie ein sehr nüchterner Mensch sind und sich scheuen eine Anekdote oder gar einen Witz zu erzählen empfehle ich mit dem sachlichen Einstieg die „seriöse" Variante.

Zuhörerkompliment

Das Zuhörerkompliment ist der klassische Beginn, wie er uns von den Rhetoren der Antike überliefert wurde. Damals wurde allerdings nicht die Bezeichnung Zuhörerkompliment verwendet, sondern der Redner hatte zunächst die Aufgabe „das Wohlwollen seiner Zuhörer zu gewinnen". Die Römer sprachen von „captatio benevolentiae". Der Redner hatte etwas Positives, Freundliches zu sagen, das ihm die Zustimmung seiner Zuhörer sicherte.

Nutzen auch Sie die Empfänglichkeit der Menschen für Komplimente. Achten Sie aber darauf, dass das Kompliment als ehrlich empfunden wird und sich nicht in einer stereotypen Floskel erschöpft.

Beispiele:
- Ein Vortrag beginnt bereits morgens um 8 Uhr. Der Redner entscheidet sich für folgenden Einstieg: „Meine Damen und Herren, ich freue mich, dass Sie sich zu so ungewöhnlicher Stunde hier eingefunden haben."
- Dagegen könnte die folgende, positiv gemeinte Formulierung schon missverstanden werden: „Meine Damen und Herren, durch die Teilnahme an der heutigen Veranstaltung beweisen Sie Ihr Engagement in dieser Angelegenheit."

Das letzte Beispiel weist auf ein Problem des Zuhörerkomplimentes als Einstieg hin: Die Gefahr eines billigen Komplimentes als Mittel zum Zweck oder einer plumpen Anbiederung ist nicht zu übersehen. Oder ist es für Sie noch glaubhaft, wenn Sie zum soundsovielten Mal hören, dass sich der Redner freut gerade vor diesem netten Zuhörerkreis sprechen zu dürfen. Der Politiker auf Wahlreise freut sich z. B. um 10 Uhr bei den lieben Bürgern von X-Stadt zu sein um 11 Uhr erzählt er dasselbe in Y-Stadt und um 12 Uhr in Z-Stadt.

3.3 Der wichtige erste Satz

Ein schwacher, wenig origineller Einstieg ist auch *„der Dank an das Publikum für das zahlreiche Erscheinen"*.

Der floskelhafte Dank für das zahlreiche Erscheinen darf nicht verwechselt werden mit einer Bedankung beim Publikum oder beim Veranstalter für die Einladung zu diesem Thema (zu dieser Veranstaltung) oder dem Dank an die Person, welche die Einführung und Vorstellung des Redners übernommen hat.

Gemeinsamkeit herstellen

Diese Möglichkeit Kontakt herzustellen, eignet sich vor allem dann, wenn Zuhörer mit abweichenden Auffassungen zusammenkommen. Ein Hinweis auf gleiche Probleme oder Interessen, die gleiche Herkunft oder die Zugehörigkeit zur gleichen Berufsgruppe oder ein gemeinsames Erlebnis können hier angesprochen werden.

Wenn Sie diese Variante verwenden, dann werden die Wörtchen „wir" oder „uns" in Ihrer Einleitung vorkommen.

> **Beispiele:**
> - „Meine Damen und Herren, wir alle zahlen viel zu viel Steuern!"
> - „Liebe Bewohner der Blumenau, die Verkehrssituation in unserem Wohnbezirk geht uns alle an!"
> - „Meine Damen und Herren, wir bilden bei der Entlohnung wieder einmal das Schlusslicht!"

Verwenden Sie die Wir-Form allerdings nur, wenn tatsächlich Gemeinsamkeiten mit den Zuhörern bestehen. Das ist bei den vorstehenden Beispielen der Fall. Vermeiden Sie die betuliche, anbiedernde Wir-Form. Die Krankenschwester, die dem Patienten vorschlägt, *„jetzt nehmen wir unsere Medizin und dann gehen wir ins Bett"*, macht nur falsche Versprechungen.

Auch wenn Sie an die Ausführungen eines überzeugenden Vorredners anknüpfen, können Sie Ihr Publikum schnell für sich gewinnen. Sie führen damit Gedanken fort, mit denen sich die Zuhörer schon auseinander gesetzt haben.

Einstieg mit Humor

Diese Möglichkeit wird leider im deutschen Sprachraum viel zu wenig genutzt. Bei wissenschaftlichen Veranstaltungen und bei vielen Fachvorträgen ist Humor sogar fast verpönt. Warum eigentlich? Ein Zuhörer, der zunächst einmal schmunzelt, kann sich dennoch intensiv mit den nachfolgenden wissenschaftlichen Ausführungen auseinander setzen.

Natürlich sind keine abgedroschenen Witze gefragt. Aber eine kleine Geschichte mit einer guten Pointe, die zum Thema passt, schadet nicht. Auch durch eine gut ausgewählte und vorgetragene Anekdote können Sie Ihr Publikum bei jeder Art von Vortrag zum Schmunzeln (oder gar Lachen) bringen. Stellen Sie sich ein Auditorium vor, das sich auf einen trockenen Fachvortrag eingerichtet hat und zunächst mit einer humorigen Geschichte überrascht wird.

Beispiele:
- Ein Vortrag gegen das Rauchen wurde mit folgender Geschichte begonnen: Meine Damen und Herren, ein Patient wird mit Verdacht auf Herzinfarkt ins Krankenhaus eingeliefert. Der aufnehmende Arzt fragt ihn: „Rauchen Sie?" Antwort des Patienten: „Nicht mehr!" Arzt: „Seit wann?" Patient: „Seit einer Stunde!"
- Ein Vortrag auf einem Management-Seminar über Entscheidungstechniken wurde mit folgender Anekdote eingeleitet: „Meine Damen und Herren, Max Reinhardt hatte für eine einwöchige Reise 50 Paar Socken eingepackt. ‚Was für ein Unsinn? Mehr als sieben Paar brauchst du doch nicht?' wurde er von einem Freund gefragt. ‚Schon richtig, aber welche?' erwiderte Reinhardt."
- Auch bei der Gelegenheitsrede kann am Anfang eine Anekdote stehen. Ein Kollege des Autors wurde von seinem Fachbereich mit einer kleinen Feier in den Ruhestand verabschiedet. Er hat seine Dankesrede wie folgt begonnen: „Meine Damen und Herren, als der frühere amerikanische Präsident Eisenhower in Pension ging, wurde er von einem jungen Reporter gefragt, was er in Zukunft zu tun gedenke. Eisenhower soll geantwortet haben: Zuerst werde ich einen Schaukelstuhl auf die Veranda stellen. Darin werde ich sechs Monate lang ruhig sitzen. Und dann werde ich ganz langsam anfangen zu schaukeln". Mit diesem Aufhänger hat der Kollege dann ausgeführt, was er selbst künftig zu tun gedenkt.

Zitate

Das Zitat ist ein bewährtes rhetorisches Mittel, das sowohl beim Einstieg als auch im weiteren Verlauf eines Vortrags für Abwechslung und Lockerung sorgt.

> **Beispiel:**
> Ein Vortrag über rhetorische Stilmittel könnte wie folgt beginnen: „Meine Damen und Herren, Schopenhauer hat einmal gesagt" (Pause, etwas lauter) „Nichts ist schwerer, als bedeutende Gedanken so auszudrücken, daß jeder sie verstehen muß" (Pause, Blick zum Publikum; mit normaler Lautstärke weiter).

Persönliche Erlebnisse oder Erfahrungen

Diese Variante mag zunächst erstaunen. Haben wir doch alle einmal gelernt nicht zu viel über uns selbst zu sprechen. Selbstverständlich dürfen wir das Publikum nicht mit persönlichen Problemen langweilen. Insbesondere darf der Bezug zum Thema nicht verloren gehen. Das gilt für die Einleitung ebenso wie für die anderen Vortragsteile. Aber warum sollen die Erkenntnisse anderer und das allgemeine Fachwissen nicht um konkrete, eigene Erfahrungen ergänzt werden? Gut verarbeitete persönliche Erfahrungen machen einen Vortrag glaubwürdig und überzeugend, denn sie stammen aus dem wirklichen Leben und sind damit immer lebendiger als abstrakte Theorie.

> **Beispiele:**
> - Bei einem Vortrag gegen den hohen Alkoholkonsum ist es möglich, auf eigenes früheres Fehlverhalten hinzuweisen: „Meine Damen und Herren, noch vor vier Jahren waren einige Bierchen am Abend für mich eine Selbstverständlichkeit". Der Effekt besteht hier gerade darin, dass ein solcher Einstieg von diesem Redner nicht erwartet wird.
> - Bei einem Thema „Geschwindigkeitsbegrenzungen auf Autobahnen" ist es denkbar, dass der Redner beginnt „Meine Damen und Herren, heute Morgen beim Herfahren konnte ich beobachten, wie ein Raser......"

3. Interesse wecken durch einen gelungenen Einstieg

Hilfsmittel und Anschauungsmaterial einsetzen

In diese Kategorie gehören alle Möglichkeiten, bei denen am Anfang eine Aktion steht. In der Fachsprache wird von Demonstration gesprochen. Besonders erfolgreich erweisen sich Situationen, bei denen die Zuhörer etwas tun können. U. a. sind hier folgende Varianten denkbar:

- Einspielen eines kurzen Films (kommt oft vor bei Firmenpräsentationen),
- technische Demonstrationen (z. B. ein chemischer Versuch),
- das Vorzeigen von Mustern, Modellen, Katalogen oder
- die Aktivierung des Publikums.

> **Beispiele:**
> - Bei einem Vortrag über gesunde Ernährung lässt der Redner zunächst einen Korb mit Äpfeln kreisen, aus dem sich die Zuhörer bedienen.
> - Auch der Redner beeindruckte sein Publikum, der zu Beginn seines Vortrags gegen das Rauchen, das Plakat einer Krankenkasse aufrollte, das ein menschliches Gerippe zeigte mit dem Hinweis „Rauchen macht schlank".

Problemlösung versprechen

Wer seinem Publikum die Lösung eines echten Problems verspricht, kann sich dessen Aufmerksamkeit sicher sein. Ein solches Versprechen muss dann aber in den nachfolgenden Ausführungen auch eingelöst werden.

> **Beispiel:**
> Ein Rhetorik-Trainer beginnt sein Seminar wie folgt: „Meine Damen und Herren, ich garantiere Ihnen, dass ich Sie in diesem Seminar alle ein Stückchen weiter bringe. Bitte notieren Sie sich diese Behauptung und überprüfen Sie sie am Seminarende."

Aktuelle Daten und Fakten

Durch aktuelle Daten und Fakten zeigen Sie, dass Ihr Vortrag sich mit Problemen der Gegenwart befasst. Auch seriöse Statistiken sind geeignet, wenn der Bezug zum Thema gewährleistet ist.

> **Beispiele:**
> - Bei einem Vortrag über „Geschwindigkeitsbegrenzungen auf Autobahnen" könnte z. B. auf die Zahl der Verkehrsunfälle im letzten Jahr verwiesen werden: „Meine Damen und Herren, jährlich sterben auf deutschen Autobahnen....."
> - Die schlechte Konjunkturlage, die leeren öffentlichen Kassen, die rückläufigen Auftragseingänge, die hohe Arbeitslosenzahl kämen bei entsprechenden Fachthemen infrage.

Aktuelle Nachrichten, neuere Erkenntnisse

Auch aktuelle Meldungen aus den Nachrichten oder die Schlagzeile der Tageszeitung sind als Einstieg geeignet, wenn sie zum Thema passen. Für einen solchen Einstieg entscheiden Sie sich kurzfristig, unmittelbar vor dem Vortrag. Zugunsten der Aktualität wird der vorbereitete Einstieg durch die Tagesmeldung ersetzt. Bei Fachvorträgen wird gerne auf neuere Untersuchungen oder Veröffentlichungen hingewiesen.

> **Beispiele:**
> - Bei dem schon erwähnten Vortrag gegen hohen Alkoholkonsum verzichtet der Redner auf den vorbereiteten Einstieg über eigenes Fehlverhalten und beginnt stattdessen: „Meine Damen und Herren, gestern Abend hörte ich in der Tagesschau, dass die Werbung für Alkoholika bei Sportveranstaltungen künftig nicht mehr erlaubt sein wird. Das ist ein erster Schritt, um........."
> - Einen Vortrag gegen das Rauchen könnte der Redner beginnen: Meine Damen und Herren, eine Untersuchung über die Auswirkungen des passiven Rauchens hat gezeigt,......"

Vergleiche herstellen

Auch dies ist eine sehr sachliche Variante. Vergleiche unterschiedlichster Art sind denkbar:
- Die heutige Situation kann mit früher verglichen werden,
- der Entwicklung in unserem Betrieb wird die des Nachbarbetriebs (oder Wettbewerbers) entgegengehalten,
- unsere Abteilung vergleicht sich mit anderen Abteilungen,

- auch unterschiedliche Problemlösungen sind als Vergleichsgegenstand denkbar.

> **Beispiele:**
> - In einer Abteilungsversammlung beginnt ein Mitarbeiter seine Ausführungen zu den Gehaltsforderungen wie folgt: „Liebe Kolleginnen und Kollegen, im Gegensatz zu den Kollegen im Außendienst verdienen wir im Innendienst nur ......"
> - Ein Verbandsvertreter referiert vor den Einzelhändlern der Innenstadt: „Meine Damen und Herren, vor dem Bau der Umgehungsstraße hatten wir zwar viel Verkehr, aber auch viele Kunden. Heute dagegen haben wir ....."

Historischer Beginn

Den Redner, der ewig weit ausholt und dann keine Zeit mehr hat um die wirklichen Probleme zu beleuchten, haben Sie alle schon erlebt. Aber ein historischer Einstieg muss nicht zwangsläufig bedeuten, dass Sie mit Adam und Eva beginnen. Ein treffendes Ereignis aus der Geschichte oder ein Rückgriff auf Geschehnisse von früher sind nicht ausgeschlossen. Die vergangenheitsorientierte Einleitung ist vor allem bei vielen Gelegenheitsreden (Vereinsjubiläum, Mitarbeiterverabschiedung) beliebt.

> **Beispiele:**
> - Nochmals das Thema „Geschwindigkeitsbegrenzungen auf Autobahnen". Es geht sicherlich nicht am Thema vorbei, wenn der Redner wie folgt beginnt: „Meine Damen und Herren, als Bertha Benz im Jahre 1886 die erste Autofahrt von Mannheim nach Pforzheim startete, kannte sie das Problem Geschwindigkeitsbegrenzung noch nicht".
> - Beim zwanzigjährigen Betriebsjubiläum eines Mitarbeiters könnte z. B. mit dem Hinweis begonnen werden: „Liebe Kolleginnen und Kollegen der Buchhaltung, einige von uns erinnern sich noch daran, wie Karl Müller als Lehrling bei uns anfing".

Rhetorische Frage als Einstieg

Die rhetorische Frage hat sich beim Einstieg ebenso bewährt wie als rhetorisches Mittel innerhalb des Vortrags (vgl. Seite 105). Eine rhetorische Frage beantwortet sich entweder durch die weiteren Ausführungen von selbst oder wird vom Redner, aber niemals vom Publikum beantwortet. Sie lässt sich bei jedem Informations- und Überzeugungsvortrag einsetzen.

Im Rhetorik-Seminar hat sich die rhetorische Frage als die beliebteste Einstiegsmöglichkeit erwiesen. Nahezu in jedem Seminar hat über die Hälfte der Teilnehmer die abschließende Übung damit begonnen. Das hängt u. a. auch damit zusammen, dass es bei einem Einstieg über die rhetorische Frage keiner großen Überlegungen bedarf. Es genügt, einen interessanten Aspekt des Themas aufzugreifen und ihn als rhetorische Frage zu formulieren. Durch die Frageform werden die Gedanken der Zuhörer sofort in das Thema hineingezogen.

> **Beispiele:**
> - Beim Thema „Gesunde Ernährung" könnte die Frage lauten: „Meine Damen und Herren, essen wir nicht alle viel zu viel Fett?"
> - Das Thema „Verkehrssituation im Wohnbezirk" könnte mit der Frage begonnen werden: „Meine Damen und Herren, wie lange müssen wir uns das noch gefallen lassen?"

Vorsicht vor direkten Fragen

Die rhetorische Frage ist ein leicht zu formulierender Einstieg ohne Risiko. Ganz anders die direkte Frage. Manche Redner beginnen mit einer Frage an einzelne oder alle Zuhörer. Das kann erfolgreich sein, wenn die richtige, für den Fortgang des Vortrags erforderliche Antwort gegeben wird. Es kann aber auch vorkommen, dass die Frage unbeantwortet bleibt oder dass die „falsche" Antwort gegeben wird und der Redner aus dem Konzept gebracht wird. Einige Redeprofis sichern sich gegen diese beiden Gefahren dadurch ab, dass sie vorher mit einem Teilnehmer die erwünschte Antwort absprechen.

3.4 Hinführung zum Thema

Zur Einleitung gehört auch, dass die Zuhörer zum eigentlichen Thema hingeführt werden. Bei Sachvorträgen und Überzeugungsreden sind die folgenden Möglichkeiten häufig anzutreffen:

3. Interesse wecken durch einen gelungenen Einstieg

- Durch einen Hinweis auf das Ziel des Vortrags („Sagen, worum es geht", vgl. Seite 59) zeigen Sie dem Publikum die Richtung Ihrer Ausführungen und können im Hauptteil sofort mit der Argumentation beginnen.
- Durch eine Abgrenzung des Themas verdeutlichen Sie, was in diesem Vortrag behandelt bzw. ausgeklammert wird.
- Sie skizzieren das weitere Vorgehen oder erläutern die Gliederung um dann im Hauptteil direkt mit dem ersten Gliederungspunkt zu beginnen.
- Sie formulieren Thesen oder Fragen um im Hauptteil die entsprechenden Antworten zu geben.

Eigene Vorstellung kurz halten

Bei Fachvorträgen und Präsentationen kann es vorkommen, dass der Redner sich selbst kurz vorstellen muss. Wie umfangreich diese Vorstellung ausfällt, hängt von der jeweiligen Situation ab. Die Bandbreite möglicher Informationen kann sich vom Namen über Herkunft, das vertretene Unternehmen, die Funktion im Unternehmen, die heutige Rolle des Redners bis zu einem kurzen Lebenslauf erstrecken. **Halten Sie die Angaben zur eigenen Person so knapp wie möglich, denn die Zuhörer wollen zwar wissen, wer vor ihnen steht, aber sie sind in erster Linie wegen des Sachproblems gekommen.**

Orientierung an den Zuhörern

Wählen Sie einen Einstieg, der die Zuhörer interessiert. Viele Redner gehen von der eigenen Interessenlage aus. Deckt sich diese aber mit den Erwartungen der Zuhörer? Durch die Einleitung soll die Aufmerksamkeit der Zuhörer für die weiteren Ausführungen geweckt werden. Das wird nur gelingen, wenn Sie den Zuhörern entsprechende Anreize bieten. Überprüfen Sie deshalb die Wirkung Ihrer Einleitung, indem Sie sich gedanklich in die Situation Ihrer Zuhörer versetzen.

Kein negativer Vortragsbeginn

Grundsätzlich ist jeder Einstieg richtig, wenn er die vorstehenden Ziele erfüllt und der jeweiligen Redesituation angemessen ist. Je origineller allerdings Ihr Einstieg ist, umso größer ist die Chance die Zuhörer sofort für Ihr Thema zu gewinnen.

Es gibt nur wenige Redesituationen, bei denen Sie ohne einen Einstieg auskommen. Wenn Sie sich in einer Besprechung mit einem kurzen Diskussionsbeitrag beteiligen oder ein so genanntes Statement abgeben, können Sie direkt zur Sache kommen. In diesen Fällen beschäftigen sich die Zuhörer bereits mit dem Problem. Auch bei ganz kurzen Vorträgen, wenn nur wenige Minuten zur Darstellung eines umfangreichen Sachproblems verfügbar sind, kann auf den Einstieg verzichtet werden.

Auf keinen Fall sollte am Anfang eines Vortrags etwas Negatives stehen. Sie stehen als Redner für ein bestimmtes Thema vor Ihren Zuhören und dazu werden weiterführende Ausführungen von Ihnen erwartet. Die Zuhörer interessieren sich nicht dafür, dass Sie erkältet sind oder wenig Zeit hatten sich vorzubereiten. Folgende Einleitungen sollten niemals vorkommen:

- *„Ich bin kein guter Redner!"*
- *„Ich bin nicht (gut) vorbereitet!"*
- *„Ich bin nicht vom Fach!"*

Keine unnötige Verzögerung

Achten Sie darauf, dass die zeitliche Relation zu den weiteren Ausführungen stimmt. Kommen Sie schnell zur Sache und vermeiden Sie Aussagen, die nicht zum Thema gehören: *„Bevor ich zum Thema unseres heutigen Treffens komme, will ich noch kurz erwähnen,......".* Solche Formulierungen sollten nicht vorkommen. Die Zuhörer sind wegen eines ganz bestimmten Themas gekommen; riskieren Sie nicht, dass das Interesse dafür verloren geht, bevor Sie überhaupt damit begonnen haben. Eine Ausnahme von dieser Regel gibt es: Wenn ein Gastredner einen Vortrag innerhalb einer Veranstaltung hält (z. B. die wöchentliche Abteilungssitzung), bei der auch noch andere Punkte auf der Tagesordnung stehen, dann sollten zunächst alle Regularien geklärt sein, bevor sich der Veranstaltungsleiter dem Gastredner zuwendet (vgl. Seite 65). Und noch ein wichtiger Hinweis: Versprechen Sie durch die Einleitung nicht mehr, als Sie in den folgenden Ausführungen halten können.

3. Interesse wecken durch einen gelungenen Einstieg

Übung Nr. 5: 15 Einstiegsvarianten
Formulieren Sie zu mindestens zehn der fünfzehn nachfolgend genannten Einstiegsvarianten je ein Beispiel zu einem selbst ausgewählten Fachthema.
Thema:

_____

_____

Falls Sie keine Themen bereit haben, dann verwenden Sie folgende Vorschläge:
(1) Mülltrennung in braune, grüne, gelbe und schwarze Tonnen
(2) Tempo 30 in geschlossenen Ortschaften
(3) Ein autofreier Sonntag pro Monat
(4) Urlaub in/im .... (z. B. Schwarzwald oder Ihr Wohnort)
(5) Rauchverbot in Betrieben

1. Zuhörerkompliment (Wohlwollen gewinnen):

_____

2. Dank:

_____

3. Anknüpfen an einen Vorredner:

_____

4. Gemeinsamkeit mit den Zuhörern herstellen:

_____

5. Einstieg mit Humor:

_____

6. Anekdote:

_____

7. Persönliche Erlebnisse oder Erfahrungen:

_____

_____

3.4 Hinführung zum Thema

8. Hilfsmittel einsetzen

9. Problemlösung versprechen:

10. Aktuelle Daten, Fakten, Nachrichten:

11. Situationsbezogener Einstieg:

12. Neuere Erkenntnisse:

13. Vergleiche herstellen:

14. Historischer Einstieg:

15. Rhetorische Frage

<u>Übungsziel:</u> Die Übung zeigt, dass jedes Thema mehrere Einstiegsmöglichkeiten zulässt. Durch die Übung wird auch deutlich, dass es sich lohnt nach einem originellen Einstieg zu suchen.

Übung Nr. 6: Passende Einstiegsmöglichkeiten
Stellen Sie sich sechs Redesituationen vor, bei denen Sie als Redner infrage kommen könnten. Überlegen Sie genau, mit was für einem Publikum Sie es zu tun haben würden und versuchen Sie jeweils drei passende Einstiegsmöglichkeiten zu finden.
<u>Übungsziel:</u> Auch diese Übung beweist, dass es bei jedem Vortrag sehr unterschiedliche Möglichkeiten zum Einstieg gibt.

3. Interesse wecken durch einen gelungenen Einstieg

Auf den Punkt gebracht:

Ein gelungener Einstieg erfüllt mehrere Aufgaben:
- Er stellt den notwendigen Kontakt mit dem Publikum her.
- Er lenkt die Aufmerksamkeit der Zuhörer auf das eigentliche Thema.
- Er gibt dem Publikum Gelegenheit sich auf die Person des Redners einzustimmen.
- Er hilft dem Redner eine evtl. vorhandene Anfangsspannung zu überwinden.

Kontakte zu Ihren Zuhörern können Sie herstellen
- durch Zuhörerkomplimente („Wohlwollen gewinnen"),
- durch die Betonung von Gemeinsamkeiten,
- durch die Aussprache einer Bedankung oder indem Sie an einen Vorredner anknüpfen.

Machen Sie Ihre Zuhörer neugierig
- durch einen lockeren, humorigen Einstieg (Witz, Anekdote),
- durch ein passendes Zitat,
- durch persönliche Erlebnisse oder Erfahrungen,
- durch den Einsatz von Hilfsmitteln oder Anschauungsmaterial,
- indem Sie eine Problemlösung versprechen,

Einen sachlichen Einstieg erreichen Sie durch
- aktuelle Daten und Fakten,
- den Hinweis auf neuere Untersuchungen,
- Vergleiche oder
- einen Rückgriff in die Geschichte.
- Die rhetorische Frage ist eine bei allen Vortragsarten einsetzbare Einstiegsmöglichkeit, die das Denken der Zuhörer schnell zum Thema lenkt.
- Vermeiden Sie direkte Fragen oder stellen Sie sicher, dass die passende Antwort gegeben wird.
- Überprüfen Sie den gewählten Einstieg, ob er zum Publikum passt und ob er in einer passenden Relation zum restlichen Vortrag steht.
- Bei Überzeugungsreden und Sachvorträgen umfasst eine vollständige Einleitung drei Teile: die Anrede und Begrüßung, einen mitreißenden Anfangssatz und die eigentliche Überleitung zum Thema.
- Falls Sie sich selbst vorstellen müssen, dann halten Sie die eigene Vorstellung so kurz wie möglich.
- Vermeiden Sie einen negativen Einstieg (z. B. eine Entschuldigung).
- Kommen Sie schnell und ohne überflüssige Verzögerungen zum Thema.

> Die wahre Beredsamkeit besteht darin,
> das zu sagen, was zur Sache gehört
> und eben nur das.
> (La Rochefoucauld)

4. Die Kerngedanken gehören in den Hauptteil

Der Hauptteil ist das Kernstück eines jeden Vortrags. Bei Überzeugungsreden und Sachvorträgen werden Informationen, Meinungen, Argumente und Gegenargumente, Beweise, Beispiele, Vergleiche dargelegt. Probleme werden aufgezeigt und Lösungen entwickelt. Bei der Gelegenheitsrede umfasst der Hauptteil die anlassbezogene Würdigung einer oder mehrerer Personen (Verabschiedung, Geburtstag, Jubiläum, Taufe, Hochzeit) oder eines bestimmten Ereignisses (Richtfest, Abitur).

Die Bedeutung des Hauptteils schlägt sich auch in dessen Umfang nieder. Eine häufige Frage richtet sich auf das Verhältnis von Einleitung, Hauptteil und Schluss zueinander.

Einleitung 10–15 %
Hauptteil 75–85 %
Schluss 5–10 %

Bei Überzeugungsreden und Sachvorträgen können die in der Grafik enthaltenen Zahlen als Faustregel für die Relation zwischen den drei Gliederungsteilen gelten. Bei Gelegenheitsreden wird die Einleitung oft kürzer ausfallen, denn jeder Zuhörer weiß, um welchen Anlass es sich handelt, sodass die Hinführung zum Thema entfallen kann.

Bei der Vorbereitung des Hauptteils sind unter Berücksichtigung des Redeziels die beiden folgenden Fragen zu klären:

4. Die Kerngedanken gehören in den Hauptteil

- Was muss gesagt werden um das Redeziel zu erreichen?
- Wie ist der Stoff zu gliedern?

Hinweise zur Stoffsammlung finden Sie in Kapitel 15 (vgl. Seite 197). **Überlegen Sie sich genau, was Sie Ihrem Publikum sagen wollen und stellen Sie sicher, dass die Kernaussagen auch ankommen.** Einerseits neigt der Redner dazu, sein umfassendes Wissen möglichst vollständig an das Publikum weiterzugeben. Das wird schon wegen der oft knappen Redezeit kaum möglich sein. Andererseits ist das Publikum nur begrenzt aufnahmefähig. **Es ist also notwendig einen Mittelweg zwischen dem Streben nach Vollständigkeit und Genauigkeit des Redners und der Aufnahmefähigkeit und den Interessen des Publikums zu finden.** Überfordern und verwirren Sie Ihre Zuhörer nicht; packen Sie nicht alle Gedanken in den Vortrag, die Ihnen einfallen. Einige Kerngedanken, von allen Seiten beleuchtet und in verschiedenen Zusammenhängen dargestellt, sind besser, als eine Überfrachtung mit zu vielen Einzelheiten. Beachten Sie bei der Stoffauswahl auch, ob nach dem Vortrag eine Diskussion vorgesehen ist.

4.1 Entscheidend ist, was die Zuhörer verstehen

Das Verständnis zwischen dem Redner und seinen Zuhörern kann durch zahlreiche Hindernisse beeinträchtigt werden. **Eine Nachricht ist nicht das, was der Redner sagt, sondern das, was beim Empfänger ankommt und verstanden wird.** Diese grundlegende Gesetzmäßigkeit gilt für jede Form der Kommunikation; sie wird verständlich, wenn wir uns das in der folgenden Grafik abgebildete Kommunikationsmodell ansehen.

Kommunikation besteht zunächst immer aus drei Faktoren:
- Dem Sender (in unserem Fall der Redner),
- dem Empfänger (in unserem Fall das Publikum) und
- der eigentlichen Nachricht (in unserem Fall der Vortrag).

Probleme entstehen bei der Übermittlung der Nachricht. Denn der Sender (= Redner) „verpackt" die Nachricht (= der Vortrag) mit seinem persönlichen Zeichenvorrat. Das können verbale und nonverbale (körpersprachliche) Aussagen sein. Der Empfänger (= Zuhörer) greift beim „Auspacken" der Nachricht seinerseits auf seinen eigenen Zeichenvorrat zurück, ebenfalls wieder verbal und nonverbal.

4.1 Entscheidend ist, was die Zuhörer verstehen

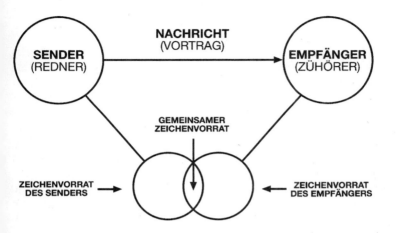

Unklarheiten und Missverständnisse entstehen immer dann, wenn Sender und Empfänger unterschiedliche Zeichen benutzen. Und dies ist leider nicht die Ausnahme, sondern die Regel. Zu Verständigungsschwierigkeiten kann es kommen, weil
- vom Redner Fremdwörter oder Fachbegriffe benutzt werden, welche die Zuhörer möglicherweise nicht kennen,
- der Redner Wörter mit mehreren Bedeutungen verwendet,
- der Redner mit Beispielen operiert, die für die Zuhörer keine Aussagekraft haben,
- der Redner Informationen und Vorerfahrungen voraussetzt, mit denen sich die Zuhörer nur wenig oder gar nicht auskennen,
- der Redner nonverbale Äußerungen (z. B. eine bestimmte Geste) verwendet, die vom Zuhörer anders interpretiert werden können.

In einem Gespräch können Verständigungsprobleme durch Nachfragen und gegenseitige Rückmeldung (Feedback) leichter ausgeräumt werden. Bei einem Vortrag muss sich der Redner um genaue Kenntnisse über sein Publikum bemühen; nur so wird er in der Lage sein, die „richtige" Sprache zu sprechen oder an die vorhandenen Erfahrungen anzuknüpfen. **Je besser der Zeichenvorrat des Redner mit dem Zeichenvorrat des Publikums übereinstimmt (Sprache, Grammatik, Fachbegriffe, Vorkenntnisse, Mimik, Gestik usw.), umso verständlicher werden die Ausführungen.**

4. Die Kerngedanken gehören in den Hauptteil

4.2 Informationsverluste

Auch wenn sich der Redner weitgehend bemüht die Sprache des Publikums zu sprechen ist damit nicht sichergestellt, dass tatsächlich alles Wesentliche vermittelt wird. Nach einer amerikanischen Untersuchung erreichen im Durchschnitt nur 20 % der Informationen das Publikum (Birkenbihl, Seite 51). Die folgende Skizze verdeutlicht, dass es bei jedem Vortrag sowohl von Seiten des Redners als auch von Seiten der Zuhörer zu weiteren Informationsverlusten kommt. Die Balkenlänge und die Relationen der Balken zueinander kennzeichnen lediglich die Tendenz; sie sind nicht als absolute Werte zu verstehen.

- Erste Verluste entstehen, weil es dem Redner nicht gelingt, sein vorhandenes Wissen sprachlich so auszudrücken, wie er es im Geiste verfügbar hat. Die Gedanken beinhalten etwas Anderes als durch die gewählten Worte ausgedrückt wird, sodass Teilaspekte verloren gehen.
- Weitere Verluste entstehen zwischen dem, was der Redner sagt, und dem, was die Zuhörer hören. Neben den schon erwähnten Abweichungen im Zeichenvorrat des Redners und der Zuhörer

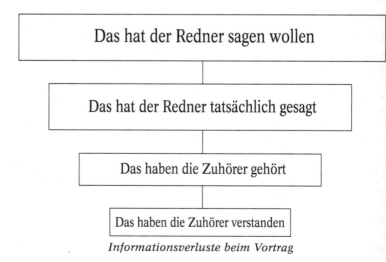

Informationsverluste beim Vortrag

4.2 Informationsverluste

kommen diese Verluste durch mangelnde Konzentration der Zuhörer oder durch störende Umwelteinflüsse (Geräusche, ablenkende Bilder, andere Zuhörer usw.) zu Stande. Auch eine undeutliche Aussprache des Redners kann dazu führen, dass nur ein Teil der ausgesprochenen Worte beim Publikum ankommt.

- Schließlich kommt es auch zu Abweichungen zwischen dem, was der Zuhörer hört und dem, was er davon wirklich versteht und gedanklich übernimmt. Die Verluste auf dieser Stufe entstehen durch Fehlinterpretationen einzelner Aussagen oder dadurch, dass sich ein Zuhörer auf einen bestimmten Aspekt konzentriert und dadurch andere, ebenfalls angesprochene Gedanken versäumt.

Welche Konsequenzen ergeben sich daraus für den Redner? Es wäre zu einfach die Schuld nur auf die Zuhörer zu schieben und diesen wie in der Schule zu empfehlen besser aufzupassen. **Die Verantwortung dafür, dass seine Ausführungen beim Publikum weitgehend ankommen, liegt beim Redner.** Er muss seine Botschaft so ausdrücken und verpacken, dass er seine Zuhörer erreicht. Er muss sich schließlich davon überzeugen, dass er verstanden wurde.

Übung Nr. 7: Informationsverluste
Diese Übung kann nur als Gruppenübung durchgeführt werden; sie ähnelt dem beliebten Kinderspiel „Stille Post". Dabei wurde ein vorgegebener Satz von Kind zu Kind mit Flüsterstimme weitergegeben. Am Schluss haben sich alle amüsiert über das verstümmelte Ergebnis, das vom letzten Kind laut vorgetragen wurde.

Übungsablauf: Fünf Personen verlassen den Raum. Der unten stehende Text wird einer sechsten Person vorgelesen. Diese erzählt die Geschichte dem ersten Teilnehmer, der von draußen wieder hereingerufen wird. Dann werden nach und nach alle anderen hereingeholt und hören die Geschichte vom jeweiligen Vorgänger. Der letzte Teilnehmer berichtet nochmals allen Anwesenden, was er noch weiß.

Übungstext: *Am Montagabend bin ich durch die Römerstraße Richtung Rathaus gegangen. Vor dem Kaufhof hat mich ein türkischer Mitbürger angesprochen und nach dem Weg zum Bahnhof gefragt. In diesem Augenblick fuhren zwei Feuerwehrfahrzeuge und ein Notarztwagen vorbei. Ein anderer Passant rief uns zu, dass in der Schillerstraße ein Großbrand ausgebrochen sei und mehrere Häuser in Flammen stünden. Da die Polizei die Schillerstraße abgesperrt hatte, konnte ich nichts weiter erkennen. Ich bin weitergegangen* *und habe im Rathaus meinen neuen Reisepass abgeholt. Am Dienstagmorgen habe ich in der Zeitung gelesen, dass nur ein alter Schuppen abgebrannt wäre und kein größerer Schaden entstanden sei.*

Übungsziel: Die Übung verdeutlicht, dass von Stufe zu Stufe Informationen verloren gehen oder verfälscht werden. Das Bewusstsein wird gestärkt, dass nicht alles, was im Vortrag ausgesprochen wird, beim Zuhörer ankommt.

Ähnliche Erkenntnisse vermittelt auch die Übung Nr. 41 (vgl. Seite 212).

4.3 Kommunikation auf zwei Ebenen

Vielleicht haben Sie auch schon den Redner erlebt, der einen beeindruckenden Fachvortrag hält und dennoch „an seinen Zuhörern vorbeiredet". Studenten haben mir beim Kommunikationstraining gelegentlich von Dozenten berichtet, die hinsichtlich ihrer fachlichen Qualifikation uneingeschränkt anerkannt waren. Trotzdem kam zwischen Dozent und Student keine wirkliche Beziehung zu Stande. Es fehlte etwas, weil die Studenten keinen Zugang zum Menschen gefunden haben. Die Studenten haben von einer kalten und unpersönlichen Atmosphäre gesprochen.

Kommunikation zwischen Menschen findet immer gleichzeitig auf zwei Ebenen statt: Auf der Sachebene und auf der Beziehungsebene. Anders ausgedrückt: Neben dem Verstand wird immer auch das Gefühl des anderen angesprochen. Paul Watzlawick hat das wie folgt formuliert: *„Jede Kommunikation hat einen Inhalts- und einen Beziehungsaspekt, derart, dass letzterer den ersteren bestimmt".* Das gilt im Dialog und der Diskussion ebenso wie beim Vortrag.

Leider wird die Beziehungsebene oft vernachlässigt. Viele Redner glauben, es reicht aus, wenn sie sachlich überzeugen. Tatsächlich ist aber die Beziehungsebene entscheidend. Sie kennen vielleicht die Redensart: *„Eine Entscheidung wird zuerst mit dem Gefühl getroffen und danach mit dem Verstand begründet".* Diese Aussage ist in vielen Fällen richtig. **Wenn Sie Ihre Zuhörer auf der Beziehungsebene erreichen, dann kommen Sie auch auf der Sachebene an.** Wenn Sie Ihren Zuhörern auf der Beziehungsebene Kompetenz vermitteln, dann werden Sie auch auf der Sachebene anerkannt.

Der Redner darf nicht nur sachlich argumentieren, sondern er muss auch menschlich überzeugen. *„Es genügt nicht zur Sache zu reden. Man muß zu den Menschen reden" (Stanislaw Lec).* Um die

4.3 Kommunikation auf zwei Ebenen

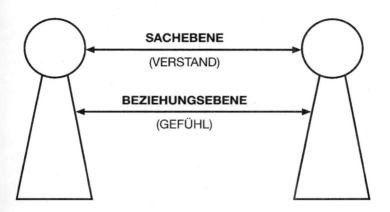

Zuhörer zu erreichen, gibt es viele Wege. Neben der sprachlichen Gestaltung (vgl. Seite 91 ff.) verfügt der Redner auch über zahlreiche nichtsprachliche Ausdrucksmöglichkeiten (vgl. Seite 123 ff.).

Übung Nr. 8: Emotionen ausdrücken
Manchem Redner fällt es schwer Emotionen zu zeigen. In solchen Fällen hilft das Training mit Superlativ-Themen der folgenden Art:
- Mein schönstes (schlimmstes) Schulerlebnis
- Darüber habe ich mich am meisten geärgert (gefreut)
- Meine größte berufliche (sportliche) Enttäuschung
- Mein größter beruflicher (sportlicher) Erfolg
- Mein schönster Urlaub

Notieren Sie sich einige Stichworte und versuchen Sie, beim Vortrag die jeweiligen Emotionen (Freude, Ärger, Enttäuschung usw.) sowohl mit der Stimme als auch durch Mimik, Gestik und Haltung deutlich auszudrücken.
Übungsziel: Gefühle zeigen

Übung Nr. 9: Tagesschau-Test
Sehen Sie sich zusammen mit der Familie oder einigen Freunden einmal die Tagesschau an. Schalten Sie danach den Fernseher aus und lassen Sie jeden Anwesenden notieren, woran er sich noch erinnert. Viele Nachrichten werden überhaupt nicht mehr genannt; am häufigsten werden sich die Teilnehmer noch an Meldungen mit emotionalem Inhalt erinnern.
Übungsziel: Die Übung bestätigt das Problem der Informationsverluste und sie macht deutlich, dass Meldungen auf der Gefühlsebene eine größere Chance haben als reine Sachinformationen.

4.4 Gliederungsmuster

Neben der Stoffauswahl muss der Redner klären, wie er seinen Vortrag gliedert. Eine erste Grobstrukturierung erreichen Sie durch die schon angesprochene Unterteilung in Einleitung – Hauptteil – Schluss. Schon bei der Einleitung hat sich gezeigt, dass diese zumeist weiter untergliedert wird. Erst recht gilt dies für den wesentlich umfangreicheren Hauptteil.

Ihrer Fantasie bei der Gliederung sind keine Grenzen gesetzt. **Die Aufmerksamkeit Ihrer Zuhörer ist Ihnen sicher, wenn diese eine bestimmte Ordnung in Ihren Gedanken erkennen und der Aufbau zusätzlich spannungssteigernd gestaltet wird.** Die Praxis kennt verschiedene Argumentationsmuster, die teilweise auch in Standardgliederungen (Redeformeln) wiederzufinden sind (vgl. Seite 57).

Die folgenden Beispiele werden in der Redepraxis besonders häufig verwendet:

Gestern – Heute – Morgen

> **Beispiel:** Wohnstraße
> - Vor Jahren wurde unsere Straße als reine Zufahrtsstraße zu unserem Wohngebiet gebaut.
> - Derzeit wird sie von vielen Autofahrern als Abkürzung zur Durchfahrt zum neuen Gewerbegebiet genutzt.
> - Nach den Plänen der Gemeinde soll sie demnächst in eine Vorfahrtsstraße umgewandelt werden.

Falls es kein „morgen" gibt, dann können auch nur die beiden ersten Gliederungsstufen verwendet werden (vom Beginn bis heute). Die Orientierung am chronologischen Ablauf wird auch bei vielen Gelegenheitsreden (Geburtstag, Jubiläum, Verabschiedung) verwendet (vgl. Seite 63).

Ist – Soll – Analyse

Beispiel: Ausschussquote
- Die derzeitige Ausschussquote beim Produkt X beträgt knapp über 7 %.
- Wie in den anderen Produktbereichen, sollten wir auf Dauer eine Quote von unter 5 % erreichen.
- Als Ursachen für die Abweichung kommen infrage:
  (1) ....
  (2) ....
  (3) ....

Pro – Kontra – Fazit

Beispiel: Beitragserhöhung im Verein
- Für eine Beitragserhöhung sprechen folgende Gründe:
  (1) ....
  (2) ....
  (3) ....
- Gegen eine Beitragserhöhung gibt es folgende Argumente:
  (1) ....
  (2) ....
  (3) ....
- Fazit: Eine Beitragserhöhung ist zurzeit nicht durchzusetzen.

Problem – Ursachen – Lösungsmöglichkeiten – Entscheid

Beispiel: Rückläufige Übernachtungszahlen im Ferienort
- Die Übernachtungszahlen sind in den letzten zehn Jahren ständig gesunken.
- Folgende drei Hauptursachen wurden ermittelt:
  (1) ......
  (2) ......
  (3) ......
- Als Lösungsmöglichkeiten bieten sich an:
  (1) ......
  (2) ......
  (3) ......
- Wir sollten als Erstes die Variante (2) verwirklichen.

4. Die Kerngedanken gehören in den Hauptteil

Weitere Gliederungsmöglichkeiten:

- Zielsetzung – Planung – Durchführung – Kontrolle
- Vom Einzelnen zum Ganzen (oder umgekehrt)
- Vom Einfachen zum Schwierigen
- Vom Allgemeinen zum Besonderen

Übung Nr. 10: Hauptpunkte auswählen
Überlegen Sie sich wie bei Übung Nr. 6 (vgl. Seite 37) einige Redeanlässe, bei denen Sie als Redner infrage kommen könnten. Notieren Sie bei jedem Thema die drei Hauptpunkte, die behandelt werden müssen. Wenn Sie mehr als drei Hauptpunkte finden, dann entscheiden Sie sich für die drei wichtigsten. Versuchen Sie zu jedem Hauptpunkt nochmals drei Unterpunkte zu finden.
Übungsziel: Diese Übung hilft sich auf das Wesentliche zu konzentrieren.
Arbeitshinweis: Führen Sie diese Übung unbedingt schriftlich durch. Ein reines Durchdenken reicht nicht. Nur wenn Sie Ihre Lösungen aufschreiben, sind Sie zur Entscheidung zwischen „Aufnehmen" und „Weglassen" wirklich gezwungen.

Auf den Punkt gebracht:

- Der Hauptteil ist das Kernstück eines jeden Vortrags; das muss durch den Inhalt und den Umfang zum Ausdruck kommen.
- Beachten Sie bei der Stoffauswahl, dass das Publikum nur begrenzt aufnahmefähig ist.
- Entscheidend ist nicht, was der Redner sagt, sondern was die Zuhörer verstehen.
- Versuchen Sie die Sprache (den „Zeichenvorrat") der Zuhörer zu benutzen.
- Versuchen Sie Ihr Publikum auf der Beziehungsebene zu erreichen, dann kommen Sie auch auf der Sachebene an.
- Untergliedern Sie den Hauptteil logisch und psychologisch überzeugend.

> Der erste Gedanke ist entscheidend
> und der Letzte bleibt.
> (Ruhleder)

5. Ein überzeugender Vortrag verlangt einen starken Schluss

Stellen Sie sich zwei 5000-Meter-Läufer vor, die nebeneinander auf die Zielgerade einbiegen. Dem einen geht plötzlich die Luft aus und er fällt zurück, der andere mobilisiert dagegen die letzten Kräfte und er kann sein Tempo sogar noch steigern. Eine vergleichbare Situation finden wir auch auf dem Weg zum Redeerfolg.

Leider gibt es sehr viele Redner, die vor der Ziellinie einbrechen. Sie glauben, alles Wesentliche gesagt zu haben und unterschätzen die Bedeutung des Schlusses. **Ein treffender Schluss ist ebenso wichtig wie ein mitreißender Anfang.** Der geschickteste Aufbau und die überzeugendsten Argumente verlieren an Wirkung, wenn der Redner mit der Bemerkung schließt: *„Das war's"*. Auch etwas ausführlichere Formulierungen *„Das wollte ich Ihnen zu diesem Thema sagen"* oder *„Das sind meine Gedanken zum diesem Thema"* sind zu wenig. Ebenso schwach sind floskelhafte Dankesformeln für das Kommen des Publikums und die Bereitschaft, so lange auszuhalten.

Der überzeugende Redner ist nochmals zu einer Steigerung fähig. Mit dem Einstieg haben Sie Ihr Publikum eingestimmt und erreicht, dass es Ihnen zuhört. Mit dem Schluss bringen Sie Ihre Botschaft auf den Punkt und stellen sicher, dass Ihre Zuhörer etwas aus dem Vortrag mitnehmen. **Was die Zuhörer zuletzt hören, wirkt am längsten nach**. An der Qualität des Schlusses bemisst sich auch der Beifall.

5.1 Rechtzeitig aufhören

Martin Luther hat schon gesagt: *„Eines guten Redners Amt oder Zeichen ist, daß er aufhöre, wenn man ihn am liebsten höret"*. Der Volksmund drückt sich knapper aus: *„In der Kürze liegt die Würze!"*

5. Ein überzeugender Vortrag verlangt einen starken Schluss

Aber wird nicht gerade beim Reden häufig gegen diese Empfehlungen verstoßen? Insbesondere ein Redner, der sich in einem Thema sehr gut auskennt, glaubt auch noch die letzte Einzelheit aufzählen zu müssen. Er nimmt die Schlussbemerkung oft zum Anlass, um nochmals Informationen, Gründe oder Beispiele nachzuschieben. Das hätte aber im Hauptteil geschehen müssen. Selbst wenn Ihnen noch ein völlig neuer Gedanke kommt, verzichten Sie darauf, denn alles was jetzt noch gesagt wird, entwertet die bisherigen Ausführungen.

Hier stellt sich die Frage, wie lange ein Vortrag überhaupt dauern soll. **Eine optimale Redezeit gibt es nicht.** Falls Ihnen die Redezeit nicht vorgegeben wird, dann orientieren Sie sich an dem Grundsatz „So kurz wie möglich". Bei Imformationsvorträgen sollten Sie darauf achten, dass Sie Ihre Zuhörer nicht überfordern, denn bereits nach 15 Minuten lässt die Aufmerksamkeit deutlich nach. Bei einer Vortragsdauer von über 45 Minuten sollten Sie eine Pause einplanen oder die Zuhörer in anderer Weise aktivieren (eine kurze Fragerunde, eine Gruppenübung). Je stärker Sie die Gefühle Ihres Publikums ansprechen, umso weniger wird die Zeit als Problem empfunden. Achten Sie auf jeden Fall darauf, dass Sie die angekündigte Redezeit nicht überschreiten, denn viele Zuhörer haben sich innerlich auf diese Zeit eingerichtet.

Erinnern Sie sich nochmals an das Bild vom 5000-Meter-Läufer. Auch dieser kehrt vor dem Ziel nicht noch einmal um. Wer auf die Zielgerade eingebogen ist versucht das Ziel so schnell wie möglich zu erreichen. **Wenn die Zuhörer merken, dass der Redner den Schluss ansteuert, oder wenn dieser sogar angekündigt wird, dann steigt die Aufmerksamkeit nochmals. Nutzen Sie diesen Effekt und sprechen Sie den wohl überlegten Schluss auch aus!**

5.2 Schluss ankündigen

Die Aufmerksamkeit vieler Zuhörer hat im Verlauf des Vortrags schon etwas nachgelassen und kann durch einen mitreißenden Schluss nochmals gesteigert werden. Überlegen Sie sich deshalb einen überzeugenden Schluss. Lassen Sie das Publikum durch eine veränderte Stimmlage oder durch das Auflegen einer Folie oder durch eine entsprechende Formulierung merken, dass Sie zum Schluss kommen.

> **Beispiele:**
> - „Meine Damen und Herren, ich komme zum Schluss und fasse nochmals zusammen:......."
> - „Meine Damen und Herren, zum Abschluss noch eine kleine Geschichte:............"

5.3 Vom Appell bis zum Toast

Bei Überzeugungsreden und Sachvorträgen gibt es, ebenso wie beim Einstieg, zahlreiche Möglichkeiten, den Schluss zu gestalten. Häufig werden die hier einzeln dargestellten Varianten miteinander kombiniert (z. B. eine Zusammenfassung der Kernaussagen in Thesen und ein Appell).

Ein Appell wird ausgesprochen

Der Appell ist vor allem bei Überzeugungsreden eine der am häufigsten benutzten Möglichkeiten. Bei vielen Redeformeln (z. B. bei der 5-Punkte-Formel, vgl. Seite 59) ist er von vornherein als letzter Punkt vorgesehen. Der Schlussappell ist dann besonders wirkungsvoll, wenn er um ein Fazit ergänzt wird. **Formulieren Sie den Appell in kurzen Sätzen;** vermeiden Sie Nebensätze und unnötige Einschränkungen. Sprechen Sie den Appell möglichst so aus, dass die Zuhörer im Sinne Ihres Redeziels aktiv werden.

> **Beispiele:**
> - „Meine Damen und Herren, das Fazit unserer Überlegungen kann nur lauten: Mehr Kundenorientierung! Ich appelliere an Sie, fangen Sie noch heute damit an!"
> - Der Politiker auf Wahlreise: „Deshalb wählen Sie am kommenden Sonntag die XY-Partei!"
> - Nicht: „Meine Damen und Herren, ich würde Ihnen deshalb raten durch eine Änderung der Fahrweise Benzinkosten zu sparen".
>   Sondern: „Meine Damen und Herren, sparen Sie Benzinkosten! Ändern Sie ab sofort Ihre Fahrweise!"

5. Ein überzeugender Vortrag verlangt einen starken Schluss

Zusammenfassung der Kernaussagen in Thesen

Fassen Sie die Kernaussagen Ihres Vortrags nochmals schlagwortartig zusammen. Eventuell kann auch das wichtigste Gegenargument einschließlich Ihrer Widerlegung genannt werden. Begrenzen Sie die Zusammenfassung auf maximal drei bis vier Kerngedanken (Argumente/Vorteile). Die Zusammenfassung stellt eine Wiederholung dar, wodurch das Behalten unterstützt wird. Eine Folie oder ein (vorbereiteter) Flipchartbogen können eine solche Zusammenfassung wirkungsvoll ergänzen (vgl. Seite 141).

> **Beispiele:**
> - „Meine Damen und Herren, ich wiederhole nochmals die drei wichtigsten Argumente. Erstens:.......; zweitens:........; drittens:..........
> Das Hauptargument unserer Gegner trifft nicht zu, weil.....!"
> - „Meine Damen und Herren, an den folgenden vier Punkten kommen wir nicht vorbei:..................."

Bei sehr langen Vorträgen sollte spätestens nach 20 bis 30 Minuten eine Zusammenfassung der Kerngedanken erfolgen, um die nachlassende Aufmerksamkeit des Publikums abzufangen.

Eine kleine Geschichte, ein Witz oder ein Zitat werden vorgetragen

Durch eine kleine Geschichte oder ein treffendes Zitat wird beim Publikum ein Bild erzeugt, das zum besseren Behalten beiträgt. Den idealen Schluss haben Sie gefunden, wenn dieses Zitat auch gleichzeitig Appellcharakter hat.

> **Beispiele:**
> - Ein Vortrag über die mangelhafte Allgemeinbildung deutscher Studenten wurde mit folgender Geschichte beendet: Ein Kultusminister und ein Schulrat haben in einem Gymnasium am Unterricht teilgenommen. „Was kannst du vom ‚Zerbrochenen Krug' erzählen" wird ein Schüler vom Schulrat gefragt. Der Schüler steht zitternd auf „Ich war's nicht." Der Schulrat blickt den Lehrer an, der sich rechtfertigt. „Herr Schulrat, der Meier lügt nicht. Wenn er sagt, dass er es nicht war, dann stimmt

> das." Der Schulrat wird blass. Der Schulleiter zieht ihn in eine Ecke, holt 20 Mark aus der Geldbörse und sagt: „Herr Schulrat, ich will mir den Ruf meiner Schule nicht verderben lassen. Bitte nehmen Sie das Geld und lassen Sie die Sache auf sich beruhen." Nach dem Verlassen der Schule meint der Minister zum Schulrat: „Derjenige, der Ihnen das Geld geben wollte, der war es."
> - Der schon an anderer Stelle erwähnte Kollege (vgl. Seite 28) hat die abschließenden Sätze seiner kurzen Dankesrede wie folgt eingeleitet: „Meine Damen und Herren, Theodor Fontane hat einmal gesagt: Abschiedsworte müssen kurz sein wie eine Liebeserklärung."

Denkanstöße werden gegeben

Durch einen Denkanstoß lenken Sie die Gedanken des Publikums nochmals ausdrücklich auf Ihr Anliegen.

> **Beispiel:**
> „Meine Damen und Herren, denken Sie einmal darüber nach, was es für uns alle bedeutet, wenn das Waldsterben in diesem Ausmaß weitergeht!"

Der Anfang wird nochmals aufgegriffen

Mit dem Rückgriff auf den Einstieg können Sie zeigen, dass Sie die eingangs geweckten Erwartungen erfüllt haben. Gleichzeitig stellen Sie den Bogen von der Eingangsbemerkung zum Schluss her.

> **Beispiel:**
> „Meine Damen und Herren, eingangs haben wir uns die Frage gestellt, ob wir nicht alle zu viel Fett essen. Sie haben nun erfahren, wo die verbotenen Fettquellen in unserer Nahrung liegen. Ziehen Sie bereits beim folgenden Mittagessen die Konsequenzen!"

Ausblick auf das weitere Vorgehen

Wenn neue Konzepte, Verfahren, Lösungen vorgestellt werden, dann schließen viele Redner mit der Forderung, dass etwas geschehen muss. Gehen Sie einen Schritt weiter und skizzieren Sie zum

Abschluss, wie weiter vorzugehen ist. Oder legen Sie fest, wer welche Aufgaben übernimmt.

> **Beispiel:**
> „Liebe Kolleginnen und Kollegen, wir sind uns einig, dass unsere Auslieferung effektiver arbeiten muss. Ich schlage vor, wir bilden jetzt gleich einen Arbeitskreis, der uns bis zu unserem nächsten Treffen am............ erste Vorschläge erarbeitet."

Alternativen werden aufgezeigt (Entweder-oder-Formel)

Dies ist eine taktische Variante. Hierbei wird die vom Redner vertretene Lösung der von der Mehrheit der Zuhörer abgelehnten Alternative gegenübergestellt.

> **Beispiel:**
> „Meine Damen und Herren, es bleibt uns nur noch die Wahl zwischen Rationalisierung oder Outsourcing. Entweder es gelingt uns, die Kosten unserer Auslieferung kurzfristig um mindestens 7 % zu senken oder wir müssen den gesamten Bereich an die Vertriebs-GmbH übertragen."

Überleiten zu weiteren Programmpunkten

Falls nach dem Vortrag eine Diskussion oder andere Aktivitäten vorgesehen sind, dann kann an den themenbezogenen Schluss noch ein entsprechender Hinweis (eine Aufforderung) angefügt werden.

> **Beispiel:**
> „Meine Damen und Herren, die anschließende Diskussion bietet Ihnen Gelegenheit unser Problem weiter zu diskutieren. Bitte nutzen Sie diese Möglichkeit, sprechen Sie alle Fragen an, die noch offen geblieben sind."

Wünsche oder Hoffnungen werden ausgesprochen

Bei der Gelegenheitsrede werden häufig gute Wünsche für die weitere Zukunft des (der) Geehrten ausgesprochen. Auch eine Auf-

5.3 Vom Appell bis zum Toast

forderung an alle Anwesenden zu einer gemeinsamen Aktion (Gemeinsam Singen; Gang zum Buffet) ist üblich. Bei Tischreden kann ein Toast (Trinkspruch) angebracht sein. Auch ein gereimter Schluss oder die Übernahme eines Trinkspruchs aus der Literatur sind denkbar.

Beispiele:
- Mitarbeiterverabschiedung: „Lieber Herr Schmidt, endlich haben Sie Zeit, die lange geplante Wanderung von der Nordsee bis zu den Alpen in Angriff zu nehmen. Ich wünsche Ihnen im Namen aller Kolleginnen und Kollegen für alle Etappen Ihres weiteren Lebens allzeit Sonnenschein und einen kräftigen Schritt."
- Tischrede bei einer Geburtstagsfeier: „.......... Liebe Geburtstagsgäste, bitte erheben Sie mit mir Ihr Glas. Lieber Karl, wir wünschen dir für das neue Lebensjahr vor allem Gesundheit. Wir hoffen, dass alle deine Wünsche in Erfüllung gehen. Zum Wohl!"
- Die Geburtstagsrede für den Freund des guten Weines kann mit folgenden Goethe-Zitat abgeschlossen werden:
„Ein Mädchen und ein Gläschen Wein
kurieren alle Not;
und wer nicht trinkt und wer nicht küsst,
der ist so gut wie tot."

Auf den Punkt gebracht:
- Was die Zuhörer zuletzt hören, wirkt am längsten nach. Stellen Sie durch einen starken Schluss sicher, dass die Zuhörer aus dem Vortrag etwas mitnehmen.
- Nutzen Sie die erhöhte Aufmerksamkeit zum Vortragsende.
- Hören Sie rechtzeitig auf.
- Kündigen Sie den Schluss vorher an.
- Eine Überzeugungsrede endet zumeist mit einem Appell.
- Durch eine Wiederholung der Kernaussagen unterstützen Sie Ihre Zuhörer, sich Ihre Ausführungen zu merken.
- Auch eine kleine Geschichte, ein Witz oder ein Zitat tragen zum besseren Behalten bei.
- Kombinieren Sie verschiedene Schlussvarianten miteinander (z. B. ein Fazit mit einem Appell).

> Der Redner muss drei Dinge beachten:
> was er vortragen will,
> in welcher Reihenfolge
> und auf welche Weise.
> (Cicero)

6. Gliederungshilfen für verschiedene Anlässe

Unter der Bezeichnung „Redeformel" wurden im Laufe der Zeit zahlreiche Standardgliederungen entwickelt. Die ältesten Beispiele sind uns von den Griechen und Römern überliefert. Damals hatte die Rhetorik einen besonders hohen Stellenwert. Sie galt als die vornehmste Disziplin eines Studiums überhaupt, weshalb die Philosophenschulen der Antike immer gleichzeitig auch Rednerschulen waren.

Besonders bekannt ist die nachstehende Acht-Punkte-Formel, heute unter der Bezeichnung „Antike Redegliederung" verbreitet (Mohler, S. 53). Sie ist auf menschliche Verhaltensweisen und Reaktionen abgestellt. Im weitesten Sinne kann sie als Grundlage der psychologischen Menschenbehandlung bezeichnet werden. Die wichtigste Regel besagte, dass eine Rede nie im Sinne eines Angriffs aufgebaut sein dürfe. Es galt alles zu vermeiden, was von Beginn an Widerstand schaffen und mögliche Gegner auf eine Gegenposition zum Redner festlegen konnte.

Antike Redegliederung

1. Gewinnen des Wohlwollens
2. Darlegen der gegenwärtigen Situation
3. Zeigen neuer Möglichkeiten
4. Darlegen und Begründen der Vorschläge; Erläutern ihrer Vorteile
5. Vorwegnahme möglicher Einwendungen
6. Zusammenfassen der Tatsachen
7. Anfeuern – Begeistern
8. Aufruf zur Tat

Die antike Redegliederung lässt erkennen, dass Redeformeln nicht nur den Hauptteil untergliedern, sondern auch die Einleitung und den Schluss berücksichtigen.

- Zur Einleitung zählen die Punkte 1 und 2. Wie schon erwähnt (vgl. Seite 26), hielten es die Redner der Antike für besonders wichtig bereits mit der Einleitung ihre Zuhörer positiv zu stimmen. Danach wird der Zuhörer ins Thema eingeführt (Darlegen der Situation).
- Die Punkte 3 bis 5 entsprechen dem Hauptteil, der zumeist weiter strukturiert wird. Bei der antiken Redeformel handelt es sich um ein abgewandeltes Pro-und-Kontra-Prinzip.
- Die beiden abschließenden Punkte (Anfeuern – begeistern und Aufruf zur Tat) entsprechen dem heute bei Überzeugungsvorträgen empfohlenen Appell.

Bevor wir zu aktuellen Gliederungsbeispielen kommen noch eine grundsätzliche Frage, die auch von vielen Seminarteilnehmern gestellt wurde: Soll die Gliederung erläutert werden oder nicht? Meine Empfehlung: Bei längeren Sachvorträgen auf jeden Fall, denn Sie fördern damit das Verständnis und erleichtern es dem Publikum, die vermittelten Informationen in sein bereits vorhandenes Wissen einzuordnen. Wenn die Gliederung visualisiert wird, verschaffen Sie dem Publikum eine zusätzliche Orientierungshilfe. Bei Überzeugungsvorträgen besteht die Gefahr, dass durch eine vorherige Darlegung der Gliederung die Spannung teilweise verloren geht. Bei Gelegenheitsreden wird die Gliederung vorher nicht bekannt gegeben.

6.1 Überzeugungs- und Informationsreden

Die im Folgenden vorgestellten Redeformeln sind besonders verbreitet. Lernen Sie zumindest die 5-Punkte-Formel auswendig oder führen Sie sie als Notiz mit sich, dann haben Sie für alle Gelegenheiten ein Schema verfügbar, an dem Sie sich orientieren können.

6.1 Überzeugungs- und Informationsreden

Fünf-Punkte-Formel

Die bekannteste Redeformel der Gegenwart ist die nach der Zahl der Gliederungspunkte bezeichnete Fünf-Punkte-Formel. Sie wurde ursprünglich für den einfachen Überzeugungsvortrag entwickelt, kann jedoch auch beim Sachvortrag und in Notsituationen bei der Gelegenheitsrede eingesetzt werden. Wegen ihrer Kürze eignet sie sich besonders dann, wenn Sie spontan sprechen müssen (z. B. bei einem Diskussionsbeitrag oder auf einer Veranstaltung).

In der Literatur und in Rhetorik-Seminaren wird die Fünf-Punkte-Formel in verschiedenen Ausprägungen vorgestellt. Sie ist auch unter der Bezeichnung Fünf-Schritte-Formel, Fünf-Satz-Formel oder Fünf-Finger-Formel anzutreffen. Ich habe mit der folgenden Variante gute Erfahrungen gemacht:

Fünf-Punkte-Formel

1. Interesse wecken
2. Sagen, worum es geht
3. Begründen und Beispiele bringen
4. Fazit
5. Auffordern zum Handeln

Die beiden ersten Punkte entsprechen der Einleitung. Der Redner muss zunächst die Aufmerksamkeit der Zuhörer wecken und er legt nochmals dar, worum es in den folgenden Ausführungen geht. Das Redeziel, die Meinung oder der Standpunkt des Redners oder eine bestimmte These werden genannt. In diesem Punkt wird das Ziel des Vortrags verdeutlicht; dieser Teil der Gliederung wird deshalb auch als Zwecksatz bezeichnet. Der Punkt „Begründen und Beispiele bringen" entspricht dem Hauptteil. Hier wird die im zweiten Punkt genannte Meinung begründet und mit Beispielen untermauert. **Obwohl nur mit einem Gliederungspunkt berücksichtigt, entfällt der größte Anteil der Redezeit auf diesen Punkt.** Die Gründe und Beispiele werden entweder nacheinander aufgezählt und behandelt oder der Punkt kann zusätzlich nach einem der dargestellten Gliederungsmuster (vgl. Seite 46) strukturiert werden. Nach dem Fazit (Punkt 4) bildet ein Appell (Punkt 5) den Abschluss.

6. Gliederungshilfen für verschiedene Anlässe

Beispiel zur Fünf-Punkte-Formel:
Ein Bewohner einer stark befahrenen Wohnstraße appelliert auf einer Versammlung der Anlieger für eine Umwandlung in eine Spielstraße.

Interesse wecken: „Meine Damen und Herren, allein im letzten Halbjahr hat es in der Blumenstraße vier Unfälle gegeben.

Sagen, worum es geht: Der Verkehr in unserer Straße muss eingeschränkt werden.

Begründungen und Beispiele:
- Viele Autos und Motorräder fahren zu schnell
- Die Straße ist an zwei Stellen sehr unübersichtlich
- Unter den Anwohnern gibt es zahlreiche junge Familien mit Kindern
- Weitere Gründe und Beispiele

Fazit: Eine Lösung sehe ich nur in einer Temporeduzierung durch Umwandlung in eine Spielstraße.

Aufforderung zum Handeln: „Meine Damen und Herren, sehen Sie nicht mehr länger zu, unterstützen Sie eine Unterschriftenaktion!"

Die folgende Übersicht enthält weitere Varianten der Fünf-Punkte-Formel.

• Interesse wecken • Thema nennen • Verstand ansprechen • Gefühl ansprechen • Zur Handlung auffordern	• Interesse wecken • Sagen, worum es geht • Begründen • Beispiele bringen • Zum Handeln auffordern	• Interesse wecken • Zusammenhänge aufzeigen • Begründungen/Widerlegungen • Beispiele • Zum Handeln aufrufen
(Müller, S. 70)	(Mohler, S. 133)	(Krieger/Hantschel, S. 59)

Problemlösungsformel

Die Problemlösungsformel ist eine Weiterentwicklung der Fünf-Punkte-Formel. Sie eignet sich dann, wenn für ein vorliegendes Problem unterschiedliche Lösungsmöglichkeiten zur Verfügung stehen. Im Rhetorik-Seminar fühlten sich vor allem Teilnehmer aus technischen und naturwissenschaftlichen Berufen von dieser Möglichkeit besonders angesprochen.

6.1 Überzeugungs- und Informationsreden

Problemlösungsformel
1. Interesse wecken
2. Problem darlegen
3. Ziel, um das Problem zu lösen
4. Lösungsvorschläge und deren Bewertung
5. Entscheid für eine Lösungsvariante
6. Aufforderung zum Handeln

Die beiden ersten Punkte decken sich mit der Fünf-Punkte-Formel. In Punkt 3 wird ein eindeutiges Ziel formuliert um das in Punkt 2 genannte Problem zu lösen. Im vierten Gliederungspunkt werden unterschiedliche Lösungsvorschläge vorgestellt und hinsichtlich ihrer Vor- und Nachteile untersucht und bewertet. Dabei bildet das in Punkt 3 genannte Ziel den Orientierungsmaßstab. Die Entscheidung für die beste Lösungsvariante erfolgt in Punkt 5. Den Abschluss bildet wieder der übliche Appell.

Beispiel zur Problemlösungsformel:
In einem Unternehmen sind die Umsätze stark zurückgegangen; ein Mitglied der Geschäftsleitung spricht zu den Mitarbeitern.

Interesse wecken: „Liebe Kolleginnen und Kollegen, ab sofort wird jeder von uns weniger Geld in der Tasche haben.

Problem darlegen: Der Umsatz im letzten Halbjahr ist stark zurückgegangen.

Ziel, um das Problem zu lösen: Wir müssen zunächst alle Anstrengungen darauf richten, das alte Umsatzniveau wieder zu erreichen.

Lösungsvorschläge und deren Bewertung: Folgende Möglichkeiten stehen uns zur Verfügung:
  a) Preissteigerungen; Vor- und Nachteile
  b) Qualitätsverbesserungen; Vor- und Nachteile
  c) Neue Werbekonzeption; Vor- und Nachteile

Entscheid für eine Lösungsvariante: Ich bin der Meinung, wir sollten den Vorschlag c) als Ersten verwirklichen und eine neue Werbekonzeption entwickeln.

Aufforderung zum Handeln: Liebe Mitarbeiter, beginnen Sie sofort damit. Machen Sie sich Gedanken, wie ein neues Werbekonzept aussehen könnte!"

6. Gliederungshilfen für verschiedene Anlässe

Pro-und-Kontra-Formel

Auch diese Gliederung ist eine Weiterentwicklung der 5-Punkte-Formel. Der Name lässt schon das verwendete Argumentationsmuster erkennen: Pro und Kontra, allerdings in umgekehrter Reihenfolge. Diese Formel kann immer eingesetzt werden, wenn zwei konträre Positionen einander gegenüberstehen (z. B. für oder gegen Kernkraft).

Pro-und-Kontra-Formel

1. Interesse wecken
2. Problem definieren
3. Gegenposition darstellen
4. Hauptargumente der Gegenseite entkräften
5. Eigene Position formulieren
6. Eigene Position überzeugend begründen
7. Fazit (Folgerungen ziehen)
8. Aufforderung zum Handeln

Auch hier entsprechen die beiden ersten Punkte der 5-Punkte-Formel. Als Nächstes wird die Meinung der Gegenseite dargestellt (Punkt 3) und versucht, deren Hauptargumente zu entkräften (Punkt 4). Erst danach folgt in Punkt 5 die eigene Meinung. Diese wird in Punkt 6 ausführlich und überzeugend mit Argumenten untermauert. Das Fazit in Punkt 7 fällt natürlich zugunsten der eigenen Position aus. Den Abschluss bildet wiederum der bereits bekannte Appell.

> **Beispiel zur Pro-und-Kontra-Formel:**
> Der Redner spricht sich für eine Liberalisierung des geltenden Ladenschluss-Gesetzes aus.
>
> **Interesse wecken:** „Meine Damen und Herren, haben Sie es bei Ihrem letzten Urlaub am Mittelmeer nicht auch genossen, noch spät abends einkaufen zu können?"
>
> **Problem definieren:** Leider ist dies bei uns nicht möglich. Das Ladenschlussgesetz verlangt, dass die Geschäfte pünktlich geschlossen werden.

> **Gegenposition darstellen:** Natürlich gibt es einige Argumente für eine Beibehaltung des derzeitigen Gesetzes. Die Befürworter verweisen vor allem auf die verlängerte Arbeitszeit für die Beschäftigten im Handel.
>
> **Hauptargumente der Gegenseite entkräften:** Aber bietet nicht gerade die Verlängerung der Öffnungszeiten die Chance, dass die Geschäfte in den Innenstädten überhaupt erhalten bleiben und damit Arbeitsplätze gesichert werden?
>
> **Eigene Position formulieren:** Ich bin der Meinung, die Öffnungszeiten müssen ausgeweitet werden.
>
> **Eigene Position überzeugend begründen:**
> - Arbeitsplätze werden erhalten
> - Wiederbelebung der Innenstädte
> - Einkaufsmöglichkeiten für Berufstätige
> - .....
>
> **Fazit (Folgerungen):** Es sprechen mehr Argumente für eine Liberalisierung; die beste Lösung ist eine völlige Freigabe der Öffnungszeiten.
>
> **Aufforderung zum Handeln:** Meine Damen und Herren, unterstützen Sie mich; tragen Sie sich in die bereitliegende Liste ein!"

Die Pro-und-Kontra-Formel enthält in stärkerem Maß als die beiden ersten Redeformeln taktische Elemente. Durch die Darstellung der Meinung der Gegenseite wird dem Zuhörer der Eindruck einer gewissen Fairness vermittelt. Durch die gewählte Reihenfolge wird die eigene Meinung nach der Gegenmeinung erläutert. Was aber zuletzt gesagt wird, bleibt besser haften.

6.2 Berufliche und private Gelegenheitsreden

Bei der Gelegenheitsrede wird weniger der Verstand, sondern vor allem das Gefühl des Publikums angesprochen. Der Redner versucht das aufzugreifen und auszudrücken was die Menschen bewegt. Wegen der Fülle der Anlässe wird nochmals in Rahmenreden, Festreden, Geselligkeitsreden sowie Trauerreden unterschieden.

6. Gliederungshilfen für verschiedene Anlässe

Formen der Gelegenheitsrede

Die **Rahmenrede** bildet – gemäß ihrer Bezeichnung – den formellen Rahmen bei einer Veranstaltung, in deren Mittelpunkt andere Reden und Kommunikationsformen (z. B. Fachvorträge, Präsentationen, eine Podiumsdiskussion) oder künstlerische Darbietungen stehen. Zur Rahmenrede zählen die Eröffnung einer Veranstaltung, die Begrüßung und Einführung von Gästen, Referenten und Künstlern sowie der Abschluss, die Bedankung und Verabschiedung.

Mit der Bezeichnung **Festrede** sind die großen Ansprachen gemeint, die bei festlichen Gelegenheiten wie Jubiläen, Hochzeiten oder „runden" Geburtstagen gehalten werden. Die Festrede soll die feierliche Stimmung des Tages ausdrücken, ohne dass sie zum steifen (unpersönlichen) Ritual verkommt. Der Übergang von der Festrede zur **Geselligkeitsrede** ist fließend, teilweise handelt es sich um dieselben Anlässe. Zur Geselligkeitsrede zählen die vielen kleinen Reden, die bei betrieblichen Veranstaltungen (Betriebs- oder Abteilungsfeier, Betriebsausflug) oder im privaten Bereich (Tischrede, Trinkspruch, Damenrede, Hochzeit, Geburtstag usw.) gehalten werden.

Von der Festrede ist der **Festvortrag** zu unterscheiden, der im Rahmen einer Festveranstaltung (Jubiläum, Verabschiedung) gehalten werden kann. Der Festvortrag ist in aller Regel ein Sachvortrag. Bei der an anderer Stelle schon erwähnten Kollegenverabschiedung haben der Dekan und Prodekan des Fachbereichs die „persönliche" Verabschiedung (Laudatio) übernommen, während ein Festvortrag zu dem aktuellen Thema „Haben wir in Zukunft noch Jobs" von einem „Schüler" des ausscheidenden Kollegen gehalten wurde.

Die **Trauerrede** ist nur schwer in ein Schema zu pressen. Sie wird von einem Angehörigen, Freund, Kollegen oder Vorgesetzten des Verstorbenen gehalten und soll die persönlichen Gefühle des Redners in würdiger, aber schlichter Form zum Ausdruck bringen. Der Freund am Grab soll nicht den Pfarrer ersetzen. Deshalb wird auch die Trauerrede mit normaler Stimmlage gesprochen; der „pastorale" Tonfall bleibt dem Geistlichen überlassen.

6.2 Berufliche und private Gelegenheitsreden

Zwei Lösungen für alle Fälle

Wie schon erwähnt, kann die Fünf-Punkte-Formel als Notlösung dienen, wenn Sie eine kleine Geselligkeitsrede aus dem Stegreif halten müssen. Sie ist sicherlich nicht die beste Lösung, aber sie bringt zumindest Ordnung in Ihre Ausführungen.

Leicht zu merken und universell einsetzbar für spontan zu haltende Fest- und Geselligkeitsreden ist auch die Vier-B-Formel (Krieger/Hantschel, S. 63):

- **Begrüßung** aller Anwesenden
- **Begründung**, warum das Fest stattfindet (Hochzeit, Taufe, Geburtstag, Jubiläum usw.)
- **Beschreibung** wichtiger Lebensstationen des Jubilars, Geburtstagskindes, Braut- oder Elternpaares. Keine komplette Vita; wenige, überwiegend heitere Erlebnisse reichen aus.
- **Beglückwünschung** der Jubilare und gute Wünsche für die Zukunft, evtl. verbunden mit einem Toast.

Gliederungsbeispiele

Zur Anregung folgen einige Gliederungsvorschläge für besonders häufig vorkommende Anlässe. Manche Vorschläge enthalten im Hauptteil Alternativen, aus denen der Redner je nach Situation und persönlichem Kenntnisstand auswählen muss.

Veranstaltungseröffnung und Begrüßung eines Gastredners

- Allgemeine Begrüßung aller Veranstaltungsteilnehmer
- Prominente, Presse, wichtige Kollegen werden ausdrücklich begrüßt
- Falls erforderlich letzte Regularien erledigen (z. B. nächster Termin, Rauchverbot, gemeinsames Essen, spätere Fahrt mit dem Bus zu Werk II usw.)

Damit sind die allgemeinen Formalitäten abgehandelt und Sie wenden sich dem Gast zu:

- Ausdrückliche Begrüßung des Gastredners
- Angaben zur Person des Gastes (unbedingt vorher erfragen, damit Sie korrekte Informationen weitergeben können, die dem Gast angenehm sind)

- Keine überschüssigen Vorschusslorbeeren verteilen
- Vortragsthema nochmals wiederholen
- Keine persönliche Stellungnahme (Kein Ko-Referat) zum Inhalt des Vortrags abgeben
- Den Gastredner bitten, mit seinen Ausführungen zu beginnen

Festrede beim Firmenjubiläum

- Begrüßung aller Anwesenden
- Begrüßung des Inhabers/Gründers
- Auf den Anlass der Feier eingehen
- Kurzer Rückblick auf wesentliche Ereignisse in der Unternehmensgeschichte (Entwicklung der Mitarbeiterzahl; Aufnahme der neuen Produktschiene; Filialgründung; Umwandlung in eine Kapitalgesellschaft usw.)
- In den Rückblick auch ausgefallene Vorkommnisse aufnehmen (Einführung des Lochkartenverfahrens; Besuch der Delegation aus China)
- Glückwünsche
- Evtl. Ausblick

Tischrede

- Anrede und Begrüßung
- Anlass
- Evtl. Ehrung/Auszeichnung
- Wünsche
- Hoffnungen
- Trinkspruch (Toast)
- Dank
- Appell

Gesellschaftsrede

- Allgemeine Begrüßung
- Begrüßung besonderer Gäste
- Je nach Anlass: Dank fürs Kommen (für die Einladung)
- Auf den Anlass eingehen
- Blick zurück
- Blick nach vorn
- Wünsche/Hoffnungen

Mitarbeiterjubiläum

- Begrüßung aller Anwesenden
- Begrüßung des Jubilars
- Anlass der Rede
- Einige markante Punkte aus dem Lebenslauf des Jubilars
- Einige positive Eigenschaften hervorheben
- Evtl. ein persönliches Erlebnis, das für sein Wesen charakteristisch ist
- Rolle und Bedeutung im Unternehmen herausstellen
- Dank und gute Wünsche für die Zukunft.

Trauerrede

- Die Anrede an die Angehörigen, nicht an den Verstorbenen richten
- Eigene Betroffenheit bekunden
- Evtl. auf Todesursache und Begleitumstände eingehen
- Tröstende Worte an die Hinterbliebenen richten
- An den Verstorbenen erinnern (Wesenszug, Lebensziele und -stationen, besondere Fähigkeiten oder ein gemeinsames Erlebnis)
- Verdienste aus dem privaten oder beruflichen Leben des Verstorbenen darstellen
- Schließen mit dem Versprechen, das Andenken in Ehren zu halten oder einem Bibelspruch oder Zitat.

6.3 Es geht auch anders

Obwohl die Geselligkeitsrede vom Redner wie von den Zuhörern gelegentlich als „Pflichtübung" empfunden wird, dient sie in erster Linie der Unterhaltung. Im Rhetorik-Seminar bin ich von Teilnehmern oft nach Gestaltungsmöglichkeiten gefragt worden, die von der üblichen Form abweichen. Nachfolgend finden Sie einige Anregungen, die sowohl bei beruflichen als auch bei privaten Anlässen eingesetzt werden können.

Wechselrede

Beim Ausscheiden aus dem Berufsleben (auch bei Jubiläen oder Geburtstagen) kann der Lebenslauf des Geehrten im Wechsel zwischen zwei Sprechern (möglichst unterschiedlichen Geschlechts) vorgetragen werden. Die Zuteilung der Aussagen kann z. B. nach den Kriterien ernst und heiter erfolgen. In eine solche Vita können auch die „kleinen, liebenswerten menschlichen Schwächen" des Geehrten eingebaut werden. Das Material für einen solchen Vortrag wird der Partner bzw. die Partnerin des Jubilars gerne liefern.

Zitate

Zitate wurden schon als Möglichkeit zur Gestaltung der Einleitung und des Schlusses erwähnt. Auch ganze Vorträge können damit bestritten werden. Dabei genügt es, wenn an den üblichen Beginn (Begrüßung und Anrede, Anlass, Glückwünsche) einige Zitate angefügt werden, die jeweils durch ein oder zwei Sätze miteinander verbunden werden. Auch eine solche Rede endet mit der gewohnten Aufforderung. Stellen Sie sich z. B. einen Weinfreund vor, dem als Geburtstagsgeschenk ein paar ausgewählte Fläschchen überreicht werden, wobei die begleitende Ansprache mit einigen (nicht zu vielen!) der folgenden Zitate oder Sprichwörter gewürzt wird:

- Der Wein erfreut des Menschen Herz (Götz v. Berlichingen)
- Alles Geld der Welt ist nicht soviel wert, wie zur rechten Stunde ein Becher besten Weines (aus China).
- Der Wein ist unter den Getränken das nützlichste, unter den Arzneien das schmackhafteste, unter den Nahrungsmitteln das angenehmste (Plutarch).
- Der Wein ist die Milch der Alten (aus Italien).
- Rotwein ist für alte Knaben eine von den besten Gaben (Wilhelm Busch).
- Guter Wein ist ein gutes, geselliges Ding, wenn man mit ihm umzugehen weiß (Shakespeare, Othello)
- Der Betrunkene sagt, was der Nüchterne denkt (aus Schweden).
- Wo Bacchus das Feuer schürt, sitzt Frau Venus am Ofen (Sprichwort).
- Wer niemals einen Rausch gehabt, der ist kein braver Mann (Perinet).
- Der ist nicht wert des Weines, der ihn wie Wasser trinkt (Bodenstedt).

- Besser einen Schoppen zu viel bezahlt, als einen zu viel getrunken (aus der Schweiz).
- Im Becher ersaufen mehr Leute als im Bach (Sprichwort).
- Wein, mäßig genossen, schadet in der größten Menge nicht (aus der Steiermark).

Neuer Text auf eine bekannte Melodie

Großen Erfolg erzielen Sie im Allgemeinen, wenn Sie den Text eines bekannten Liedes (Volkslied, Schlager) umdichten. Den Stoff für den neuen Text liefern persönliche Eigenschaften, Aktivitäten und wiederum die „kleinen menschlichen Schwächen". Das „neue Werk" wird von den Freunden gemeinsam vorgetragen (gesungen); eine Gitarre als Begleitung genügt. Als Beispiel habe ich anschließend zwei Verse (von insgesamt 14) der Neufassung des Liedes „Ein Jäger aus Kurpfalz" ausgewählt, das anlässlich des 50. Geburtstags einer aus der Pfalz stammenden Dame vom Freundeskreis verfasst wurde. (Alle Namen wurden aus Datenschutzgründen geändert).

Die Karin aus der Pfalz
die ist nun 50 Jahre alt
und sieht viel jünger aus und sieht viel jünger aus.
Juja, juja, gar lustig ist die Feierei
allhier in Künzelsau, allhier in Künzelsau.

Die Karin aus der Pfalz
fährt gerne auf die Schönheitsfarm
und wird auf jung getrimmt und wird auf jung getrimmt.
Juja, juja, gar lustig ist die Körnerkur
alldort auf grüner Heid', alldort auf grüner Heid'.

Wer weniger musikalisch ist, kann auch ein zu dem Anlass passendes Gedicht vortragen oder „umschreiben". Ich selbst habe sehr gute Erfahrungen mit Mundartgedichten gemacht. Verwenden Sie aber nur einen Dialekt, den Sie auch beherrschen.

Versform

„*Wie wohl ist dem, der dann und wann, sich etwas Schönes dichten kann*....." meint Wilhelm Busch in Balduin Bählamm.

6. Gliederungshilfen für verschiedene Anlässe

Machen Sie einmal den Versuch: Ein paar gereimte Zeilen bei der Begrüßung von Gästen, bei einer Geburtstags- oder Hochzeitsrede, einer Taufe oder einem Richtfest kommen immer gut an. Dabei wird kein kompliziertes Versmaß von Ihnen erwartet. Ein einfacher Endreim, bei dem sich jeweils zwei aufeinander folgende Zeilen reimen, ist ausreichend. Ich persönlich verwende gerne Vierzeiler; dabei reicht es aus, wenn sich die zweite und vierte Zeile reimen.

Auf den Punkt gebracht:

- Verwenden Sie Redeformeln als Gliederungshilfe.
- Merken Sie sich für Notfälle die „Fünf-Punkte-Formel" oder eine andere universell einsetzbare Standardgliederung
  - Interesse wecken
  - Sagen, worum es geht
  - Begründen und Beispiele bringen
  - Fazit
  - Auffordern zum Handeln
- Die Pro-und-Kontra-Formel enthält auch taktische Elemente.
- Fest- und Geselligkeitsreden lassen sich nach der Vier-B-Formel gliedern.
  - Begrüßung
  - Begründung
  - Beschreibung
  - Beglückwünschung
- Überraschen Sie Ihr Publikum bei Fest- und Geselligkeitsreden, indem Sie vom Standard abweichen
  - Wechselrede
  - Zitate
  - Neufassung bekannter Texte/Lieder
  - Versform

> Der Gedanke kommt beim Sprechen.
> (Heinrich von Kleist)

7. Wer überzeugen möchte, muss frei sprechen

Frei sprechen bedeutet nicht, einen Text auswendig lernen und vor dem Publikum aus dem Gedächtnis wiedergeben. Frei sprechen bedeutet auch nicht, ohne jegliche Vorüberlegungen aufzutreten. **Frei sprechen bedeutet vielmehr, die Gedanken anhand wohl überlegter und gegliederter Stichworte frei und spontan zu formulieren.** Das ist die überzeugendste Form des freien Redens, wie sie auch in Rhetorik-Seminaren trainiert wird. Diese Form des Sprechens wird auch als Sprechdenken bezeichnet.

7.1 Sprechdenken

Der Begriff Sprechdenken deutet schon an, um was es dabei geht. Im unserem Kopf laufen zwei Prozesse gleichzeitig miteinander ab. **Das Denken und das Sprechen werden miteinander verknüpft.** Jedes einzelne Stichwort gibt einen Denkanstoß zur sprachlichen Ausgestaltung. Diese Gedanken werden ausgesprochen und gleichzeitig denkt der Redner über das nächste Stichwort nach.

Die Beschreibung dieses Vorgangs hört sich viel komplizierter an, als das, was in Wirklichkeit vorgeht. Tatsächlich läuft der Prozess des Sprechdenkens bei jeder Unterhaltung ab. **Nur weil die Gedanken beim Sprechen kommen, sind wir in der Lage einen Satz nach dem anderen fließend auszusprechen.** Schon Heinrich v. Kleist hat in seinen Ausführungen „Über die allmähliche Verfertigung der Gedanken beim Reden" den beim Sprechdenken ablaufenden Prozess skizziert. Er empfiehlt, über ein Problem, das durch Nachdenken nicht zu lösen ist, mit einem Freund zu sprechen. *„Es braucht nicht eben ein scharf denkender Kopf zu sein, auch meine ich es nicht so, als ob du ihn darum befragen solltest: nein! Vielmehr sollst du es ihm selber allererst erzählen".* In Anlehnung an das bekannte

7. Wer überzeugen möchte, muss frei sprechen

französische Sprichwort *"l'appetit vient en mangeant"* (der Appetit kommt beim Essen) meint Kleist *"l'idée vient en parlant"* (der Einfall kommt beim Sprechen). Als Beweis führt er an, dass er schwierige Rechtsfragen, in denen er nicht weiterkommt, mit seiner Schwester bespricht. *„Nicht, als ob sie es mir, im eigentlichen Sinne sagte; denn sie kennt weder das Gesetzbuch noch hat sie den Euler oder den Kästner studiert. Auch nicht, als ob sie mich durch geschickte Fragen auf den Punkt hinführte, auf welchen es ankommt, wenn schon dies Letzte häufig der Fall sein mag. Aber weil ich doch irgendeine dunkle Vorstellung habe, die mit dem, was ich suche, von fern in einiger Verbindung steht, so prägt, wenn ich nur dreist damit den Anfang mache, das Gemüt, während die Rede fortschreitet, in der Notwendigkeit dem Anfang nun auch ein Ende zu finden jene verworrene Vorstellung zur völligen Deutlichkeit aus, dergestalt, daß die Erkenntnis zu meinem Erstaunen mit der Periode fertig ist".*

Als Redner haben Sie es wesentlich leichter als Kleist. Er hatte bei seinen Rechtsproblemen lediglich „irgendeine dunkle Vorstellung", während Sie schon bei der Vorbereitung umfassendes Material gesammelt haben. Ihre Gedanken stehen in gegliederter Form im Manuskript, sodass es nur noch darum geht, aus den einzelnen Stichworten ganze Sätze zu bilden.

Vorteile des Stichwortredens

Manche Teilnehmer im Rhetorik-Seminar mit wenig Redeerfahrung haben bei der Behandlung des Stichwortredens gefragt, ob nicht ein voll ausgearbeitetes Manuskript sicherer wäre. Bei der Manuskriptrede stünde doch alles, so wie es vorgetragen werden soll, im Manuskript, sodass auch nichts vergessen würde. Solche Zweifel sind nicht berechtigt, denn auch bei einem Stichwortmanuskript vergessen Sie nichts. Auch hier sind alle Gedanken im Manuskript enthalten und stehen richtig gegliedert auf den Stichwortkärtchen. **Im Gegensatz zur Manuskriptrede werden die ausgesprochenen Sätze frei formuliert und wirken damit wesentlich überzeugender als ein voll ausgearbeitetes Manuskript, das heruntergelesen wird. Das Stichwortreden führt zu einfacheren Formulierungen, die vom Publikum leichter verstanden werden, als die bis ins Letzte aus-**

gefeilten Sätze eines voll ausgearbeiteten Manuskripts. Ich werde auf die Bedeutung einer „einfachen" Sprache für die Verständlichkeit eines Vortrags im folgenden Kapitel noch näher eingehen (vgl. Seite 91).

Ein weiterer Vorteil des Redens nach Stichworten ist die große Flexibilität des Redners. Wenn z. B. die Gewichte auf Grund der Reaktionen im Publikum kurzfristig anders gesetzt werden müssen, dann ist diese Anpassung beim Stichwortreden viel leichter möglich als bei einem voll ausgearbeiteten Manuskript. Auch Fragen oder Zwischenbemerkungen der Zuhörer können besser beantwortet werden, ohne aus dem Konzept zu kommen. Die Redezeit kann bei Bedarf problemlos verkürzt werden, z. B. können Sie ein weniger wichtiges Stichwort überspringen, wenn Sie merken, dass dies nicht interessiert oder schon bekannt ist oder wenn wegen eines verspäteten Beginns die Redezeit plötzlich verkürzt werden muss.

7.2 Das Stichwortmanuskript

Zum Festhalten der Stichworte wurden zahlreiche Varianten entwickelt. Sie reichen vom verschämt in der Handmulde verborgenen Zettelchen in der Größe einer Visitenkarte über Kärtchen im DIN-A5 oder DIN-A6-Format bis zum großformatigen Bogen. Vom Visitenkartenformat rate ich ab, denn es passt zu wenig auf das einzelne Kärtchen und die Stichworte werden teilweise von der Hand verdeckt. Ich empfehle, ebenso wie viele Rhetorik-Trainer, Stichwortkärtchen in Postkartengröße oder ähnlichem Format (z. B. Pinnwandkarten). Sie sind ausreichend groß und können dennoch, wenn sie nicht benötigt werden, in die Jackentasche oder eine Handtasche gesteckt werden, ohne dass sie gefaltet werden müssen. Damit die Kärtchen nicht nach hinten wegklappen, sollten Sie einigermaßen festes, blendfreies Papier oder einen dünnen Karton verwenden.

Die folgenden Empfehlungen zur Gestaltung der Stichwortkärtchen haben sich in der Praxis bewährt. Sie stellen sicher, dass Sie alle genannten Vorteile des Stichwortredens nützen können und lassen dennoch genügend Spielraum für eigene Lösungen.

7. Wer überzeugen möchte, muss frei sprechen

Je Kärtchen nur ein oder zwei Hauptgedanken

Viele Redner schreiben ihre Stichwortkarten zu voll. Das erschwert das Ablesen und verhindert, dass nach Fertigstellung des Manuskripts noch etwas hinzugefügt werden kann. **Übernehmen Sie auf ein Kärtchen nur ein oder zwei Hauptgedanken** und zusätzlich die entsprechenden Untergedanken, dann bleibt noch genügend Raum für spätere Ergänzungen.

Groß und deutlich schreiben

Diese Empfehlung mag banal klingen. Aber zu voll geschriebene Kärtchen sowie eine schlechte und zu kleine Schrift sind nach meinen Erfahrungen zwei besonders häufig vorkommende Fehler. Im Rhetorik-Seminar haben die Teilnehmer die Bedeutung eines gut vorbereiteten Stichwortmanuskripts vielfach unterschätzt. Die Empfehlung wurde erst ernst genommen, nachdem es bei den Redeübungen zu Leseproblemen mit dem Manuskript gekommen war.

Beim Vortrag kommt es darauf an, durch einen kurzen Blick ins Manuskript das nächste Stichwort zu erfassen und danach wieder den Blickkontakt zu den Zuhörern herzustellen. Das wird nur bei ausreichend großer und deutlicher Schrift möglich sein. Machen Sie sich die Mühe und schreiben Sie bei der Vorbereitung die missglückten Kärtchen ein zweites Mal; Sie werden im Vortrag dafür dankbar sein.

Nur einseitig beschriften

Ein Stichwortmanuskript besteht in der Regel nicht nur aus einem Kärtchen. Einseitig beschriebene Stichwortkärtchen brauchen Sie nicht umdrehen, das erleichtert die Handhabung. Bei einem Stapel von Stichwortkärtchen legen Sie das jeweils abgehandelte Kärtchen am Stapel hinten an, sodass auch die Reihenfolge immer erhalten bleibt. Falls erforderlich (z. B. wegen einer Zwischenfrage) können Sie leicht auf frühere Kärtchen zurückgreifen.

Durch Nummerierung der Kärtchen sorgen Sie für die notwendige Ordnung. Wenn Sie alle Kärtchen durchnummeriert haben und nachträglich noch weitere einfügen wollen, dann ist dies mit a,b-Seiten ohne weiteres möglich.

7.2 Das Stichwortmanuskript

1. Hauptstichwort	Unterstichwort	Seite
	Unterstichwort	
	(Regieanweisung)	Zeit
2. Hauptstichwort	Unterstichwort	
	Unterstichwort	
	Unterstichwort	Zeit

Beispiel für ein Stichwortkärtchen

Regieanweisungen aufnehmen

Jeder Redner ist auch gleichzeitig der Regisseur seines Vortrags. **Durch Regieanweisungen stellen Sie sicher, dass Sie nichts von dem vergessen, woran Sie neben dem eigentlichen Vortragstext denken müssen.** Der Begriff ist in diesem Zusammenhang im doppelten Sinne zu verstehen: Eine erste Gruppe von Regieanweisungen ergibt sich aus dem Inhalt Ihres Vortrags.

Beispiele:
- "Teilnehmer fragen". Durch diesen Hinweis werden Sie daran erinnert, dass Sie an dieser Stelle den Monolog unterbrechen wollen, um die Zuhörer nach deren eigenen Erfahrungen oder Meinungen fragen.
- „Tabelle verteilen". Es ist schade, wenn Sie mit viel Mühe eine Tabelle vorbereitet haben und im Eifer des Vortrags vergessen diese zum richtigen Zeitpunkt zu verteilen. Die Vorbereitung war vergeblich und den Zuhörern wird eine wichtige Information vorenthalten.
- „Folie auflegen". Folien oder andere vorbereitete Hilfsmittel werden durch einen entsprechenden Hinweis im Manuskript nicht vergessen.

Eine zweite Gruppe von Regieanweisungen richtet sich an die eigene Person; solche Hinweise helfen, eigene Fehler zu vermeiden und die rhetorischen Mittel richtig einzusetzen.

Beispiele:
- Durch Farbmarkierungen kennzeichnen Sie wichtige Gedanken, die Sie sprachlich hervorheben möchten (lauter, langsamer, Pause).
- Wer weiß, dass er unruhig steht, schreibt sich auf jeden Stichwortzettel (mit anderer Farbe als die übrigen Stichworte) den Hinweis „Ruhig stehen".

7. Wer überzeugen möchte, muss frei sprechen

- Durch ein gemaltes Auge oder das Wort „Blick" erinnern Sie sich daran, den Blickkontakt nicht zu vergessen.
- Der Schnellsprecher wird sich durch den Hinweis „Langsam" an dieses Problem erinnern.

Durch derartige Regieanweisungen sind diese Schwierigkeiten nicht sofort behoben, aber sie werden mit jedem weiteren Redeauftritt geringer. Im Rhetorik-Seminar hat die konsequente Anwendung dieser Methode bei nur fünf bis sechs Übungen den meisten Teilnehmern geholfen um z. B. ein hartnäckiges "äh" weitgehend verschwinden zu lassen oder den anfangs fehlenden Blickkontakt herzustellen.

Nehmen Sie aber wirklich nur Regieanweisungen im zuvor dargestellten Sinne auf. **Engen Sie sich nicht durch übertriebene Hinweise zu sehr ein, indem Sie einzelne Reaktionen notieren, die Sie an einer ganz bestimmten Stelle Ihres Vortrags einbringen wollen** (z. B. Faust ballen; Lachen; Dr. Müller anschauen). Solche „geplanten" Reaktionen würden gekünstelt wirken.

Redezeit einhalten durch Zeithinweise

Der Erfolg eines Redners wird auch daran gemessen, wie gut es ihm gelingt die vorgegebene Zeit einzuhalten. Der Vermerk von Zeithinweisen im Manuskript zählt ebenfalls zu den Regieanweisungen. Wenn sie notieren, wo Sie nach 10, 20, 30 Minuten sein wollen, dann können Sie bei Abweichungen rechtzeitig gegensteuern. Wer jedoch bei einem einstündigen Fachvortrag nach 50 Minuten zum ersten Mal auf die Uhr sieht und feststellt, dass er gerade die Einleitung abschließt, der wird es in der vorgesehenen Zeit nicht mehr schaffen.

Namen, Zahlen und Zitate wörtlich aufschreiben

Keine Regel ohne Ausnahme. Vom Grundsatz, nur Stichworte in das Manuskript aufzunehmen gibt es zwei wichtige Abweichungen:
- Schreiben Sie Namen, Zahlen und Zitate vollständig auf und
- notieren Sie den Anfangssatz wörtlich.

Die Gefahr sich zu versprechen ist geringer, wenn Sie Namen und Zahlen vollständig aufschreiben. Bei Zitaten kommt es zumeist auf die exakte Formulierung an. Beim Zitat im Fachvortrag verlangt dies die wissenschaftliche oder fachliche Korrektheit. In solchen Fällen kann für die Dauer des Zitats auch der Blickkontakt reduziert und das Zitat „vorgelesen" werden.

Zitate, die inzwischen Allgemeingut geworden sind (aus der Literatur, Politik, Werbung usw.) sind in der Regel kurze, schlagkräftige Aussagen. Ihre Wirkung hängt auch davon ab, wie gut sie vorgetragen werden. Hier bietet die wörtliche Niederschrift die Möglichkeit, sich nochmals über den genauen Wortlaut zu vergewissern um dann das Zitat mit Blickkontakt zum Zuhörer, ergänzt um die notwendige Gestik, auszusprechen.

Anfangssatz wörtlich aufnehmen

Die zweite Ausnahme von der Regel nur Stichworte aufzunehmen ist der Anfangssatz. Auf seine Bedeutung wurde schon an anderer Stelle hingewiesen (vgl. Seite 25). Schreiben Sie den Einstiegssatz wörtlich auf. Wörtlich aufschreiben muss nicht bedeuten, dass Sie den Satz auch wörtlich vorlesen. Gerade am Beginn eines Vortrags ist die Spannung besonders groß. Das wurde von allen Seminarteilnehmern bestätigt, die etwas mit Lampenfieber zu kämpfen hatten. Allein das Wissen darüber, dass der Anfangssatz wörtlich im Manuskript steht, reicht bei den meisten Rednern aus, ihn frei aussprechen zu können. Und wenn die Anfangsspannung wirklich einmal besonders groß sein sollte, dann lesen Sie den ersten Satz eben vor. Das ist zwar nur die zweitbeste Lösung, aber Sie überwinden die Anfangsbarriere und können sicherer fortfahren.

Stichwortzettel sind keine Spickzettel

Manche Trainer- und Autorenkollegen sprechen statt von Stichwortzettel von Spickzettel. Diese Bezeichnung ist falsch, denn sie vermittelt den Eindruck von etwas Illegalem. Wer erinnert sich nicht an den Spickzettel aus der Schulzeit, der nur heimlich benutzt werden konnte. **Der Stichwortzettel ist aber ein legales, von allen akzeptiertes Hilfsmittel.** Warum sollen die Zuhörer nicht merken, dass Sie sich auf diesen Anlass vorbereitet haben? Sie machen Pluspunkte, wenn Ihre Zuhörer schon am Stichwortmanuskript erkennen, dass Sie Ihre Gedanken in überlegter, geordneter Form vortragen wollen.

7. Wer überzeugen möchte, muss frei sprechen

Der DIN-A4-Bogen

Ich habe die Gestaltung der Stichwortkärtchen im DIN-A6-Format sehr ausführlich beschrieben, weil ich sie für die beste Lösung halte. Falls das Paket an Stichwortkärtchen bei längeren Vorträgen zu umfangreich wird, dann können die Stichworte auch auf einem DIN-A4-Bogen festgehalten werden. Ein großformatiges Manuskript sollte allerdings unbedingt auf einem Rednerpult oder Tisch abgelegt werden. Nachfolgend werden zwei Gestaltungsvarianten dargestellt, die auch in Seminaren und der Literatur empfohlen werden.
- Eine Möglichkeit sieht ähnlich dem Stichwortzettel verschiedene Spalten vor (Schorkopf, S. 190).

Gliederung/ Hauptstichworte	Unterstichworte Einzelgedanken	Seitenzahl Regieanweisung

Aufteilung in Spalten

7.2 Das Stichwortmanuskript

- Einen Kompromiss zwischen Stichwortkärtchen und DIN-A4-Bogen stellt die sog. „Ahnentafel" dar. Dabei wird ein DIN-A4-Blatt in fünf Felder (Kästchen) unterteilt; zusätzlich können Angaben zum Thema und Zuhörerkreis aufgenommen werden. Je nach Vortragslänge werden mehrere Bogen verwendet. Jedes Feld der Ahnentafel könnte auch als einzelnes Stichwortkärtchen verwendet werden.

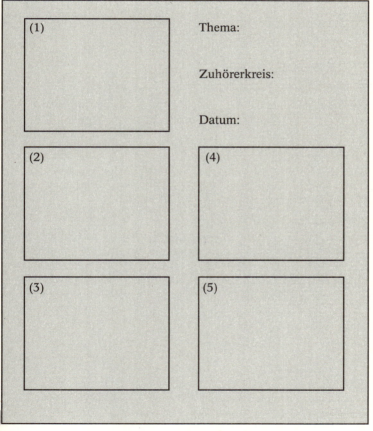

„Ahnentafel" als Stichwortmanuskript

7. Wer überzeugen möchte, muss frei sprechen

Mind-Mapping

Manche Redner benutzen als Stichwortmanuskript auch eine sog. Mind-Map (Gehirnlandkarte). Mind-Mapping ist eine Methode, um ausgehend von einem zentralen Begriff, komplexe Themen vorzustrukturieren. Einzelheiten zur Mind-Mapping-Methode finden Sie im Kapitel 15 „Stoffsammlung" (vgl. Seite 203). Die Mind-Map kann bei der Vorbereitung eines Vortrags und als Redemanuskript eingesetzt werden. **Die Mind-Map-Methode befreit den Redner, ebenso wie die Stichwortkärtchen, aus der Abhängigkeit eines ausformulierten Manuskripts und zwingt ihn zu spontanen Formulierungen**. Durch eine

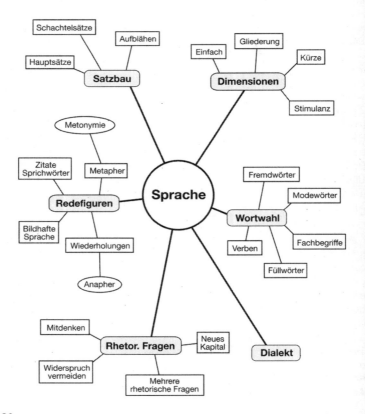

Nummerierung der einzelnen Äste kann in die willkürliche Abfolge der verschiedenen Äste die notwendige Ordnung gebracht werden. Seminarteilnehmer, welche die Mind-Map-Methode beherrschten, haben erfolgreich damit gearbeitet, obwohl der große Bogen im Vergleich zu den Stichwortkärtchen relativ unhandlich war. Als Beispiel finden Sie in der vorstehenden Abbildung die Gliederung des nächsten Kapitels dieses Buches (vgl. Seite 91) als Mind-Map dargestellt.

Übungen zum Stichwortreden

Übung Nr. 11: Sprechdenken in zwei Stufen
Erste Stufe: Sprechen Sie eine Minute lang zu einem zufällig ausgewählten Hauptwort. Legen Sie eine Stoppuhr neben sich und versuchen Sie die Minute ohne Pause durchzuhalten. Wenn Ihnen nichts mehr einfällt, dann greifen Sie entweder zurück auf den Satz davor *("Wie ich eben schon sagte, ...")* oder verwenden Sie einen Füllsatz *("Im Augenblick fällt mir nicht mehr zum Wort X ein")*. Lassen Sie sich die notwendigen Themenbegriffe von jemandem aufschreiben oder tippen Sie ohne hinzusehen in ein Buch oder eine Zeitung und verwenden Sie das am nächsten stehende Hauptwort.
Zweite Stufe: Verwenden Sie zwei Hauptwörter und verknüpfen Sie diese in Ihrem Kurzvortrag. Versuchen Sie wiederum mindestens eine Minute ohne Pause durchzuhalten. Falls Sie keinen Lieferanten für die Themenbegriffe haben, dann nehmen Sie aus einem Buch von einer zufällig aufgeschlagenen Doppelseite von beiden Seiten jeweils das erste Hauptwort.
Übungsziel: Training der beim Sprechdenken erforderlichen Fähigkeit zum jeweils nächsten Stichwortwort quasi unvorbereitet etwas zu sagen.

Übung Nr. 12: Drei-Wörter-Übung
Diese Übung können Sie allein oder in der Gruppe durchführen.

Auf einen Stichwortzettel werden drei Hauptwörter notiert, aus denen spontan eine kleine Geschichte zu formulieren ist. Es kommt nicht darauf an, dass hochgeistige (wissenschaftliche) Geschichten erfunden werden. Es geht ausschließlich darum beim Sprechen „durchzuhalten". Allerdings soll es eine kleine Geschichte sein und nicht nur ein einziger Satz. Die Reihenfolge, in der Sie die Ausgangsworte verwenden, spielt keine Rolle. Falls Ihre Geschichten zu kurz ausfallen, dann nehmen Sie fünf Wörter.

Wenn Sie alleine üben, sollten Sie sich durch Videoaufzeichnung oder Tonband überprüfen. Lassen Sie sich zuvor von jemandem Zettel mit jeweils drei (fünf) Wörtern schreiben oder verwenden Sie die folgenden Vorschläge:
Katze – Schreibtisch – Weintrauben
Anwalt – Hochhaus – Bindfaden

7. Wer überzeugen möchte, muss frei sprechen

Schornsteinfeger – Kugelschreiber – Liebe
Lexikon – Papiertaschentuch – Urlaub
Sonderangebot – Rechtsanwalt – Sonnenuhr
Pfeife – Taschenlampe – Traum – Packpapier – Park
Handtuch – Holzschuhe – Temperament – Urlaub – Bleistift
Kochbuch – Konzert – Fahrkarte – Werbung – Freiheit
Filmstar – Braunkohle – Wahlkampf – Bierflasche – Werkstatt
Bauhütte – Fernglas – Weihnachten – Hochzeit – Politik

Wenn Sie in der Gruppe üben, dann ist es lustiger, wenn die Gruppe dem jeweiligen Redner drei oder fünf Worte zuruft. Dieser schreibt die Worte auf einen Zettel und beginnt unmittelbar danach mit seiner Geschichte. Achten Sie darauf, dass wirklich sofort begonnen wird; durch zu langes Nachdenken könnte eine Blockade entstehen.

Übungsziel: Auch mit dieser Übung können Sie das Sprechdenken trainieren; zusätzlich verschaffen Sie sich Sicherheit im Umgang mit einem Stichwortzettel.

Übung Nr. 13: Erzählen/berichten üben
Schreiben Sie sich einige Stichworte über alltägliche Geschehnisse auf Stichwortzettel und versuchen Sie darüber in möglichst packender und anschaulicher Weise zu berichten. Lassen Sie sich durch Zuhörer kontrollieren oder zeichnen Sie Ihren Bericht mit dem Tonband oder der Video-Camera auf.

Als Themen eignen sich

- berufliche Erlebnisse,
- der Verlauf einer Geschäftsreise,
- eine Situation im Straßenverkehr,
- eine Sportveranstaltung,
- ein Gasthausbesuch,
- ein Theaterbesuch.

Übungsziel: Verbesserung des Sprechdenkens und des Umgangs mit dem Stichwortmanuskript.

Übung Nr. 14: Reden mit fremdvorbereiteten Stichworten
Dies ist eine Gruppenübung, die Sie auch als kleines Gesellschaftsspiel verwenden können. Die Übung war im Seminar oft die Schlüsselübung für viele Teilnehmer um zu erkennen, dass das Reden nach Stichworten leichter fällt, als viele glauben.

Bereiten Sie Kärtchen vor, auf denen die folgenden oder ähnliche einfache Themen stehen:

- Oma kommt zu Besuch
- Frühstück am Sonntagmorgen
- Hausschlüssel verloren

- Ich esse nicht gerne Spinat
- 100 Mark gefunden
- Ein böser Traum
- Ich trete in einen Verein ein
- Der neue Nachbar
- Einen unangenehmen Brief schreiben
- Ich will abnehmen
- Hund ausführen
- Zimmer aufräumen
- Besuch beim Zahnarzt
- Wir gehen Schlitten fahren
- Kindergeburtstag
- Autopanne
- Ein Theaterbesuch
- Unser nächstes Urlaubsziel
- Abendessen im Gasthaus
- Eine Wanderung

Es müssen einfache Themen (keine Fach- oder Spezialthemen) sein, bei denen Sie sicher sind, dass jeder dazu etwas sagen kann. Jeder Teilnehmer zieht ein Thema und schreibt dann zu diesem Thema acht bis zehn Begriffe auf einen Stichwortzettel. Diese sammeln Sie dann wieder ein und verlosen sie anschließend so unter den Teilnehmern, dass niemand seinen eigenen Zettel erhält. Anhand der vorgegebenen Stichworte hält nun jeder einen kleinen Vortrag. Da es allgemeine Themen sind, hat niemand Probleme sich zu den aufgeschriebenen Stichworten zu äußern.

Wegen des spielerischen Charakters dieser Übung, wird vielen Teilnehmern erst nachträglich bewusst, dass sie einen mehrere Minuten dauernden Vortrag gehalten haben, dessen Manuskript von einem anderen vorbereitet wurde.

<u>Übungsziel:</u> Sicherheit im Umgang mit dem Stichwortzettel.

7.3 Manuskriptreden nur in Ausnahmefällen

Es gibt Situationen in denen eine Rede nach einem wörtlich ausgearbeiteten Manuskript gehalten werden muss. Das wird dann erforderlich sein, wenn es auf besonders genaue Formulierungen ankommt, wie z. B. bei manchen wissenschaftlichen Vorträgen, bei einem Geschäfts- oder Rechenschaftsbericht oder bei bestimmten Themen der Politik. Auch wenn jemand den Vortrag eines anderen hält (z. B. wegen Verhinderung des Redners) oder wenn ein Manuskript schon vorher eingereicht wurde und der Wortlaut eingehalten werden muss. Wer es sich leisten kann, Ghostwriter für sich arbeiten zu lassen, verfügt ebenfalls über ein voll ausgearbeitetes Manuskript. Beim Einsatz eines Ghostwriters denke ich nicht nur an unsere Spitzenpolitiker, bei denen das schon aus Zeitgründen erforderlich ist. Auch mancher Topmanager lässt sich seine Vorträge oder zumindest einzelne Teile von den Fachleuten für die jeweiligen Themen schreiben. Dennoch sollte das Vollmanuskript auf wenige Ausnahmen beschränkt bleiben.

Schreibstil vermeiden

Eine große Gefahr des wörtlich ausgearbeiteten Manuskripts liegt darin, dass die Rede wie ein geschriebener Text verfasst wird. Voll ausformulierte Reden wirken im Allgemeinen starr, weil die Lebendigkeit freier Formulierungen fehlt (vgl. die Ausführungen zum Redestil, Seite 91). Wenn Sie nicht unbedingt an den genauen Wortlaut des geschriebenen Textes gebunden sind, dann wandeln Sie den Schreibstil in Ihren Sprechstil um. Das ist sicherlich bei einem von einem Ghostwriter verfassten Manuskript möglich oder auch wenn ein Team (z. B. eine Projektgruppe) einen Text gemeinsam entworfen hat, der von einem Teammitglied vorgetragen wird. Auch wenn Sie in Ausnahmefällen einmal eine fertige Rede übernehmen (z. B. eine Gelegenheitsrede aus einer der zahlreichen im Buchhandel erhältlichen Sammlungen für Musterreden), sollten Sie den Text so umschreiben, dass er Ihrem persönlichen Sprachstil entspricht.

Ausformulierte Manuskripte verleiten zum Vorlesen

Wer kennt nicht den Redner, der nur auf sein Manuskript blickt? Solche Redner kleben an ihrem Manuskript, vielleicht fahren sie auch noch mit dem Finger die Zeilen entlang um diese auf keinen Fall aus den Augen zu verlieren. Wer sein Manuskript aber nur „vorliest", darf sich nicht wundern, wenn er beim Publikum nicht ankommt. Ein ausformuliertes Manuskript verführt zumeist zum Schnellsprechen und verhindert den für den Kontakt zum Publikum so wichtigen Blickkontakt. Damit können Sie auch mögliche Reaktionen der Zuhörer nicht wahrnehmen.

Außerdem übersehen die Vertreter der Manuskriptrede, dass sie sich durch ein wörtlich ausgearbeitetes Manuskript stark einengen. Die einzelnen Sätze werden in der Vorbereitung so aufeinander abgestimmt, dass es kaum möglich ist vom Manuskript abzuweichen (z. B. als Reaktion auf ein bestimmtes Zuhörerverhalten) ohne den Gedankenfluss der Rede zu zerstören.

Vor allem ungeübte Redner glauben durch eine voll ausgearbeitete Manuskriptrede mehr Sicherheit zu gewinnen. Das war auch im Rhetorik-Seminar zu beobachten. Trotz der Empfehlung des Trainers nur Stichworte vorzubereiten haben einige ängstliche Teilnehmer die Übungsvorträge wörtlich ausgearbeitet. Das führte beim Vortrag entweder zum reinen Vorlesen oder das Manuskript wurde nach den ersten Sätzen nicht mehr benutzt, weil der Redner die Zeile aus dem Blick verloren hatte, sodass der Rest auswendig vorgetragen wurde. Dabei wurden dann wiederum wichtige Gedanken vergessen.

Manche Redner fühlen sich sicherer oder glauben, dass sie sich mit dem Thema besser auseinander setzen können, wenn sie ihren Vortrag zunächst einmal wörtlich ausarbeiten. **In solchen Fällen sollte jedoch nachträglich aus dem wörtlichen Manuskript ein Stichwortmanuskript abgeleitet werden.** Wenn Sie bereits über eine gewisse Redeerfahrung verfügen und schon mit Stichworten gearbeitet haben, dann ist es auch möglich, die Kernbegriffe im vollständig ausgearbeiteten Manuskript durch Markierungen hervorzuheben und daraus im Vortrag die Sätze frei zu formulieren.

Übersichtlichkeit auch beim ausformulierten Manuskript

Wenn Manuskriptreden ausnahmsweise sein müssen, dann können die folgenden Empfehlungen für die Manuskriptgestaltung hilfreich sein:

- Wählen Sie die Zeilenlänge nach Sinneinheiten! Wir erfassen mit den Augen immer nur Satzteile, die eine Sinneinheit bilden. **Nehmen Sie deshalb nur die Wörter in eine Zeile auf, die zusammenhängend als Einheit ausgesprochen werden.** In der Praxis kommt leider das Gegenteil viel häufiger vor, weil wir von Jugend an gewohnt sind die Zeilen bis ans Ende voll zu schreiben und vielleicht sogar noch einzelne Wörter zu trennen. Solche Manu-

7. Wer überzeugen möchte, muss frei sprechen

skripte sind schwer zu lesen. Erleichtern Sie sich die Lesbarkeit zusätzlich durch einen großen Zeilenabstand. Vergleichen Sie dazu den nachfolgend abgedruckten Anfang von Tucholskys berühmten Ratschlägen an einen schlechten Redner.

Fang nie mit dem Anfang an, sondern immer drei Meilen vor dem Anfang! Etwa so: „Meine Damen und meine Herren! Bevor ich zum Thema des heutigen Abends komme, lassen Sie mich Ihnen kurz...." Hier hast du schon so ziemlich alles, was einen schönen Anfang ausmacht: eine steife Anrede; der Anfang vor dem Anfang; die Ankündigung, dass und was du zu sprechen beabsichtigst, und das Wörtchen kurz. So gewinnst du im Nu die Herzen und die Ohren der Zuhörer.

Fang nie mit dem Anfang an,
sondern immer drei Meilen vor dem Anfang!
Etwa so: „Meine Damen und meine Herren!
Bevor ich zum Thema des heutigen Abends komme,
lassen Sie mich Ihnen kurz...."

Hier hast du schon so ziemlich alles,
was einen schönen Anfang ausmacht:
eine steife Anrede; der Anfang vor dem Anfang;
die Ankündigung, dass und was du zu sprechen beabsichtigst,
und das Wörtchen kurz.

So gewinnst du im Nu die Herzen und die Ohren der Zuhörer.

(Aus Tucholsky: Ratschläge für einen schlechten Redner, 1930)

Sinneinheiten statt volle Zeilen im Manuskript

- Erhöhen Sie die Übersichtlichkeit durch Zwischenüberschriften oder gestalten Sie das Manuskript „zweispaltig", indem Sie links die Überschriften der einzelnen Abschnitte als Marginalie vermerken und rechts den ausformulierten Text.

- Die Lesbarkeit kann durch große Schrifttypen und die Verwendung von Groß- und Kleinbuchstaben verbessert werden. Benutzen Sie mindestens den doppelten Zeilenabstand; damit verringern Sie die Gefahr in eine falsche Zeile zu rutschen.
- Verwenden Sie wie beim Stichwortmanuskript auch beim voll ausgearbeiteten Manuskript blendfreies Papier; beschreiben Sie die Blätter nur einseitig und nummerieren Sie die Seiten.
- **Regieanweisungen (thematisch bedingt oder an die eigene Person gerichtet) und Hinweise auf die Redezeit können auch in eine Manuskriptrede aufgenommen werden.** Lassen Sie einen ausreichend breiten Rand, dann können Sie Regieanweisungen seitlich auswerfen und deutlich vom eigentlichen Text trennen. Außerdem bietet ein breiter Rand auch Platz für nachträgliche Anmerkungen (z. B. eine Notiz über eine Aussage eines Vorredners, auf die Sie eingehen möchten). Verwenden Sie Papier im DIN-A4-Format, denn Sie benötigen mehr Platz als bei einem Stichwortmanuskript.

Auch beim Vortragen einer Manuskriptrede gilt es einiges zu beachten: Kontrollieren Sie auch hier nochmals vor Redebeginn die Reihenfolge der Blätter. Wenn möglich, dann legen Sie das Manuskript auf einem Pult oder Tisch ab. Damit vermeiden Sie, dass der Blick des Publikums zu stark auf das Manuskript gerichtet wird. Heften Sie die Manuskriptseiten nicht zusammen, dann können Sie abgehandelte Seiten zur Seite schieben statt sie umzublättern. Versuchen Sie auch bei der Manuskriptrede ausreichend Blickkontakt zu halten.

7.4 Vorsicht vor auswendig vorgetragenen Reden

Auswendig gelernte Vorträge sollte es überhaupt nicht geben. Sie wirken unnatürlich, weil es ihnen an Spontaneität und Überzeugungskraft fehlt. Der auswendig gelernte Text wird meistens mechanisch heruntergeleiert. Der Redner konzentriert sich voll darauf, nicht hängen zu bleiben, sodass ihm überhaupt keine Möglichkeit für Betonung, Redepausen oder andere sprechtechnische Mittel bleibt.

Wer einen auswendig gelernten Vortrag hält, ist außerdem viel zu eng an den gelernten Text gebunden. Mögliche Störungen wirken sich viel deutlicher aus, die Angst, hängen zu bleiben ist wesentlich größer. Auch wenn jemand den Vortrag mehrfach zur Probe gehalten hat, ist er nicht dagegen gefeit, dass es durch eine technische Panne oder das Publikum (Unruhe oder eine unerwartete Zwischenfrage) zu Unterbrechungen kommen kann.

Auch der Redner selbst kann Anlass für eine Störung sein. Schon bei der Vorbereitung hat er Bedenken, ob er einen bestimmten Gedanken im entscheidenden Moment auch richtig darstellen kann. Nach dem Gesetz der selbsterfüllenden Prophezeiung denkt er dann so häufig daran, dass es beim Vortrag wirklich zum Patzer kommt. Es gibt viele Hilfen gegen das Hängenbleiben und zum Umgang mit Störungen (vgl. Seite 165). Diese sind aber fast alle auf das freie Reden anhand von Stichworten zugeschnitten und nur teilweise für den auswendig gelernten Vortrag geeignet.

Das rhetorische Naturtalent

Es gibt einige Redner, welche die Fähigkeit haben frei vor der Gruppe zu stehen und darauf los zu sprechen. Diese wenigen Naturtalente sind zu beneiden. Wer ein Thema gut beherrscht, der kann auch aus der Fülle seiner Gedanken einen Vortrag bestreiten. Das ist in aller Regel kein auswendig gelernter Vortrag, sondern er wird frei formuliert. Dabei benutzt der Redner ebenfalls das Sprechdenken, indem er sich an den im Gedächtnis verankerten Stichworten orientiert. Allerdings sollten auch diese Glücklichen sich der Gefahren bewusst sein, die mit einer Rede ohne Manuskript verbunden sind:

- Oft wird in einem solchen Fall die vorgegebene oder übliche Redezeit überzogen. Das kommt bei der beruflichen Überzeugungsrede ebenso vor, wie bei der privaten Gelegenheitsrede (Herr Schneider findet wieder einmal kein Ende!). Besonders groß ist die Gefahr bei Diskussionsbeiträgen, wenn gute Argumente untergehen, weil sie zu weitschweifig dargeboten werden.
- Es ist auch nicht auszuschließen, dass wichtige Einzelheiten vergessen werden.
- Ebenso kommt es häufig zu Wiederholungen oder es werden jedes Mal mehr oder weniger die gleichen Gedanken vorgetragen.

7.4 Vorsicht vor auswendig vorgetragenen Reden

Selbst wenn Sie glauben sich Ihrer Sache völlig sicher zu sein, sollten Sie sich zumindest einige Stichworte notieren. Sie befinden sich damit in guter Gesellschaft: *„Obwohl ich wahrscheinlich zwei Stunden lang improvisieren könnte, benutze ich immer ein Manuskript" (Lee Iacocca).* Das gilt bei beruflichen und privaten Redeanlässen. Auch dann, wenn es sich z. B. nur um eine „Pflichtübung" anlässlich des Geburtstages eines Mitarbeiters handelt.

Wenn Sie das Stichwortmanuskript vor Ihren Zuhörern nicht zeigen wollen, dann stecken Sie es eben in die Tasche. Sie wissen, dass Sie für den Notfall auf das Manuskript zurückgreifen können. Dieses Wissen reicht zumeist aus und bringt die notwendige Sicherheit, sodass das Manuskript überhaupt nicht gebraucht wird.

Auf den Punkt gebracht:
- Sprechen Sie frei nach der Technik des Sprechdenkens.
- Orientieren Sie sich an vorher festgelegten Stichworten und formulieren Sie spontan.
- Nutzen Sie die Flexibilität eines Stichwortmanuskripts.
- Verwenden Sie Stichwortkarten im Postkartenformat.
- Nehmen Sie je Stichwortkarte nur ein oder zwei Hauptgedanken auf.
- Beschreiben Sie die Karten nur einseitig.
- Schreiben Sie groß und deutlich.
- Nehmen Sie auch Regieanweisungen in das Manuskript auf.
- Schreiben Sie Namen, Zahlen und Zitate wörtlich auf.
- Halten Sie Manuskriptreden nur in Ausnahmefällen.
- Vermeiden Sie bei Manuskriptreden den Schreibstil.
- Achten Sie auch bei einer Manuskriptrede darauf, dass Sie diese vortragen und nicht vorlesen.
- Verwenden Sie große Schrifttypen und mindestens den doppelten Zeilenabstand.
- Lernen Sie keine Rede auswendig.

> Nichts ist schwerer,
> als bedeutende Gedanken so auszudrücken,
> daß jeder sie verstehen muß.
> (Schopenhauer)

8. „Erfolgreich sprechen" heißt „verständlich sprechen"

Die Sprache ist das wichtigste Instrument des Redners. Die sprachliche Gestaltung wird als Sprachstil bezeichnet. Der individuelle Sprachstil eines Redners ergibt sich aus dem Umgang mit den sprachlichen Mitteln, wie Wortwahl, Satzbau oder auch wie anschaulich und lebendig gesprochen wird. Maßstab für den richtigen Sprachstil sind die Zuhörer. Diese stellen keine hohen literarischen Ansprüche, sondern erwarten klare und verständliche Formulierungen.

Eine Rede ist keine „Schreibe"

Eine Rede unterscheidet sich deutlich von einem geschriebenen Text. Mancher Redner gibt sich bei der Vorbereitung seines Vortrags viel Mühe. Wohl formulierte Sätze stehen im Manuskript, inhaltlich voll gepackt und mit stilistischen Feinheiten gespickt. Die Enttäuschung ist groß, wenn dieser Vortrag dennoch nicht ankommt. Der Redner hat nicht berücksichtigt, dass die Zuhörer seine Ausführungen nur ein einziges Mal hören. Ein Leser kann einen schwierigen Text wiederholen, der Zuhörer muss ihn beim ersten Mal verstanden haben.

8.1 Dimensionen der Verständlichkeit

Verständlichkeit ist eine entscheidende Voraussetzung um Informationen erfolgreich weiterzugeben; ihre Bedeutung für den Redeerfolg wird häufig unterschätzt. Neben einer überzeugenden Sprechtechnik (Artikulation, Lautstärke, Sprechtempo, Sprechpausen, vgl. S. 111) müssen Ihre Ausführungen sprachlich so aufbereitet sein, dass sie von den Empfängern ohne Schwierigkeiten verstanden werden.

Untersuchungen einer Hamburger Forschergruppe (Langer/ Schulz v. Thun/Tausch) haben ergeben, dass die Verständlichkeit gesprochener (und geschriebener) Texte von vier Dimensionen der sprachlichen Gestaltung abhängt:
- Einfachheit
- Gliederung und Ordnung
- Kürze und Prägnanz
- Zusätzliche Stimulanz

Einfachheit

Je einfacher Sie sprechen, umso besser werden Sie verstanden. Dies ist eine Binsenweisheit und dennoch wird ständig dagegen verstoßen. Leider ist es nicht nur der Wissenschaftler, dem nachgesagt wird, dass er sich nicht von seiner komplizierten Fachsprache lösen kann.

Die Forderung nach Einfachheit ist nicht neu; Emerson drückte sie wie folgt aus: *„Es ist ein Beweis hoher Bildung die größten Dinge auf einfachste Art zu sagen".* **Jeder Sachverhalt kann in unkomplizierter Weise mit geläufigen Formulierungen erläutert werden.** Je schwieriger der Inhalt ist, umso wichtiger ist eine einfache Darstellung. **Kurze Sätze, bekannte Wörter sowie eine möglichst konkrete und anschauliche Ausdrucksweise sind die wesentlichen Instrumente.** Je einfacher ein Text formuliert wird, umso eher ist er geeignet das bildhafte Denken anzuregen. Durch visuelle Unterstützung wird eine einfache Darstellung zusätzlich gefördert.

Gliederung – Ordnung

Die Dimension Gliederung und Ordnung bezieht sich auf den Aufbau eines Vortrags. Dabei wird zwischen innerer und äußerer Ordnung unterschieden. **Die „innere Ordnung" verlangt eine sinnvolle Reihenfolge der Gedanken.** Die Sätze und Abschnitte sind folgerichtig aufeinander bezogen und stehen nicht beziehungslos nebeneinander. Wesentliches wird vom Unwesentlichen unterschieden; der „rote Faden" bleibt erkennbar.

Durch die „äußere Ordnung" wird der Textaufbau dem Zuhörer verständlich gemacht. Das erreichen Sie sprachlich durch Vor- und Zwischenbemerkungen, Hervorhebungen und Zusammenfassungen, Betonungen und Pausen. Zusätzlich kann die äußere Ordnung durch visuelle Hilfen unterstützt werden, wenn Sie z. B. die Vortragsgliederung auf einem Flipchart anschreiben.

Kürze – Prägnanz

Das Gegenteil von Kürze und Prägnanz ist Weitschweifigkeit. **Die Länge des Textes muss in einem angemessenen Verhältnis zum Redeziel stehen.** Eine zu knappe Darstellung kann ebenso das Verständnis beeinträchtigen, wie zu langatmige Ausführungen, die sich im Detail verlieren. Weitschweifigkeit kann sich durch einen Beginn bei Adam und Eva, überflüssige Erläuterungen, das Abschweifen vom Thema, umständliche Formulierungen, Füllwörter und leere Phrasen ergeben.

Zusätzliche Stimulanz

Viele Redeinhalte sind langweilig und trocken. In solchen Fällen muss der Redner das Interesse seiner Zuhörer durch „anregende Zutaten" wach halten. Viele Möglichkeiten stehen Ihnen zur Verfügung: Treffende Beispiele aus der Welt der Zuhörer, Redefiguren wie Bilder, Vergleiche oder rhetorische Fragen, visuelle Hilfsmittel, direktes Ansprechen der Zuhörer, Reizwörter, humorige Formulierungen, gelungene Zitate oder auch eine spontane Pause. Auch eine kurzfristige Unterbrechung des Vortrags, um das Publikum bewusst aktiv einzubeziehen, ist denkbar. Eine Punktbewertung oder eine Stichwortabfrage (vgl. Seite 192) bringen neben dem Denkanstoß auch noch „Bewegung" ins Auditorium.

Auch die zusätzlichen Stimulatoren müssen in einem ausgewogenen Verhältnis zum übrigen Inhalt stehen. Der Redner, der nur noch Witze erzählt, unterhält zwar für eine gewisse Zeit, aber er verfehlt sein Redeziel. Zu viele zusätzliche Stimulatoren können die Übersichtlichkeit und Prägnanz gefährden. Ein schlecht gegliederter Text kann durch zusätzliche Stimulatoren noch schwerer verständlich werden.

8. Erfolgreich sprechen heißt verständlich sprechen

8.2 Auf die richtigen Worte kommt es an

Die Dimension „Einfachheit" zielt vor allem auf die Wortwahl und den Satzbau ab. Viele Redner stehen auf dem Standpunkt, dass sich die Zuhörer nach ihnen zu richten haben. Umgekehrt ist es dagegen richtig. Der Redner muss sich um seine Zuhörer bemühen. Tut er das nicht, dann wird er nicht verstanden und die Zuhörer werden abschalten.

Eine Grenze sollte der Redner aber beachten: Die Sprache muss zwar dem Thema und dem Zuhörerkreis angepasst sein, sie muss aber auch zur Persönlichkeit (Alter, Herkunft, Bildungsstand, gesellschaftliche Stellung usw.) des Redners passen. Der fünfzigjährige Ingenieur wird seinen Fachvortrag auch dann nicht in der Disco-Sprache halten, wenn sich sein Publikum überwiegend aus jüngeren Menschen zusammensetzt.

Fremdwörter

Durch einen übermäßigen Gebrauch von Fremdwörtern wird gegen die Forderung nach Verständlichkeit und Einfachheit besonders häufig verstoßen. Ein Vortrag wird durch eine Häufung von Fremdwörtern nicht besser, sondern lediglich schwerer verständlich. **Fremdwörter sollten deshalb sparsam und dem Bildungsstand der Zuhörer angemessen eingesetzt werden.** Sie sind dann erlaubt, wenn sie allgemein verstanden werden und wenn sie treffender sind als das entsprechende deutsche Wort (*Marketing, Babysitter, Computer*). Außerdem muss sicher sein, dass Redner und Zuhörer unter einem bestimmten Begriff dasselbe verstehen. Verzichten Sie auf Fremdwörter, wenn diese leicht durch deutsche Wörter zu ersetzen sind.

Beispiele:
- Wenn der Redner davon spricht, dass „die voluminöse Expansion subterraner Agrarprodukte in reziproker Relation zur intelligenten Kapazität ihres Produzenten steht", dann meint er damit nichts Anderes als das bekannte Sprichwort: „Die dümmsten Bauern ernten die dicksten Kartoffeln".
- Die Behauptung „Eine quantitative Maximierung der Aktionsbeteiligten reduziert signifikant die Qualität des potenziellen Resultats" kann mit der ebenfalls geläufigen Redensart „Viele Köche verderben den Brei" viel besser ausgedrückt werden.

8.2 Auf die richtigen Worte kommt es an

Die Empfehlung, Fremdwörter weitgehend zu vermeiden richtet sich nicht gegen solche Wörter, die ursprünglich aus einer fremden Sprache stammten, inzwischen aber längst fester Bestandteil unserer Sprache geworden sind. Bis ins 17. Jahrhundert zurück konnten in regelmäßigen Abständen Sprachpuristen beobachtet werden, die alle Fremdwörter durch „Eindeutschungen" ersetzen wollten (Lemmermann, S. 88 ff.).

Nicht durchsetzen konnten sich:
„Pflanzherr" statt *„Vater"*,
„Tagesleuchter" statt *„Fenster"*,
„Gesichtserker" statt *„Nase"*,
„Jungfernzwinger" statt *„Kloster"*,
„Meuchelpuffer" statt *„Pistole"*.

Geradezu lächerlich wirken die Vorschläge des Allgemeinen Deutschen Sprachvereins:
„Beamtenherrlichkeit" statt *„Bürokratie"*,
„Mittelleibschnüre" statt *„Taille"*,
„Mehlfleischsaftdicke" statt *„Sauce"*.

Dennoch sind aus diesen Bemühungen einige Wörter erhalten geblieben, die wir heute nicht mehr als Übersetzung erkennen:
„Mundart" statt *„Dialekt"*,
„Fassungsvermögen" statt *„Kapazität"*,
„Verfügung" statt *„Dekret"*,
„Fehlbetrag" statt *„Defizit"*,
„unbedingt" statt *„absolut"*.

Fremdwörter können verwendet werden, wenn es kein entsprechendes deutsches Wort gibt. In solchen Fällen muss der Redner klären, ob er von allen Zuhörern verstanden wird, oder ob eine zusätzliche Erläuterung notwendig ist. Außerdem sollte der Redner sicher sein, verwendete Fremdwörter ggf. erklären zu können. Hierzu ein kleines Erlebnis bei einem Bankbesuch. Der Drucker für Kontoauszüge war gestört und folgender Dialog spielte sich ab:

8. Erfolgreich sprechen heißt verständlich sprechen

> Kunde: „Warum ist der Drucker gestört?"
> Mitarbeiter der Bank: „Wir sind nicht online!"
> Kunde: „Was heißt das?"
> Mitarbeiter der Bank: „Äh, äh, es funktioniert halt nicht!"

Fachbegriffe erklären

Ebenso wie Fremdwörter werden sich auch Fachbegriffe manchmal nicht vermeiden lassen. Das ist bei Fachthemen vor Fachleuten kein Problem. **Wenn jedoch Laien dabei sind, dann muss der Fachbegriff unbedingt erläutert werden. Das gilt auch für Abkürzungen, die nicht allgemein bekannt sind.** Aktuellstes Beispiel ist die Computer-Sprache, ein für Außenstehende unverständliches Kauderwelsch aus Fachbegriffen und Fremdwörtern. Vor kurzem habe ich miterlebt, wie ein Informatiker einer Zuhörergruppe ausführlich die Vorteile des Datenversands per eMail erklärte. Nach einigen Minuten wurde er von einer älteren Dame unterbrochen mit der Frage: *„Was bedeutet eigentlich das ‚e' bei dem Wort eMail?"* Wie sollte diese arme Frau den weiteren Ausführungen folgen, wenn ihr schon der Ausgangsbegriff nicht geläufig war?

Auch in diesem Buch werden einige Fachbegriffe und Fremdwörter verwendet, für die es keine gleichwertige deutsche Übersetzung gibt (Brainstorming, Freewheeling, Visualisierung). **Versetzen Sie sich bei Ihren künftigen Vorträgen in die Rolle der Zuhörer und prüfen Sie, ob die verwendeten Begriffe zusätzlich erklärt werden müssen.** Denken Sie einmal zurück an Ihren letzten Arztbesuch. Hat der Arzt seine Fachsprache verwendet oder hat er seine Diagnose und Therapie so vorgetragen, dass Sie alles verstanden haben?

Viele Zuhörer werden nicht zugeben, dass sie Fremdwörter und Fachbegriffe nicht verstehen. Wer möchte sich schon vor den anderen wegen seiner Unwissenheit blamieren? Mancher wird sogar beeindruckt sein, denn das Vorgetragene klingt doch ganz anspruchsvoll. Aber ist ein solcher Redeerfolg nicht zu dürftig? Wir wollen doch durch unsere Vorträge überzeugen, informieren oder unterhalten. Diese Ziele werden wir in allen Fällen nur erreichen, wenn wir verstanden werden. Molière hat die Forderung nach Verständlichkeit auf einen kurzen Nenner gebracht: *„Wer so spricht, dass er verstanden wird, spricht gut."*

Vorsicht vor Modewörtern

Eine „Mega"-Formulierung, die heute noch „total cool" und „voll der Hit" war, ist morgen schon wieder „out". Modewörter wird es zu jeder Zeit geben. Im Vortrag sollten sie grundsätzlich vermieden werden, denn sie werden vom kritischen Zuhörer als einfallslos empfunden. Wenn Sie Modewörter einsetzen, so wie im ersten Satz dieses Absatzes, dann lassen Sie durch Betonung und Körpersprache deutlich erkennen, dass Sie diese Wörter bewusst (ironisch!) gebraucht haben.

Auch Schlagwörter aus der Politik oder Werbung sollten Sie nur nach reiflicher Überlegung verwenden. Prüfen Sie genau, ob nicht durch eine solche Formulierung eine falsche Richtung in Ihre Aussage kommt.

Füllwörter und Verlegenheitslaute

Die beiden bekanntesten Verlegenheitslaute sind die Wörtchen "äh" und „nh". Ein Seminarteilnehmer hat sie einmal recht zutreffend als Denkgeräusche bezeichnet. Lassen Sie sich von Freunden oder der Familie überprüfen oder schneiden Sie Telefonate mit, um zu erfahren, ob Sie zu solchen Überbrückungslauten neigen. Wenn sich zu viele Füller einschleichen, müssen Sie befürchten, dass die Zuhörer nicht mehr Ihren Ausführungen folgen, sondern eine gedankliche Strichliste darüber führen, wie oft Sie das Wörtchen „äh" verwenden.

Für Abhilfe können Sie durch Training sorgen. Konzentrieren Sie sich bei Übungsvorträgen darauf, Verlegenheitslaute zu vermeiden. Erinnern Sie sich durch Regieanweisungen auf jedem Stichwortkärtchen an diese Schwäche. Es ist dann nur eine Zeitfrage, bis Sie ohne diese Störer sprechen können.

Nachteilig sind auch reine Füllwörter wie „also", „eigentlich", „sozusagen", „an und für sich", „wohl", „selbstredend" oder „halt". Sie sind zumeist überflüssig. Auch hier sollten Sie sich überprüfen lassen und, wenn notwendig, durch Training für Abhilfe sorgen.

8. Erfolgreich sprechen heißt verständlich sprechen

Drücken Sie Handlungen in Verben aus

Eine typische Schwäche ist der übermäßige Gebrauch von Hauptwörtern. Auf lebendige Verben wird zugunsten von starren Hauptwörtern verzichtet. Besonders anschaulich hat Ludwig Reiners diese Problematik dargestellt, der den bekannten Ausspruch Cäsars *„Ich kam, sah und siegte"* wie folgt übersetzte: *„Nach Erreichung der hiesigen Örtlichkeiten und Besichtigung derselben war mir die Erringung des Sieges möglich".* Die Hauptwörterkrankheit („Substantivitis") kommt in verschiedenen Spielarten vor.

So genannte Streckverben (Ludwig Reiners) ergeben sich, wenn Verben durch eine Kombination aus Hauptwort und schwachem Zeitwort ersetzt werden:

„Dank abstatten" statt *„bedanken"*
„seinem Bedauern Ausdruck geben" statt *„bedauern"*
„einen Beschluss ergehen lassen" statt *„beschließen"*
„unter Beweis stellen" statt *„beweisen"*
„in Vorschlag bringen" statt *„vorschlagen".*

Nichts einzuwenden ist gegen echte Hauptwörter, die konkrete Dinge (Baum, Hund, Stuhl) oder abstrakte Begriffe (Humor, Glaube, Gefühl) umschreiben.

Übungen zum Wortschatz

Übung Nr. 15: Persönlicher Wortschatz
- Erweitern Sie Ihren Wortschatz durch lautes Lesen (Vorlesen) von Texten, die Sie sowieso lesen würden, z. B. Zeitungsartikel oder Artikel in Fachzeitschriften.
- Schlagen Sie Wörter nach, auf die Sie beim Lesen stoßen und deren Bedeutung Ihnen nicht geläufig ist.
- Sammeln Sie Wörter und Wortwendungen, die Sie hören und lesen und die Ihnen zusagen (z. B. in einem Zettelkasten).
- Beteiligen Sie sich an Diskussionen; dabei können gelungene Formulierungen anderer Teilnehmer aufgegriffen und wiederholt werden.

Übungsziel: Erweiterung des persönlichen Wortschatzes

Übung Nr. 16: Texte wiedergeben
Lesen Sie Texte oder Textpassagen in Zeitungen oder Zeitschriften einige Male durch und geben Sie diese dann frei wieder. Bei größeren Texten können

Sie die Kerngedanken bzw. Wörter und Wendungen, die Sie unbedingt verwenden wollen, auch notieren. Machen Sie Tonbandkontrollen.
Übungsziel: Erweiterung des persönlichen Wortschatzes

Übung Nr. 17: Beschreiben
Beschreiben Sie kleine Geschehnisse, Gegenstände (Bilder, Maschinen) oder Personen. Verwenden Sie dabei eine möglichst bildhafte Sprache.
Übungsziel: Erweiterung des persönlichen Wortschatzes

Übung Nr. 18: Sinnverwandte Begriffe suchen
Finden Sie jeweils mindestens zehn sinnverwandte Begriffe (Synonyme) für bestimmte, viel verwendete Wörter.
Gehen: Laufen, rennen, rasen, sausen, schleppen ....
Sagen: ....
Hören: ....
Machen: ....
Arbeiten: ....
Sprechen: ....
Schreiben: ....
Meinung: ....
Einwand: ....
Führen Sie diese Übungen mit anderen Wörtern durch, die sich bei Ihren Themen häufig wiederholen.
Übungsziel: Abwechslungsreichere Wortwahl

8.3 Kurze Sätze sind das Geheimnis des guten Redners

Die Forderung nach kurzen Sätzen ist ein Grund, warum ich mich, wie die meisten Rhetorik-Trainer, gegen das voll ausgearbeitete Manuskript und für das Stichwortmanuskript ausgesprochen habe. Wer sein Manuskript bis ins letzte Wort ausarbeitet, bemüht sich zwangsläufig um geschliffene, ausgefeilte Wendungen. Bandwurm- und Schachtelsätze werden sich nicht vermeiden lassen, weil immer mehr in einen Satz gepackt wird. Eine solche, in langer Vorbereitung entstandene Formulierung muss von den Zuhörern in dem Augenblick verstanden werden, in dem sie ausgesprochen wird. Mag der Satz auf dem Papier auch perfekt erscheinen, so wirkt er dennoch hölzern, wenn er vorgetragen wird. Sätze mit mehr als 15 Worten werden von rund der Hälfte der Erwachsenen nicht mehr verstanden. Das Stichwortmanuskript zwingt dagegen, spontan zu formulieren, wodurch es zwangsläufig zu kürzeren und einfacheren Sätzen kommt.

Hauptsätze verwenden

Jeder Hauptgedanke gehört in einen eigenen Hauptsatz. Allerdings soll eine Rede nicht im Telegrammstil gehalten werden. Diese Gefahr besteht, wenn ausschließlich kurze Hauptsätze aneinander gereiht werden. Wir müssen auf Nebensätze nicht völlig verzichten. Weniger wichtige Gedanken können in Nebensätzen untergebracht werden. Aber wenn schon Nebensätze sein müssen, dann immer nur einen pro Satz.

Keine Schachtelsätze

Schachtelsätze (Einschiebungen) sollten Sie weitgehend vermeiden. Ich erinnere nochmals daran, die Zuhörer müssen Ihre Ausführungen beim einmaligen Hören verstanden haben.

> **Beispiel:**
> In einer Veröffentlichung des Kultusministeriums eines deutschen Bundeslandes zur gymnasialen Oberstufe steht folgende doppelte Verschachtelung: Auf die Pflichtstundenzahl werden die drei Wochenstunden des künstlerischen Faches, das ein Schüler, der innerhalb der Pflichtstundenzahl kein künstlerisches Fach belegt hat, in der Jahrgangsstufe 12 belegen muss, nicht angerechnet.

Überprüfen Sie einmal, ob Sie diesen Satz beim einmaligen Hören verstehen.

Nicht unnötig aufblähen

Viele Redner blähen ihre Aussage auf, indem sie einen Gedanken mit den Wörtchen „würde" (*„Ich würde sagen", „Ich würde meinen", „Ich würde vorschlagen"*) und „möchte" (*„Ich möchte darauf hinweisen"* oder *„Ich möchte begrüßen"*) einleiten. Selbst manche profilierten Redner machen davon keine Ausnahme. Mag der Redner auch noch so berühmt sein, dadurch wird diese Aussage nicht besser.

Es gibt zwei Erklärungen für die häufige Verwendung. Zum einen werden diese beiden Wörtchen, gerade weil sie so oft gebraucht werden, auch von anderen Rednern gedankenlos übernommen. Zum andern handelt es sich um Unsicherheit oder eine unbewusste Scheu vor einer uneingeschränkten Aussage. Der Redner hat sich doch zum Ziel gesetzt, seine Zuhörer zu überzeugen und zu einem bestimmten Verhalten zu veranlassen. Dann muss er auch dazu stehen und das deutlich äußern.

> **Beispiele:**
> - Nicht „Ich würde vorschlagen, jetzt eine Pause zu machen" sondern „Ich schlage vor, dass wir jetzt eine Pause machen".
> - Nicht „Ich würde meinen, wir sollten jetzt zur Abstimmung kommen" sondern „Ich bin der Meinung, dass wir jetzt zur Abstimmung kommen" oder noch besser „Nach meiner Meinung sollten wir jetzt abstimmen".
> - Stellen Sie sich einmal vor, wie überzeugend ein Politiker auf Sie wirkt, der seine Ausführungen mit der Formulierung beendet „Ich würde meinen, sie sollten am kommenden Sonntag die XY-Partei wählen".

Wer einen Gast begrüßt, der vollzieht diese Aufgabe doch bereits und hat sie nicht noch vor sich („möchte"). Auch dass begrüßt wird muss dem Auditorium nicht gesagt werden, das ergibt sich aus der Situation.

> **Beispiele:**
> - Nicht „Meine Damen und Herren, ich möchte Sie herzlich begrüßen zum Vortrag...."
> - sondern „Meine Damen und Herren, ich begrüße Sie herzlich zum Vortrag...." oder
> - noch besser „Guten Tag, meine Damen und Herren, herzlich willkommen zum Vortrag....".

8.4 Redefiguren

In Kapitel 11 wird ausführlich dargestellt, wie Sie Ihren Vortrag durch Hilfsmittel unterstützen können (vgl. S. 137 ff.). Durch die Visualisierung ausgewählter Gedanken regen Sie das bildhafte Denken des Publikums an. **Bilder können Sie auch auf der „inneren Leinwand" der Zuhörer durch den Einsatz von Redefiguren entstehen**

lassen. Redefiguren (auch rhetorische Figuren, Stilfiguren) sind vom normalen Sprachgebrauch bewusst abweichende Redewendungen zur Belebung der Rede. Sie sollen dem Zuhörer das Gesagte über gedankliche Vorstellungen und Bilder zugänglicher machen. Nach ihrer sprachlichen Wirkung dienen Redefiguren entweder einer erhöhten Anschaulichkeit und Aufmerksamkeit oder sie werden zur Verstärkung bestimmter Aussagen eingesetzt. Die Lehre von den Redefiguren geht auf die antike Rhetorik zurück.

Metapher

Eine der am meisten verwendeten Redefiguren ist die Metapher. Bei der Metapher wird ein Wort oder eine Wortgruppe aus seinem ursprünglichen Bedeutungszusammenhang in einen anderen übertragen.

> **Beispiele:**
> - Es herrschte Ebbe in der Kasse.
> - Die Vorlage der Bilanz schlug wie eine Bombe ein.
> - Sie wurden von einem Sturm der Leidenschaft erfasst.
> - Sie steuerten den Hafen der Ehe an.
> - Die Blüten ihrer Fantasie erstaunten.

Mit der Metapher verwandt ist die Metonymie. Ein Wort wird im übertragenen Sinne an Stelle des gebräuchlichen Begriffs gebraucht:

> **Beispiele:**
> - „Die Brüsseler Bürokraten" statt die Europäische Kommission.
> - „Paragrafenreiter" statt Beamte.
> - „Freund und Helfer" oder „Auge des Gesetzes" für die Polizei.
> - „Alter Herr" für Vater.
> - „Nordlichter" für die Mitbürger aus nördlichen Bundesländern.
> - „Pauker" für Lehrer.

Zitate und Sprichwörter

Das Zitat wurde bereits als Möglichkeit genannt um beim Vortragsbeginn die Aufmerksamkeit des Publikums zu wecken (vgl.

Seite 29). **Durch Zitate kann ein Gedanke zusätzlich veranschaulicht oder untermauert werden.** Wenn das Zitat von einer bekannten Persönlichkeit stammt, dann werden die Ausführungen durch die Autorität des Urhebers gestützt. Beispiele für Zitate finden Sie in diesem Buch zu Beginn eines jeden Hauptkapitels. Der Buchhandel bietet zahlreiche Zitatenlexika an. Bei der Anschaffung sollten Sie darauf achten, dass die Zitate bereits nach Sachgruppen geordnet sind. Nur so werden Sie auch schnell fündig; eine alphabetische Ordnung zwingt dagegen ggf. das ganze Buch durchzuarbeiten.

Denken Sie beim Einsatz von Zitaten daran, dass Sie bei Bedarf die genaue Quelle nennen können und tragen Sie Zitate so vor, dass das Publikum genau erkennt, wo das Zitat beginnt und endet. Nur bei sehr langen Zitaten ist es erforderlich die Formulierungen *„Ich zitiere"* und *„Zitat Ende"* zu verwenden. Bei kurzen Zitaten genügt es, wenn Sie am Anfang des Zitats mit Ihrer Stimme etwas variieren und am Zitatende eine deutliche Sprechpause machen.

Nicht hinter jedem Zitat muss ein großer Name stehen. Im Fachvortrag werden auch Äußerungen des nicht ganz so berühmten Kollegen oder Passagen aus dem Fachbuch zitiert. Auch die Originalität eines Zitats kann ausreichen, um die gewünschte Wirkung zu erzielen.

Beispiel:
Ein Kollege musste wegen gesundheitlicher Probleme vorzeitig pensioniert werden. Er wurde von seinem Fachbereich auf einer kleinen Feier verabschiedet. Seine Dankesrede hat er wie folgt begonnen: „Meine Damen und Herren, in dem Buch ‚Über die richtige Bestimmung einiger Wörter der deutschen Sprache' von E. Stosch aus dem Jahre 1770 habe ich folgende Definition gefunden: ‚Wer seines Amtes erlassen wird, ist alters- und schwachheitshalber nicht mehr tüchtig, dasselbe zu verwalten. Man erlasset ihn, damit er seine Tage in Ruhe zubringen soll'." Die antiquierte Formulierung war ausreichend, um beim Publikum das notwendige Interesse für die weiteren Ausführungen zu wecken. Zusätzlich konnte er mehrfach auf die Formulierung „schwachheitshalber nicht mehr tüchtig" zurückgreifen, um in ironischer Form auf seinen eigenen Gesundheitszustand (und den einiger Kollegen) einzugehen.

8. Erfolgreich sprechen heißt verständlich sprechen

Eng mit den Zitaten verwandt sind Sprichwörter. Ein Sprichwort ist ein im Volksmund umlaufender kurzer Spruch, der in behauptender Form eine Lebenserfahrung enthält. Manche Zitate sind zum Sprichwort geworden.

> **Beispiele:**
> - „Eine alte Kuh gar leicht vergisst, dass auch sie ein Kalb gewesen ist" (Deutsches Sprichwort).
> - „Liebe deinen Nachbarn, aber lasse den Zaun stehen" (Deutsches Sprichwort).
> - „Rotwein ist für alte Knaben eine von den besten Gaben" (Wilhelm Busch).

Bildhafte Sprache

Je abstrakter die Sprache, umso größer sind die Anforderungen an das Vorstellungsvermögen des Publikums. **Durch Vergleiche, Beispiele und Bilder wird dagegen die Anschaulichkeit erhöht.** Ihre Ausführungen werden lebendiger, abwechslungsreicher und verständlicher. Sie helfen den Zuhörern, das Vorgetragene auf die eigene Situation zu übertragen. Den überzeugendsten Beweis für eine bildhafte Sprache liefert die Bibel. Auch wenn Sie sich seit der Schule nicht mehr damit befasst haben, können Sie sich wegen der Gleichnisse (z. B. „der Verlorene Sohn") noch an manche Stelle im Neuen Testament erinnern.

Durch Vergleiche können Sie das Neue in Ihren Ausführungen mit bereits Bekanntem verknüpfen. Damit erscheinen neue Gedanken in einem vertrauten Gewand und die Zuhörer sind leichter dafür zu gewinnen. Besonders überzeugend sind Beispiele, die aus dem Problemfeld der Zuhörer stammen. Durch Formulierung wie *„Stellen sie sich einmal Folgendes vor"* oder *„Nehmen Sie einmal an"* lenken Sie das Denken der Zuhörer in die gewünschte Richtung.

Wiederholungen einbauen

Durch Wiederholungen wird eine Aussage vertieft und verdeutlicht, worauf es wirklich ankommt; außerdem wird das Behalten gefördert. Damit ist den Zuhörern mehr gedient, als wenn sie durch eine Überfülle an Informationen überfordert werden.

> **Beispiel:**
> „Wir müssen alle, ich wiederhole nochmals, alle an einem Strang ziehen."

Die Anapher ist eine Wiederholung eines oder mehrerer Wörter zu Beginn aufeinander folgender Sätze oder Satzteile.

> **Beispiel:**
> In diesem Buch beginnt das Kapitel 7 „Wer überzeugen möchte, muss frei sprechen" mit einer Anapher:
> „Frei sprechen bedeutet nicht, einen Text auswendig lernen und vor dem Publikum aus dem Gedächtnis wiedergeben. Frei sprechen bedeutet auch nicht, ohne jegliche Vorüberlegungen aufzutreten. Frei sprechen bedeutet vielmehr, die Gedanken anhand wohl überlegter und gegliederter Stichworte frei und spontan zu formulieren."

Neben der wörtlichen Wiederholung einzelner Formulierungen kann ein entscheidender Gedanke auch durch erläuternde Beispiele, Zusammenfassungen, zusätzliche Bezüge oder Synonyme nochmals sinngemäß betont werden. Wiederholungen dieser Art müssen keinen Widerspruch zur Forderung nach Kürze und Prägnanz darstellen. Sie dienen dem Verständnis und fördern das Behalten.

Für alle Redefiguren gilt: Wählen Sie sorgsam aus und setzen Sie das Stilmittel sparsam ein. Speziell bei Wiederholungen gilt es abzuwägen, ob ein Gedanke durch die Wiederholung vertieft wird oder ob sich das Publikum langweilt.

8.5 Rhetorische Fragen verwenden

Zu den Redefiguren zählt auch die schon bei den Einstiegsmöglichkeiten erwähnte rhetorische Frage (vgl. Seite 32). Sie ist eines der wirksamsten und vielseitigsten sprachlichen Mittel, das dem Redner zu Verfügung steht und wurde bereits von den großen Rednern des Altertums empfohlen: *„Der vollkommene Redner wird durch rhetorische Fragen seinem Standpunkt Nachdruck verleihen; er wird sich selbst sozusagen wie auf gestellte Fragen antworten" (Cicero)*. Der richtige Einsatz der rhetorischen Frage hat mehrere Vorteile.

8. Erfolgreich sprechen heißt verständlich sprechen

Die Zuhörer werden zum Mitdenken gebracht

Während des Vortrags kann die rhetorische Frage eingesetzt werden um die Aufmerksamkeit der Zuhörer zu gewinnen oder wiederzugewinnen. Ein in Frageform ausgesprochener Gedanke „weckt" die Zuhörer, sodass diese dem Redner wieder folgen. Durch die rhetorische Frage entsteht zwischen dem Redner und seinem Publikum eine Art mentaler Dialog. Zwar sprechen die Zuhörer ihre Antwort nicht aus, aber sie befassen sich mit dem angesprochenen Gedanken. Wer um seine Meinung gefragt wird, ist eher bereit nach einer Antwort zu suchen als wenn diese schon vorgegeben wird.

> **Beispiele:**
> - „Was für Vorteile gibt es?" (Pause!) „Erstens......"
> - „Sollen wir nun zustimmen oder nicht?" (Pause!) „Ich bin der Meinung......"
> - „Was können wir zum Erhalt unserer Umwelt beitragen?" (Pause!) „Der letzte Vorschlag der......"

Widerspruch vermeiden

Forderungen an die Zuhörer sowie kritische oder provozierende Äußerungen können durch die rhetorische Frage etwas „entschärft" werden. Im Gegensatz zur Behauptung lässt die Frageform dem Zuhörer noch Spielraum, ob er sich diesen Gedanken zu Eigen machen will oder nicht. Dem Zuhörer wird damit das Gefühl vermittelt die Antwort (Meinung) selbst gefunden zu haben.

> **Beispiel:**
> Auf einer Betriebsversammlung wird darüber diskutiert, ob samstags wieder gearbeitet werden soll. Vergleichen Sie die Wirkung der beiden folgenden Formulierungen:
> - „Liebe Kolleginnen und Kollegen, um die Maschinen besser zu nutzen und die Arbeitsplätze zu erhalten, müssen wir wieder samstags arbeiten!", oder
> - „Liebe Kolleginnen und Kollegen, sollten nicht auch wir wieder samstags arbeiten um die Maschinen besser zu nutzen und damit die Arbeitsplätze zu erhalten?"

8.5 Rhetorische Fragen verwenden

Mehrere rhetorische Fragen hintereinander

Die Wirkung kann noch verstärkt werden, wenn mehrere rhetorische Fragen hintereinander gestellt werden. Diese müssen allerdings inhaltlich zusammenhängen und sollten sich möglichst steigern.

> **Beispiel:**
> Ein Vortrag über die Verkehrsberuhigung in einem Wohngebiet:
> - „Wann geschieht etwas?"
> - „Wie lange sieht die Verwaltung noch zu?"
> - „Muss erst ein Kind sterben, ehe gehandelt wird?"

Wie jedes Stilmittel muss auch die rhetorische Frage dosiert eingesetzt werden. Wenn zu viele rhetorische Fragen gestellt werden, wird das vom Publikum als belehrend empfunden und die Wirkung würde sich abnutzen.

Übergang zu einem neuen Kapitel

Die rhetorische Frage ist auch ein elegantes Mittel, um einen neuen Abschnitt (Gedanken, Teilaspekt) einzuleiten.

> **Beispiele:**
> - „Soweit die Problemsituation. Was für Lösungen kann ich Ihnen nun vorschlagen?"
> - „Das war der Blick zurück. Wie soll es nun im neuen Jahr weitergehen?"
> - Auch der nächste Absatz nach diesen Beispielen wird mit einer rhetorischen Frage eingeleitet, durch die auf den neuen Aspekt „Umsetzung der rhetorischen Frage im Vortrag" hingeführt wird.

Wie stellen Sie nun sicher, dass Sie im richtigen Augenblick auch an die rhetorische Frage denken? Wenn Sie in einem Vortrag an einer ganz bestimmten Stelle mit der rhetorischen Fragen arbeiten wollen, dann setzen Sie im Stichwortmanuskript vor das entsprechende Stichwort ein Fragezeichen.

Im Rhetorik-Seminar hat es sich gezeigt, dass viele Teilnehmer die rhetorische Frage bereits in ihrem sprachlichen Repertoire hatten. Lassen Sie sich einmal überprüfen, wie es bei Ihnen aussieht.

8.6 Dialekt oder Schriftdeutsch

Mancher Redner glaubt, wegen der mundartlichen Färbung seiner Sprache nicht verstanden zu werden und scheut sich deshalb, vor sein Publikum zu treten. Tatsächlich ist dieses Problem wesentlich kleiner als viele es vermuten. Als Erstes kommt es darauf an, vor welchem Zuhörerkreis Sie sprechen. Wenn Ihre Zuhörer nur Dialekt gewohnt sind, dann wäre ein Vortrag in bühnenreifem Hochdeutsch ebenso problematisch wie umgekehrt, wenn Sie in breitem Dialekt sprechen vor einem Publikum, das Schriftdeutsch erwartet. Auch der Redeanlass spielt eine Rolle: Die Gelegenheitsrede im Freundeskreis oder die kurze Ansprache des Meisters vor seinen Mitarbeitern unterscheiden sich vom großem Fachvortrag.

Das entscheidende Kriterium ist, dass Sie verstanden werden. Dazu ist kein absolutes Schriftdeutsch erforderlich. Wenn Sie grammatikalisch einwandfrei sprechen, dann wird eine leichte Dialektfärbung, die erkennen lässt, in welcher Region sie aufgewachsen sind, akzeptiert. Damit ist es auch nicht erforderlich durch intensives Training die letzten Anklänge an die gewohnte Mundart auszumerzen. Im Gegenteil, leichte Dialektfärbungen machen den Redner eher sympathischer und menschlicher. Er wirkt natürlicher als ein Redner, der sich krampfhaft um ein absolut reines (steriles) Hochdeutsch bemüht. Ein breites „Platt", gleichgültig aus welcher Region, sollte dagegen vermieden werden. Ausnahmen von dieser Regel gibt es nur, wenn der Dialekt bewusst als rhetorisches Mittel eingesetzt wird (Gelegenheitsrede, Büttenrede, Heimatabend).

Vorsicht ist geboten, wenn kurze Passagen einer sonst in Hochdeutsch vorgetragenen Rede als „Gag" im Dialekt gesprochen werden. Das sollten Sie nur tun, wenn Sie mit den gewählten Dialektformulierungen absolut sicher sind. Selbst dann ist nicht auszuschließen, dass solche Ausflüge von denjenigen, die den verwendeten Dialekt regelmäßig sprechen, als missglückte Anbiederung verstanden werden.

8.6 Dialekt oder Schriftdeutsch

Auf den Punkt gebracht:

Beachten Sie die vier Dimensionen der Verständlichkeit
- Einfachheit in Wortwahl und Satzbau,
- einen gegliederten Vortragsaufbau und erkennbare Gliederungshilfen,
- ein ausgewogenes Verhältnis zwischen Textlänge und dem Inhalt der Rede,
- zusätzliche Anregungen (Stimulatoren) der Zuhörer.

Sie fördern die Verständlichkeit, wenn Sie
- einfache, bekannte Wörter verwenden,
- sparsam mit Fremdwörtern umgehen,
- Fachbegriffe erklären,
- Modewörter und Schlagwörter vermeiden,
- Füllwörter und Verlegenheitslaute vermeiden,
- Handlungen durch aktive Verben ausdrücken,
- durch Bilder das Denken anregen,
- Vergleiche und Beispiele bringen.

Denken Sie beim Satzbau an die Aufnahmefähigkeit des Publikums:
- Bilden Sie kurze Sätze,
- verwenden Sie Hauptsätze,
- vermeiden Sie Schachtelsätze,
- blähen Sie Ihre Aussagen nicht durch überflüssige Füllwörter auf.

Sorgen Sie für Abwechslung durch Redefiguren:
- Metaphern,
- Zitate und Sprichwörter,
- Beispiele und Vergleiche,
- Wiederholungen.

Setzen Sie rhetorische Fragen ein:
- Sie können damit das Publikum zum Mitdenken bringen,
- Sie können Widersprüche vermeiden,
- Sie können die Wirkung einer Aussage durch Häufung der rhetorischen Fragen verstärken,
- Sie können zu einem neuen Gedankenkomplex überwechseln.

> Nur weil man lauter spricht,
> werden die Argumente nicht besser.
> (Alfred Mohler)

9. Sprech- und Atemtechnik

Wer hat sich nicht schon dabei ertappt, dass er bei einem Vortrag zwar die „akustische Berieselung", aber nicht den Inhalt wahrgenommen hat. Die Ursachen dafür können beim Redner oder beim Publikum liegen. Manche Zuhörer schalten ab, weil sie müde oder überarbeitet sind oder weil sie sich mit einem eigenen Problem beschäftigen. Manche Zuhörer schalten aber auch ab, weil es dem Redner nicht gelingt, sein Publikum für das Thema zu begeistern oder weil es ihm an Ausdrucksvermögen mangelt. **Es reicht nicht, gute Gedanken in passende Worte zu kleiden, diese müssen auch richtig vorgetragen werden.** Wer seine Ausführungen monoton herunterleiert, wird nicht überzeugen.

Das Engagement eines Redners kann besonders deutlich am Einsatz der sprechtechnischen Mittel beobachtet werden. Zur Sprechtechnik gehören
- die Artikulation,
- die Lautstärke,
- das Sprechtempo und
- die Sprechpausen.

Eine wesentliche Voraussetzung für eine gute Sprechtechnik ist eine richtige Atmung.

Falls Sie sich für einen hoffnungslosen Fall halten, weil Sie mit Ihrer Stimme nicht zufrieden sind oder wissen, dass Sie dazu neigen, sehr schnell zu sprechen, dann kann ich Sie beruhigen. Sie wollen doch nur gelegentlich einen Vortrag halten und treten nicht als Schauspieler oder Nachrichtensprecher auf. Bei einigen Berufsgruppen ist die Sprechtechnik ein Teil des beruflichen Instrumentariums und eine bestimmte Sprechkultur wird vorausgesetzt. Sie sind dagegen Fachfrau oder Fachmann in einem ganz anderen Bereich und treten nur ab und zu als Redner auf. **Die dafür erforderlichen sprechtechnischen Voraussetzungen können durch Übung erworben werden.**

Die Erfahrung im Rhetorik-Seminar hat gezeigt, dass die sprechtechnischen Qualitäten der meisten Teilnehmer viel besser waren, als es diese selbst wahrhaben wollten. Ein Großteil der Probleme resultiert aus der mangelnden Sicherheit. Je häufiger Sie frei sprechen, umso mehr verlieren Sie die Angst. Damit normalisiert sich die Atmung, denn sie wird gleichmäßiger und ruhiger. Das Sprechtempo wird langsamer und die Aussprache deutlicher. Die Pausensetzung wird bewusster und die Anzahl der ungewollten Füllwörter („Äh" und ähnliche) geht zurück.

9.1 Artikulation

Viele Menschen sind vom Klang ihrer Stimme enttäuscht, wenn sie diese zum ersten Mal über Video oder Tonband hören. Stören Sie sich daran nicht, im Rhetorik-Seminar konnten wir regelmäßig feststellen, dass immer nur die Betreffenden selbst mit der eigenen Stimme unzufrieden waren. Unser Umfeld ist dagegen an unsere Stimme gewöhnt und empfindet sie als normal. Lassen Sie sich das von der Familie, von Freunden oder Bekannten bestätigen und akzeptieren Sie Ihre Stimme, wie sie ist.

Variieren können wir allerdings in der Klangfarbe zwischen hell, mittel und dunkel. Je nach Gemütsverfassung sprechen wir höher oder tiefer. Manche Menschen bringen, wenn sie besonders aufgeregt sind, nur noch Piepstöne zu Stande. Durch einen Wechsel in der Klangfarbe können wir bewusst Abwechslung in unsere Sprache bringen. Tragen Sie Ihre Ausführungen weitgehend in mittlerer Tonlage vor. Das ist die Tonlage, bei der das Sprechen am leichtesten fällt. Ausrufende und auffordernde Aussagen können in etwas hellerem Klang gesprochen werden, die dunklere Tonlage eignet sich mehr für besinnliche Gedanken.

Wichtiger als der Klang der Stimme ist eine deutliche Aussprache. Kontrollieren Sie sich selbst mit dem Tonband oder lassen Sie sich überprüfen, ob Sie deutlich genug sprechen. Wenn Ihnen eine deutliche Aussprache bestätigt wird, dann sollten Sie keine weitere Zeit auf eine Änderung der Stimme verwenden. Diese hat sich schließlich im Laufe der Jahre so entwickelt und kann nicht kurzfristig geändert werden. **Wenn Sie dagegen undeutlich sprechen, dann sollten Sie sich durch Training um eine bessere Aussprache bemühen.** Undeutlich und schwer verständlich wird Ihr Sprechen, wenn Sie Silben (insbesondere Endsilben) verschlucken. Durch eine saubere Aussprache der Endsilben verbessern Sie auch die Atmung. Weitere sprechtechnische Unarten sind in den Bart nuscheln und quetschen. Quetschen heißt, der Redner nimmt die Zähne nicht auseinander. Eine andere Nachlässigkeit ist die bei vielen Rednern anzutreffende undeutliche Aussprache der Konsonanten. Achten Sie vor allem darauf, dass Sie ähnliche klingende Konsonanten wie „b" und „p", „d" und „t" sowie „g" und „k" sauber unterscheiden. Bei Vokalen kann es zwischen „ä" und „e" sowie „ü" und „i" zu gleichklingender Aussprache kommen.

Die Artikulation kann durch sprechtechnische Übungen verbessert werden. Nehmen Sie sich den berühmten griechischen Redner Demosthenes zum Vorbild, dem ein Lehrer empfohlen hat mit einem Kieselstein im Mund gegen die Brandung des Meeres anzureden. Dank dieser Übung soll es ihm gelungen sein, seine ursprünglich schwächliche Stimme zu einem kräftigen wohlklingenden Organ zu entwickeln. Statt des Kieselsteines wird heute ein Korken empfohlen, allerdings nicht im Mund, sondern zwischen den Zähnen (vgl. Seite 119). Falls Sie sprechtechnische Probleme haben, dann finden Sie im Übungsteil die passenden Übungen.

Ein weiterer Baustein einer korrekten Artikulation ist die Betonung. Sie wird teilweise durch das Sprechtempo beeinflusst. Ein mäßiges Sprechtempo trägt zu einer deutlicheren Aussprache bei und ermöglicht sinntragende Wörter und Silben zu betonen.

Je nach Betonung einzelner Wörter oder Satzteile kann derselbe Satz völlig unterschiedliche Bedeutung haben.

Beispiel:
<u>Peter</u> hat mir sein Fahrrad geliehen! (Ausgerechnet Peter, der mich sonst immer ärgert)
Peter hat <u>mir</u> sein Fahrrad geliehen! (Mir hat er es geliehen und keinem anderen)

> Peter hat mir <u>sein</u> Fahrrad geliehen! (Sein Fahrrad, nicht das von Klaus)
> Peter hat mir sein <u>Fahrrad</u> geliehen! (Das Fahrrad, das ihm heilig ist)
> Peter hat mir sein Fahrrad <u>geliehen!</u> (geliehen, nicht geschenkt oder verkauft)

Durch Regieanweisungen im Manuskript (z. B. durch Unterstreichen der zu betonenden Wörter) können Sie sicherstellen, dass Sie während des Vortrags an die Betonung denken.

9.2 Lautstärke

Für die Lautstärke kann kein allgemein gültiger Wert angegeben werden. **Die notwendige Grundlautstärke hängt vom Thema, den Zuhörern und der Umgebung ab.** Prüfen Sie bei größerem Publikum, ob Sie auch in der letzten Reihe noch verstanden werden. Wenn Sie sich nicht sicher sind, ob Ihre Lautstärke der Situation angemessen ist, dann lassen Sie sich von einem guten Freund überprüfen. Wer sehr deutlich spricht wird besser verstanden und braucht deshalb nicht so laut sprechen.

Zu lautes Sprechen ist oft spannungsbedingt; zu leises Sprechen kann ein Zeichen von Schüchternheit sein. Auch die Lautstärke kann dramaturgisch eingesetzt werden. Durch einen Wechsel in der Lautstärke können Sie für Dynamik und Abwechslung sorgen. Wenn Sie vorübergehend leise (aber nicht zu leise) sprechen, zwingen Sie das Publikum zu größerer Konzentration. Ein Kerngedanke, eine Forderung oder ein Appell können auch einmal betont laut ausgesprochen werden.

9.3 Sprechtempo

Das Sprechtempo hängt vom Temperament und der Mentalität eines Redners ab. Zusätzlich wird es vom Redeinhalt und der jeweiligen Situation beeinflusst. Im Rhetorik-Seminar wurde das bestätigt, was auch bei öffentlichen Redegelegenheiten beobachtet werden kann: Viele Redner neigen zum Schnellsprechen. Im Rhetorik-Seminar hat sich auch gezeigt, dass Teilnehmer, die bisher sehr schnell gesprochen haben, trotz ständiger Hinweise kaum zu bremsen waren. Es ist z. B. wesentlich schwieriger einen Schnellsprecher

9.3 Sprechtempo

auf Normalgeschwindigkeit zu polen, als etwa einen fehlenden Blickkontakt aufzubauen.

Wer jedoch zu schnell spricht, gefährdet die Verständlichkeit und überfordert die Aufnahmefähigkeit der Zuhörer. Außerdem gehen wichtige Aussagen verloren. Redner neigen besonders dann zum schnellen Sprechen, wenn sie ein Thema gut beherrschen. Der Redner geht zumeist unbewusst von seinem eigenen Wissensstand aus und vergisst, dass für die Zuhörer die meisten Gedanken völlig neu sind. Was für den Redner selbstverständlich ist, muss der Zuhörer zunächst geistig verarbeiten.

Wesentlich seltener wird zu langsam gesprochen. Ursachen können neben der Mentalität des Redners eine schlechte Vorbereitung und mangelnde Konzentration sein. Bei zu langsamem und oft damit verbundenem monotonen Sprechen langweilen sich die Zuhörer und schalten ab.

Ein allgemein gültiger Wert für das Sprechtempo kann nicht angegeben werden. In der Literatur (Birkenbihl, S. 71 ff.) werden folgende Orientierungsgrößen genannt:
- Etwa 200 Silben pro Minute ergeben ein relativ langsames Sprechen;
- etwa 350 Silben pro Minute ergeben ein relativ normales Sprechen;
- etwa 500 Silben pro Minute ergeben ein relativ schnelles Sprechen.

Diese Zahlen gelten für die deutsche Sprache. Unsere Mitbürger aus südlichen Ländern, z. B. Italiener, haben eine höhere Normalgeschwindigkeit.

Wechseln Sie mit dem Sprechtempo, setzen Sie es als dramaturgisches Mittel ein. Je wichtiger ein Gedanke ist, umso langsamer sollte er ausgesprochen werden. Durch Tempoverzögerungen können Sie zusätzlich Spannung erzeugen. Also drosseln Sie, wenn Sie einen Gedanken besonders herausstellen wollen und beschleunigen Sie danach wieder. Ein ständig gleich bleibendes Sprechtempo schläfert ein. Sie tragen zum besseren Verständnis beim Publikum bei, wenn Sie ihm über das Sprechtempo (und die Lautstärke und Sprechpausen) Hilfestellung geben. **Wenn Sie über das richtige Sprechtempo im Zweifel sind, dann sprechen Sie eher etwas langsamer als schneller.**

9. Sprech- und Atemtechnik

9.4 Gönnen Sie sich und den Zuhörern Pausen

Durch Sprechpausen kann ein zu schnelles und hektisches Sprechtempo zumindest teilweise wieder ausgeglichen werden. **Außerdem ist die Pause ein wichtiges rhetorisches Wirkungsmittel.** Leider machen viele Redner zu wenig und vor allem zu kurze Sprechpausen. Manche Redner haben keinen Mut für eine ausreichende Pause, weil sie befürchten, das Schweigen könnte vom Publikum als „Hängenbleiben" verstanden werden.

Die Dauer einer Sprechpause wird vom Redner und den Zuhörern völlig unterschiedlich eingeschätzt. Während der Redner die Pause für zu lang hält, wird sie vom Publikum oft als zu kurz empfunden. Der Redner glaubt schon nach zwei oder drei Sekunden weiter sprechen zu müssen; tatsächlich werden selbst Pausen von sieben bis acht Sekunden vom Zuhörer noch nicht einmal wahrgenommen (Mohler; S. 274).

Richtig gesetzte Sprechpausen verbessern den Vortrag und nützen dem Redner:

- Pausen sind neben den Veränderungen im Tonfall ein Mittel, um die Interpunktion einer Aussage (Satzende, Kommata, Absätze, Gedankenstriche usw.) sprachlich auszudrücken. Ein bekanntes Beispiel ist der folgende Satz aus dem Wilhelm Tell: *„Der brave Mann denkt an sich selbst zuletzt."* Ein Komma und damit eine Pause zwischen den Wörtern „sich" und „selbst" würde zu einem völlig anderen Sinn führen. Auch der folgende Satz führt je nach Komma- und Pausensetzung zu unterschiedlichen Aussagen: *„Der Lehrer sagt, der Schüler sei ein Esel."* oder *„Der Lehrer, sagt der Schüler, sei ein Esel".*
- Die inhaltliche Gliederung in Abschnitte (innere Ordnung, vgl. Seite 92) kann durch Pausen verdeutlicht werden.
- Durch bewusst gesetzte Sprechpausen können dramaturgische Effekte erzielt werden, indem Sie Spannung erzeugen und Höhepunkte in Ihren Ausführungen (Kernaussagen, Thesen, Forderungen, Fazit usw.) vorbereiten.
- Die „Pause vor dem Vortrag" ist ein wirkungsvolles Mittel um die erforderliche Ruhe herzustellen; statt in Worten um Ruhe zu bitten lässt der Redner den Blick über das Auditorium schweifen.

9.4 Gönnen Sie sich und den Zuhörern Pausen

- Während des Vortrags kann z. B. bei unqualifizierten Zwischenrufen ein intensiver Blick, verbunden mit einer Sprechpause, bereits ausreichend sein.
- Auch ohne eine Disziplinierung der Zuhörer ist die Pause notwendig um die Kommunikation auf der nonverbalen Ebene aufrecht zu erhalten.
- Der Redner benötigt die Pause auch um Atem zu holen und um beim Sprechdenken den nächsten Gedanken zu formulieren.
- Die Pause hilft dem Redner außerdem zu kontrollieren, ob er verstanden wurde und zu prüfen, ob er mit seinen Ausführungen ankommt.

Die Sprechpause nützt auch dem Zuhörer, denn sie verschafft ihm die notwendige Zeit um nachzudenken und das Gehörte gedanklich einzuordnen. Pausen können auch notwendig sein, um die Wirkung mancher Aussagen (z. B. eine provozierende These) zu „verdauen". Nach einer gelungenen Pointe gibt die Pause dem Zuhörer die Möglichkeiten zum Lachen oder Schmunzeln und auch ein Zitat erzielt nur die erwünschte Wirkung, wenn es gedanklich verarbeitet werden kann. Schließlich haben die Zuhörer die Möglichkeit sich während einer Sprechpause von der Fülle neuer Gedanken zu erholen und zu entspannen oder auch einmal kurz mit dem Nachbarn eine Bemerkung auszutauschen.

Übungen zur Sprechtechnik

Übung Nr. 19: Laut lesen
Die einfachste Übung ist, laut und deutlich zu lesen. Nehmen Sie Übungstexte oder Texte, die Sie sowieso lesen würden (Zeitung, Zeitschriftenartikel). Achten Sie auf die Aussprache, die Lautstärke und das Sprechtempo. Kontrollieren Sie Ihre Aussprache durch Tonbandaufzeichnungen.
Übungsziel: Verbesserung der Aussprache

Übung Nr. 20: Texte kodieren
Wenn Sie mit der Sprechqualität beim Lesen nicht zufrieden sind (vgl. Übung Nr. 19), dann kodieren Sie die Texte vor dem Lesen. Nehmen Sie verschiedenfarbige Markierungsstifte und kennzeichnen Sie,
- wo Sie lauter oder leiser sprechen wollen,
- wo Sie Pausen setzen wollen,
- wo Sie einzelne Wörter betonen wollen.

Übungsziel: Verbesserung der Aussprache und Betonung

9. Sprech- und Atemtechnik

Übung Nr. 21: Stichworte kodieren
Obwohl ich für das Stichwortmanuskript plädiere, ist es erforderlich, dass Sie sich die sprechtechnischen Möglichkeiten zunächst mit fertigen (ausformulierten) Texten verinnerlichen. Wenn Sie mit der Qualität der gelesenen Texte zufrieden sind, ist der Wechsel zu einem Stichwortmanuskript einfach. Kennzeichnen Sie bei einem Stichwortmanuskript die Begriffe, die Sie betonen möchten durch Unterstreichung.
Übungsziel: Verbesserung der Aussprache

Übung Nr. 22: Sprechtempo überprüfen
Bereiten Sie sich ein Stichwortmanuskript vor, wie es bei den Übungen Nr. 11–14 (vgl. Seite 81) beschrieben wurde. Sprechen Sie die Übung mit dem Tempo auf Band, wie Sie es für richtig halten. Überprüfen Sie (oder lassen Sie überprüfen) beim Abhören das Sprechtempo. Führen Sie die Übung ggf. solange durch, bis Sie das richtige Sprechtempo einhalten. Prüfen Sie, ob sich die Stimmung, in der Sie sich gerade befinden (Erregung, Spannung, Langeweile) auf das Sprechtempo durchschlägt.
Übungsziel: Richtiges Sprechtempo aneignen

Übung Nr. 23: Schnellsprechsätze lesen
Wir erinnern uns alle noch an vergangene Kindertage, als wir mit *„Fischers Fritz fischt frische Fische"* und ähnlichen Zungenbrechern unseren Spaß hatten. Das Lesen solcher Sätze kann eine ganz ernsthafte Übung sein. Sie dient der Verbesserung des Sprechflusses und fördert die Beweglichkeit der Zunge. Wenn Sie sich dabei ausschließlich auf die Aussprache konzentrieren werden Sie ständig sicherer. Wiederholen Sie die Sätze, die Ihnen besonders schwer fallen. Wenn Sie diese Übung in der Gruppe durchführen, haben Sie auch noch viel Spaß dabei. Einige Zungenbrecher, die im Rhetorik-Seminar besonders häufig zu sprachlichen „Stolperern" geführt haben, sind nachfolgend aufgeführt. Lesen Sie die einzelnen Sätze direkt zweimal hintereinander.
- Bald blüht breitblättriger Wegerich; breitblättriger Wegerich blüht bald.
- Blaukraut bleibt Blaukraut und Brautkleid bleibt Brautkleid.
- Brauchbare Bierbrauersburschen brauen brausendes Braunbier.
- Der Cottbuser Postkutscher putzt den Cottbuser Postkutschkasten mit der Cottbuser Postkutschkasten-Politur.
- Zwischen zwei Zwetschgenzweigen zwitschern zwei Schwalben.
- Es saßen zwei zischende Schlangen zwischen zwei spitzen Steinen und zischten sich zuweilen an.
- Fetter Speck schmeckt der Schnecke schlecht, schlecht schmeckt der Schnecke fetter Speck.
- Messwechsel, Wachsmaske – Wachsmaske, Messwechsel.

- Vor dem Scheibenschießschützenhaus schätzen Schützen Schießdistanzen.
- Der pingelige Papp-Plakatkleber pappt pausenlos passende Papp-Plakate.

Übungsziel: Aussprache schwieriger Wörter und Wendungen verbessern

Übung Nr. 24: Flüstern
Beim Flüstern sprechen wir (unbewusst) deutlicher als bei normaler Lautstärke. Wenn Sie mit Ihrer Aussprache nicht zufrieden sind, dann setzen Sie sich in zwei bis drei Meter Abstand vor ein Aufnahmegerät und lesen (oder sprechen) Sie einen Text mit Flüsterstimme. Flüstern Sie so laut, dass Sie beim Abhören noch etwas verstehen.
Übungsziel: Korrekte Aussprache

Übung Nr. 25: Korkenübung
Zu dieser Übung wird auch mancher Schauspieler mit undeutlicher Aussprache verurteilt. Sie eignet sich zur allgemeinen Verbesserung der Aussprache und um das Quetschen zu reduzieren. Der Übende steckt sich einen Korken (oder eine Korkscheibe) zwischen die Zähne und muss dann damit Übungstexte lesen.
Übungsziel: Deutliche Aussprache

Übung Nr. 26: „Der kleine Hey"
„Der kleine Hey" ist im Buchhandel erhältlich. Er ermöglicht ein systematisches Sprechtraining für alle Buchstaben und Buchstabenkombinationen und wird auch von professionellen Sprechern regelmäßig benutzt. Als Beispiel sei hier eine Übung zu den beiden Konsonanten „d" und „t" vorgestellt:
„Fort mit der Demut dürft'ger Tracht!
Nicht deucht dich's dumm und töricht doch,
Dass dort der düst're Tod dir droht,
Der tobend dröhnt und leicht dich trifft!"
Übungsziel: Aussprache einzelner Buchstaben

9.5 Atemtechnik

Die richtige Atmung ist die Grundlage für eine erfolgreiche Sprechtechnik. Sprechen bedeutet „tönendes Ausatmen", denn wir sprechen während der Phase des Ausatmens. Nur wer über genügend Sauerstoff in seiner Lunge verfügt, kann einen Gedanken mit „einer Luft" (einem Atemzug) aussprechen. Er muss nur dort einatmen, wo die Ausführungen eine sinnvolle Sprechpause erlauben. Wer dagegen nicht mit seiner Luft auskommt, wirkt hektisch; er be-

9. Sprech- und Atemtechnik

kommt einen trockenen Hals und fühlt sich unsicher. Falsches Atmen kann auf drei Hauptursachen zurückgehen:
- Die meisten Menschen sind Hochatmer. Sie begnügen sich mit der Brustatmung und vernachlässigen das Zwerchfell. Damit nutzen sie nur einen Teil der verfügbaren Atemkapazität. Die Folgen sind sprechtechnische Störungen: Der Atem reicht nicht aus für ganze Sinneinheiten, der Redner schnappt an den falschen Stellen nach Luft, es kann zu falschen Betonungen kommen oder es wird zu schnell gesprochen.
- Durch die situationsbedingte Spannung oder Lampenfieber kann es zu Verkrampfungen der Atemmuskulatur und zu Störungen beim Sprechvorgang kommen.
- Eine falsche Haltung kann zu Verspannungen der Muskulatur im Kehlkopf und Verengungen der Atemorgane führen, sodass nur eine eingeschränkte Atmung möglich ist.

Richtiges Atmen ist erlernbar. Wer richtig atmet nutzt die gesamte Lungenkapazität durch die sog. Tief-Voll-Atmung. Dabei werden Brust- und Zwerchfellatmung und beim Zwerchfell nochmals Bauch- und Flankenatmung unterschieden. Wenn Sie richtig atmen, dann wird die Atmung zu einem automatischen Bestandteil des gesamten Sprechvorgangs, ohne dass Sie bewusst darauf achten müssen. Sie können Ihre Konzentration ausschließlich auf den Redeinhalt und das sprachliche Ausdrucksvermögen richten.

Übungen zur Atemtechnik

Übung Nr. 27: Atemübung
Als kombinierte Atem- und Sprechübung wird das folgende kleine Gedicht von Goethe aus dem „Westöstlichen Diwan" empfohlen. Wer richtig atmet, kann alle sechs Zeilen mit einem Atemzug sprechen. Sollte Ihnen das nicht gelingen, dann tasten Sie sich an den „Idealzustand" heran. Holen Sie zunächst nach jeder Zeile Luft, danach nach zwei Zeilen usw.
„Im Atemholen sind zweierlei Gnaden:
Die Luft einziehen, sich ihrer entladen.
Jenes bedrängt, dieses erfrischt;
So wunderbar ist das Leben gemischt.
Du, danke Gott, wenn er dich preßt,
Und dank ihm, wenn er dich wieder entläßt."
<u>Übungsziel:</u> Verbesserung der Atemtechnik

9.5 Atemtechnik

Übung Nr. 28: Atemübung nach Zilgrei
Eine wirkungsvolle Verbesserung der Atemtechnik erreichen Sie durch die Standardatmung der Zilgrei-Methode (vgl. Zillo/Greisam, S. 36). Zilgrei ist eine kombinierte Atem- und Haltungstherapie zur Selbstbehandlung. Beim Atmen werden verschiedene Muskelgruppen benötigt, die bei zwei gleichzeitigen mechanischen Grundbewegungen zum Einsatz gelangen:
- das Heben und Senken des Brustkorbs und
- das Heben und Senken des Zwerchfells.

Atemfehler beruhen oft auf der schlechten Koordination dieser beiden Bewegungen. Das Heben und Senken des Brustkorbs und des Zwerchfells sollten sich gegenläufig vollziehen. Beim Einatmen sollte sich der Brustkorb heben und das Zwerchfell senken, während sich beim Ausatmen das Zwerchfell nach oben wölben und der Brustkorb nach unten senken sollte.

Ablauf der Zilgrei-Atmung:
- Atmen Sie langsam ein durch die Nase (wenn diese verstopft ist durch den Mund). Ziehen Sie die eingeatmete Luft erst in den unteren Teil, dann in den mittleren und zuletzt in den oberen Teil der Lunge ein und drücken Sie gleichzeitig den Bauch nach außen.
- Halten Sie die eingeatmete Luft fünf Sekunden lang an. Zählen Sie im Geist eine Sekunde, zwei Sekunden, ..., fünf Sekunden.
- Während Sie den Bauch einziehen atmen Sie langsam aus bis die Lunge vollkommen leer ist.
- Machen Sie mit entleerter Lunge und eingezogenem Bauch wieder eine Pause von fünf Sekunden (zählen: eine Sekunde, ...) und beginnen danach den Zyklus von vorn.
- Führen Sie mehrmals am Tag fünf Atemzyklen durch.

Die Fünf-Sekunden-Pause nach dem Ein- und Ausatmen verlängert die Ein- und Ausatmungsphase und verhindert Schwindelgefühle, die bei anhaltender Tiefatmung auftreten können. Falls Sie anfangs die fünf Sekunden nicht durchhalten, dann üben Sie zunächst mit einer kürzeren Zeitspanne.

Die Zilgrei-Atmung kann im Liegen, im Sitzen oder im Stehen durchgeführt werden.

Übungsziel: Verbesserung der Atemtechnik

9. Sprech- und Atemtechnik

Auf den Punkt gebracht:

- Zur Sprechtechnik zählen
  - Artikulation,
  - Lautstärke,
  - Sprechtempo,
  - Sprechpausen.
- Die notwendigen sprechtechnischen Voraussetzungen können durch Übung erworben werden.
- Sprechen Sie weitgehend in der Tonlage, die Ihnen am leichtesten fällt (mittlere Tonlage); variieren Sie, wenn Sie einen Gedanken hervorheben wollen.
- Achten Sie auf eine deutliche Aussprache.
- Heben Sie sinntragende Wörter durch Betonung hervor.
- Orientieren Sie sich mit der Lautstärke am Thema, den Zuhörern und der Umgebung.
- Sprechen Sie nicht zu schnell.
- Wenn Sie hinsichtlich des Sprechtempos im Zweifel sind, dann sprechen Sie eher etwas langsamer.
- Wechseln Sie mit dem Sprechtempo um dramaturgische Effekte zu setzen.
- Gönnen Sie sich und den Zuhörern Sprechpausen.
- Setzen Sie die Pause als dramaturgisches Mittel ein.
- Nutzen Sie Ihre volle Atemkapazität (Tief-Voll-Atmung)

> Wer nicht lächeln kann,
> sollte keinen Laden aufmachen.
> (Chinesisches Sprichwort)

10. Auch der Körper „spricht" mit

Bei der Vorbereitung eines Vortrags überlegen wir uns, was wir unserem Publikum sagen wollen. Wir bewegen uns im sprachlichen Bereich und tragen alle Gedanken zusammen, die wir im Vortrag aussprechen möchten. Dabei vergessen wir leicht, dass das, was wir in Worten aussprechen nur einen Teil dessen ausmacht, was die Zuhörer im Kommunikationsprozess wahrnehmen.

Ein Redner wird nicht nur gehört, sondern auch gesehen. Wenn Menschen miteinander kommunizieren, spricht immer auch der Körper mit. Dabei spielt es keine Rolle, ob es sich nur um eine vordergründige Unterhaltung, um eine ernsthafte Sachdiskussion oder um einen Vortrag vor Publikum handelt. **Viele Informationen bei zwischenmenschlichen Begegnungen werden nicht durch verbale Aussagen, sondern durch körpersprachliche (nonverbale) Botschaften übermittelt.** Anders ausgedrückt: Zusätzlich zum gesprochenen Wort enthält jede sprachliche Äußerung auch nichtsprachliche Signale, die vom Partner bewusst oder unbewusst wahrgenommen werden. Nach der Theorie von Paul Watzlawick kann man nie nicht kommunizieren. Ein Redner, der seine Ausführungen unterbricht und schweigend zu einigen Zuhörern blickt, die sich miteinander unterhalten, drückt damit vielleicht mehr aus, als wenn er ausdrücklich um Ruhe bitten würde. Allerdings können nonverbale Aussagen ebenso wie die verbale Kommunikation zu einer Reihe von Missverständnissen führen:

- Bedeutet ein Lächeln Zustimmung oder Ironie?
- Steckt der Redner die Hände aus Unsicherheit oder Lässigkeit (oder fehlender Kinderstube) in die Tasche?
- Mangelt es am Blickkontakt, weil der Redner sein Thema nicht beherrscht oder weil er unter Lampenfieber leidet?

10. Auch der Körper „spricht" mit

Von der Körpersprache profitieren der Redner und das Publikum gleichermaßen. Der Redner verrät dem Publikum über diese Signale mehr als er in Worten sagt. Umgekehrt erfährt er im Gegenzug durch die körpersprachlichen Reaktionen seines Publikums, ob er ankommt, ob er verstanden wird oder ob sich die Zuhörer langweilen.

Die Körpersprache ist der Ursprung jeder Sprache. Lange bevor sich die Menschen der verbalen Sprache bedienten, verständigten sie sich mit Gesten und Gebärden. Die Körpersprache wird stärker als das gesprochene Wort vom Unbewussten gesteuert. Dadurch werden die wirklichen Gefühle (Stimmungen, Zwischentöne, Enttäuschungen) zuverlässiger verdeutlicht als durch Worte. Diese Erkenntnis ist in jedem Menschen verankert, auch wenn er sich dessen nicht immer bewusst ist. **Damit ist die Körpersprache zwar häufig ehrlicher als die gesprochene Sprache, aber sie ist leider auch mehrdeutig und deshalb oft schwer zu deuten.** Außerdem wird der Mensch von Jugend an auf Worte fixiert, sodass er nur unzureichend dafür ausgebildet ist körpersprachliche Reaktionen seines Partners zu interpretieren.

Die wichtigsten Ausdrucksmittel der Körpersprache sind
- der Blickkontakt,
- die Mimik,
- die Gestik und
- die Haltung.

Im weiteren Sinne werden auch die Kleidung sowie das Äußere des Redners dazu gezählt.

Begeisterung zeigen

Schon Augustinus empfahl seinen Schülern: *„In dir muss brennen, was du in anderen entzünden willst"*. Diese Aussage ist auch heute noch aktuell. Ein Redner, der emotionslos eine Pflichtübung absolviert, wird nicht überzeugen. Zeigen Sie, was Sie empfinden. Wenn Sie hinter Ihrer Sache stehen, dann lassen Sie Ihre Zuhörer dies durch ein entsprechendes Engagement auch erkennen. Setzen Sie Gestik ein; nutzen Sie Ihre stimmlichen Möglichkeiten; zeigen Sie durch eine aufrechte Haltung, dass Sie vom dem, was Sie vortragen, auch selbst überzeugt sind. Ein Vorgesetzter, der mit hängenden Schultern vor seinen Mitarbeitern steht und behauptet, dass es ab sofort wieder aufwärts geht, wirkt wenig glaubhaft.

10. Auch der Körper „spricht" mit

Vorsicht vor Fehlurteilen

Beobachtungen im körpersprachlichen Bereich dürfen nicht isoliert beurteilt werden. Sie müssen immer in Bezug zur gleichzeitig stattfindenden verbalen Kommunikation gesehen werden. Auch das Alter, das Geschlecht, der soziale Status oder die Zugehörigkeit zu einem bestimmten Kulturkreis können eine Rolle spielen. Schließlich sollten Sie sicher sein, dass es sich bei einer bestimmten Beobachtung nicht um eine persönliche Angewohnheit (Marotte) oder um ein körperliches Gebrechen handelt.

Wie schon erwähnt, können zahlreiche körpersprachliche Verhaltensweisen mehrere, teilweise sehr unterschiedliche Bedeutungen haben. Eine Hand in der Hosentasche kann z. B. je nach Situation Unsicherheit, Lässigkeit oder Arroganz bedeuten. Wenn der Blickkontakt eingestellt wird, kann das ein Zeichen für Unsicherheit oder hohe Konzentration sein.

Eine körpersprachliche Beobachtung allein rechtfertigt oft noch kein zuverlässiges Urteil. Wegen der Gefahr von Fehlinterpretationen sollten immer mehrere, gleichgerichtete körpersprachliche Äußerungen zusammenkommen. **Verlassen Sie sich bei Abweichungen zwischen verbaler Aussage und körpersprachlicher Beobachtung nicht ausschließlich auf die Körpersprache. Verstehen Sie die körpersprachliche Aussage lediglich als Signal für eine weitere Überprüfung.**

Beispiel:
Ein Vertreter des Innenministeriums spricht beim Beamtenbund und konfrontiert sein Auditorium mit der Behauptung, dass die Erhöhung der Bezüge in diesem Jahr wegen der schwierigen Haushaltslage nicht über den Inflationsausgleich hinausgehen darf. Als Folge dieser Aussage lehnen sich einige Zuhörer zurück und verschränken die Arme vor der Brust. Diese Ablehnungshaltung (zurücklehnen, verschränkte Arme) dürfte eindeutig sein; der Redner musste bei diesem Vorschlag mit entsprechenden Reaktionen rechnen. Wenn derselbe Redner dagegen bei anderer Gelegenheit über die Neustrukturierung seiner Behörde referiert und einige Teilnehmer sich zurücklehnen und die Arme verschränken, dann kann das auch lediglich eine Entspannungshaltung oder Desinteresse am Thema sein, aber nicht Ablehnung.

10. Auch der Körper „spricht" mit

Bleiben Sie, wer Sie sind

Niemand verlangt von Ihnen, dass Sie stundenlang vor dem Spiegel stehen um einige besonders wirkungsvolle Gesten oder Posen einzustudieren. Das wäre nicht glaubhaft und würde vom Publikum schnell erkannt. Die Körpersprache kommt aus dem Unbewussten und kann deshalb auch nur in Grenzen trainiert werden. *„Ahmen Sie niemand nach – Seien Sie Sie selbst" (Lee Iacocca)*, auch wenn Sie von Ihrem Lieblingspolitiker, einem Fernsehmoderator, Schauspieler oder einer anderen Person des öffentlichen Lebens noch so beeindruckt sein mögen. **Wer die Mimik, Gestik oder Sprechweise anderer zu kopieren versucht, sollte sich bewusst sein, dass es sich immer nur um eine Kopie handelt und zumeist als solche erkannt würde.**

Aber denken Sie als Redner jederzeit daran, dass das gesprochene Wort immer von körpersprachlichen Äußerungen begleitet wird. Lassen Sie sich von einem guten Freund einmal beobachten und informieren, welche körpersprachlichen Botschaften Sie versenden. Nutzen Sie außerdem die Beobachtungen im nonverbalen Bereich, um über Ihr Publikum etwas zu erfahren.

Übung Nr. 29: Marotten überwinden
Der Trainerkollege Eddie Meier aus St. Gallen (Birkenbihl, S. 48) empfiehlt seinen Teilnehmern eine einfache, aber wirkungsvolle Methode zum Abgewöhnen von Marotten:
Führen Sie vor einem Vortrag Ihre „dumme Angewohnheit" zehnmal hintereinander aus. Wer dazu neigt, die Krawatte von unten her aufzurollen oder ständig am Kragen von Hemd oder Bluse herumzupft, der tut dies ganz bewusst vor seinem Redeauftritt. Auf diese Weise wird das Bedürfnis vorübergehend stillgelegt und die Situation wird gemeistert, ohne dass die Zuhörer anfangen mitzuzählen, wie oft die Marotte ausgeführt wird.
Übungsziel: Marotten abgewöhnen

10.1 Blickkontakt bedeutet Zuhörerkontakt

Der Blickkontakt ist die Kontaktbrücke zum Publikum und eine der wichtigsten Voraussetzungen für ein erfolgreiches Reden. Ohne Blickkontakt sind auch die überzeugendsten Ausführungen nur halb so wirkungsvoll, denn die Zuhörer fühlen sich nur angesprochen,

10.1 Blickkontakt bedeutet Zuhörerkontakt

wenn sie auch angesehen werden. Ein guter Blickkontakt hat mehrere Vorteile:
- Der Redner macht deutlich, dass er zu seinem Publikum spricht und demonstriert gleichzeitig Sicherheit. Der Blick zur Decke, zum Fenster hinaus oder ausschließlich ins Manuskript wird als Zeichen der Unsicherheit empfunden. Wer jedoch seiner Sache sicher ist, der braucht sich vor den Reaktionen des Publikums nicht zu fürchten und muss nicht wegsehen.
- Nur wer sein Publikum beobachtet wird erfahren, ob seine Ausführungen verstanden werden und ankommen. Wenn die Zuhörer zum Fenster hinaussehen oder minutenlang das Tapetenmuster studieren, dann muss sich in Ihrem Vortrag etwas ändern. Ein Wechsel in der Lautstärke oder beim Sprechtempo, ein treffendes Beispiel oder gar ein Sprung zum nächsten, für die Zuhörer interessanteren Gliederungspunkt sind nur einige Möglichkeiten.
- Wichtige Aussagen können durch einen deutlichen Blick ins Auditorium, verbunden mit einer Sprechpause, nachhaltig unterstrichen werden.
- Ein langer Blick, wiederum verbundenen mit einer Sprechpause, kann bei Bedarf auch als Ordnungsruf eingesetzt werden. Er ist meistens ausreichend, sowohl bei gedanklich abwesenden als auch bei störenden Zuhörern (z. B. zwei unterhalten sich).

Im Rhetorik-Seminar hat es sich gezeigt, dass der Blickkontakt für viele Teilnehmer anfänglich ein besonders großes Problem darstellte. Beim ungeübten Redner lag die Ursache meistens in der mit der mangelnden Redeerfahrung verbundenen Unsicherheit. Aber auch bei manchen erfahrenen Rednern haperte es mit dem Blickkontakt. Gründe dafür können überhöhte Konzentration oder Arroganz sein.

Was ist zu beachten?

Beim Blickkontakt handelt es sich weder um ein tiefes „In-die-Augen-Sehen" noch soll es zu einem hektischen Hin und Her kommen. Bei einem größeren Auditorium sind sich die Zuhörer bewusst, dass sie vom Redner nicht ständig angesehen werden können. Sie erwarten allerdings, dass sie im Verlaufe der Ausführungen in den Blick einbezogen werden. **Wenn Sie nicht alle Zuhörer gleichzeitig ansehen können, dann genügt es, wenn der Blick einige**

10. Auch der Körper „spricht" mit

Augenblicke auf einer Zuhörergruppe verharrt und dann zur nächsten Gruppe wandert.
- Beginnen Sie nicht zu früh mit dem Sprechen. Nehmen Sie den Redeplatz ein und lassen Sie zunächst den Blick einmal über alle Zuhörer schweifen. Damit können Sie auch eine evtl. vorhandene Anfangsspannung überwinden (Vgl. Seite 162).
- Falls es die räumlichen Gegebenheiten zulassen, dann sollte bei kleineren Zuhörergruppen der Abstand zur ersten Reihe mindestens zwei bis drei Meter betragen. Je größer die Zuhörerzahl ist, umso größer sollte der Abstand sein.
- Fassen Sie jeweils eine Gruppe von Zuhörern zusammen und verharren Sie mit dem Blick einige Augenblicke auf dieser Gruppe. Danach verändern Sie die Richtung und blicken zur nächsten Gruppe. Vermeiden Sie einen abrupten Wechsel von Gruppe zu Gruppe.
- Damit der Blick vom Publikum wahrgenommen wird, sollte er mindestens drei bis fünf Sekunden auf einer Gruppe verharren. Bei einem größeren Auditorium kann sich diese Zeitspanne auf bis zu zehn Sekunden verlängern. Vermeiden Sie einzelne Personen zu lange anzusehen. Es sei denn, es handelt sich um Meinungsführer. Diese können etwas nachhaltiger erfasst werden.
- Achten Sie beim Wechsel zwischen den Zuhörergruppen darauf, dass alle Zuhörer einbezogen werden. Der Blick darf nicht nur zu dem guten Freund gerichtet werden, der sich unter den Zuhörern befindet. Auch Personen mit Sonderstellung (der prominente Gast, das „hohe Tier", der Veranstalter, der Tagungsleiter) dürfen nicht einseitig bevorzugt werden.
- Denken Sie daran, dass Sie bei einem Auditorium mit sehr breiten Sitzreihen die am Rand sitzenden Zuhörer nicht vergessen.

Vom Manuskript zum Zuhörer

Wenn Sie mit einem Stichwortmanuskript arbeiten, dann kommt es zu einem ständigen Wechsel zwischen dem Blick aufs Manuskript und dem Blick zu den Zuhörern. Sie blicken ins Manuskript und überlegen sich, was Sie zum nächsten Stichwort sagen möchten (Sprechdenken); danach blicken Sie wieder zu den Zuhörern und sprechen den Gedanken aus.

Bei einem voll ausgearbeiteten Manuskript ist es hilfreich, wenn Sie unsere Empfehlung nutzen, in eine Zeile immer nur das aufzunehmen, was sinnvoll als Einheit ausgesprochen werden kann (vgl. Seite 85). Diese Sinneinheiten werden jeweils mit einem Blick erfasst und danach mit Blick zu den Zuhörern ausgesprochen.

10.2 Mimik

Die Mimik steht in engem Zusammenhang mit dem Blickkontakt; der Gesichtsausdruck wird im Wesentlichen von den Augen und dem Mund bestimmt. Die Mimik unterliegt in besonders starkem Maße dem Einfluss des Unterbewusstseins. Jeder Gemütszustand (freudig oder traurig; freundlich oder verärgert; nachdenklich oder sorglos) schlägt sich unmittelbar in der Mimik nieder.

Natürlich kann die Mimik auch gezielt eingesetzt werden. Die Mimik muss der Aussage entsprechen. Entspannen Sie sich und lächeln (nicht grinsen) Sie, wenn Sie über etwas Angenehmes sprechen. Lassen Sie aber auch Trauer oder Zorn erkennen, wenn Ihr Vortrag das verlangt.

> **Beispiele:**
> - Der Personalleiter, der auf der Betriebsversammlung bekannt gibt, dass wegen des guten Jahresabschlusses jeder Mitarbeiter eine Sonderprämie erhält, zeigt dies auch durch seinen entspannten Gesichtsausdruck.
> - Dagegen wird der Meister, der seine Arbeitsgruppe rügt, weil die vorgeschriebene Schutzkleidung nicht getragen wird, kaum mit hochgezogenen Mundwinkeln und strahlenden Augen auftreten.

Außer der inhaltlichen Übereinstimmung muss der mimische Ausdruck auch zeitlich stimmig sein. Die Mimik geht dem gesprochenen Wort etwas voraus. Beim Sprechdenken erfassen Sie einen Gedanken und reagieren sofort mit der Mimik, ehe die zugehörigen Worte ausgesprochen werden.

Wie für den Blickkontakt gilt auch für die Mimik: Stehen Sie nicht vor den Spiegel und trainieren bestimmte Gesichtsausdrücke, die Sie auf Abruf einsetzen wollen. Dieses Vorhaben würde im Erstfall scheitern. Nehmen Sie in Ihre Vorträge eine Generalregel mit: **In den** meisten Redesituationen wollen wir positive Botschaften weitergeben; das müssen wir dann auch durch einen entspannten, freundlichen Gesichtsausdruck zeigen. Damit schaffen Sie beim Zuhörer Sympathie und Vertrauen. Das versteinerte Gesicht, das keinerlei Emotionen erkennen lässt, ist nicht gefragt. Auch der Fachvortrag schließt nicht aus, den Zuhörern Freundlichkeit und Sympathie zu signalisieren.

Besonders wichtig ist der Gesichtsausdruck zu Beginn eines Vortrags. Die Mimik des Redners beim ersten Blickkontakt mit dem Publikum wird von den Zuhörern übernommen. Wer mit einem Sauertopfgesicht antritt und seine Unlust so offenkundig zeigt, kann vom Publikum nicht erwarten, dass es mit strahlenden Gesichtern reagiert.

Der Psychologe Albert Mehrabian hat empirisch ermittelt, dass Sympathie zu 55 % über die Körpersprache, vorwiegend über den Gesichtsausdruck, vermittelt wird. Zu 38 % ist die Stimme und nur zu 7 % sind die gesprochenen Worten beteiligt. Das gilt auch für den Umkehrfall: Negative Botschaften (Drohungen, Missachtung) werden viel deutlicher durch Mimik und Stimme als durch Worte ausgedrückt.

10.3 Gestik

Der mimische Ausdruck wird durch die Gestik erweitert und verstärkt. Gesten sind Ausdrucksbewegungen des Körpers, die ebenso wie die Mimik das seelische Erleben widerspiegeln. Baldur Kirchner bezeichnet *„Gesten als sichtbar gewordene Emotionen."* Er meint damit vor allem emotionale Gesten. Daneben können wir die beschreibende Geste unterscheiden, durch die bestimmte Gegenstände oder Vorgänge verdeutlicht werden sollen (Vogt, S. 74). Der Redner sagt z. B.: *„Der Abstand zwischen Fahrzeug und Hauswand betrug nur noch wenige Zentimeter"* und gleichzeitig wird dieses Maß mit Daumen und Zeigefinger verdeutlicht.

Ebenso wie die Mimik läuft auch die Gestik dem gesprochenen Wort etwas voraus. **Mimik und Gestik sind Reaktionen auf Gedanken und Gefühle und werden schneller vollzogen als die entsprechenden Worte ausgesprochen werden können**. Deshalb ist es unsinnig einzelne Gesten einzustudieren und durch eine Regieanweisung im Manuskript zu vermerken, welche Arm- oder Handbewegung bei

10.3 Gestik

welcher Aussage ausgeführt werden soll. Gesten auf Abruf funktionieren nicht, denn der zeitliche Ablauf zwischen Sprache und Geste wäre gestört. Ein solches Verhalten würde vom Publikum durchschaut.

Das Ausmaß der Gestik hängt von der Herkunft und Erziehung sowie vom individuellen Temperament des Sprechenden ab. Den Einfluss der Herkunft können wir bei unseren Mitbürgern aus südlichen Ländern beobachten: Wer hatte nicht schon bei der Unterhaltung zweier italienischer Mitbürger den Eindruck, als ob diese kurz vor einer Schlägerei stehen? Durch die Erziehung wurde manchem beigebracht, Gestik weitgehend zu vermeiden oder zumindest nur sehr zurückhaltend einzusetzen (*„Ein Kind hat seine Arme und Hände ruhig zu halten!"*). Das individuelle Temperament spiegelt sich in mehr oder weniger Gestik wider.

Wir hatten oben gesagt, dass einzelne Gesten nicht geplant werden können. Jeder Redner sollte sich aber bemühen ein Minimum an Gestik überhaupt einzusetzen. **Die Gestik gehört als natürlicher Bestandteil zu einem lebendigen Vortrag. Wer auf Gestik weitgehend verzichtet, wirkt steif und verkrampft.** Allerdings darf die Gestik nicht übertrieben werden; ein hektisches Herumfuchteln ist nicht gefragt.

Oft sind die Spannung oder die hohe Konzentration die Ursache, dass auf jegliche Gestik verzichtet wird. Im Rhetorik-Seminar konnte ich bei den ersten Übungen einzelne Teilnehmer beobachten, die ihr Manuskript mit beiden Händen krampfhaft festhielten oder den freien Arm mit beinahe militärischer Korrektheit seitlich anlegten oder hinter dem Rücken versteckten. Der Mut zu mehr Gestik kam erst nach Aufforderung durch den Trainer und mit zunehmender Lockerheit. Umgekehrt dagegen können Sie gegen fehlerhafte Gesten bewusst vorbeugen: Wenn Sie wissen, dass Sie dazu neigen die Arme auf dem Rücken zu verstecken (oder die Hände in den Tasche zu versenken) dann nehmen Sie entsprechende Regieanweisungen in Ihr Manuskript auf.

Wirkung einzelner Gesten

Positive Aussagen werden durch positive Gesten unterstrichen. Sie signalisieren Zuwendung durch Gesten, die sich mit nach oben gerichteten Handflächen von innen nach außen bewegen. Durch

10. Auch der Körper „spricht" mit

weite Armbewegungen öffnen Sie sich gegenüber den Zuhörern und vermitteln Sicherheit. Wer sich öffnet hat nichts zu verbergen.

Die Hände sollen sich auch nicht zu lange unterhalb der Gürteloder Hüftlinie befinden; dieser Bereich wird als negativ empfunden. **Idealerweise bewegen sich die Hände bei leicht gebeugten Armen zwischen Hüftlinie und Brustbereich.** Das mag sich zunächst schwierig anhören. Wenn Sie jedoch daran denken, dass Sie Ihre Stichwortzettel halten müssen, dann ist dieses Problem schon beinahe gelöst. Der notwendige Sichtabstand zwingt dazu, die Arme leicht anzuwinkeln. Wer es ganz perfekt macht, der hält in der schwächeren Hand die Stichwortkärtchen und nutzt die stärkere Hand für Gestik. Um sicherzustellen, dass der freie Arm sich nicht unkontrolliert bewegt (z. B. in die Tasche und wieder raus), können Sie die Stichwortkärtchen vorübergehend mit beiden Händen halten. Wenn dann auf Grund der Aussage ein Anlass für Gestik besteht, geschieht das zumeist ganz von selbst. Arme und Hände reagieren, ohne dass Sie daran denken müssen.

Die nach unten gerichtete Handfläche ist mit einer negativen Aussage verbunden. Die geballte Faust wirkt drohend. Der erhobene Zeigefinger des Redners wird in der Fachsprache als „Lehrerfinger" bezeichnet. Diese Bezeichnung ist treffend, denn der Redner, der ständig den Zeigefinger hebt, wirkt oberlehrerhaft und bevormundend. Die vor dem Bauch gefalteten Hände vermitteln den Eindruck von Trägheit und Müdigkeit.

Die vor der Brust verschränkten Arme werden als Barriere (Verschlossenheit) empfunden. Sie wollen aber doch das Gegenteil, Sie wollen Ihre Zuhörer erreichen mit Ihrem Vortrag. Beobachten Sie einmal in einer Diskussion, wenn an den Redner eine schwierige Frage gestellt wird. Dann kann es sein, dass er (unbewusst) die Arme vor der Brust verschränkt, einen Moment nachdenkt und dann dem Fragesteller erklärt, dass dies nicht zum Thema gehört oder die Zeit für eine Beantwortung nicht ausreicht. Solche Antworten können Sie in Verbindung mit der Armbarriere als Ausrede erkennen, weil der Redner die Antwort auf die Frage nicht weiß und nicht bereit ist dies zuzugeben.

Wie sieht es mit der Hand in der Tasche aus? Beide Hände tief in die Taschen versenkt sollte überhaupt nicht vorkommen, denn das wird als arrogant oder unhöflich interpretiert. Wenn Sie dagegen im Kollegen- oder Freundeskreis sprechen oder eine lockere Atmosphäre besteht, dann ist es kein Problem eine Hand vorübergehend auch mal in die Tasche zu stecken. Auch auf dem Rücken sollten die Hände nicht versteckt werden. Das würde, je nach Situation, als überheblich oder ängstlich empfunden.

Nehmen Sie außer den Stichwortkärtchen nichts Anderes in die Hand. Auch schon ein Stift oder Kugelschreiber können als Barriere wirken. Außerdem sollten die Zuhörer nicht mitzählen, wie oft ein Redner den Kugelschreiber knipst, sondern sie sollen sich auf dessen Worte konzentrieren.

10.4 Haltung

„Tritt fest auf, mach's Maul auf, hör' bald auf". Das war einer der Beiträge von Martin Luther zur Rhetorik. Alle drei Teilforderungen sind richtig. In diesem Abschnitt geht es um die Empfehlung, fest aufzutreten. **Der feste Stand auf beiden Füßen ist die Grundlage für eine aufrechte, überzeugende Haltung.**

Der Volksmund sagt es in kurzen Worten: *„Jemand steht mit beiden Beinen fest auf dem Boden der Tatsachen".* Wer mit beiden Füßen fest auftritt, demonstriert Standfestigkeit und Verlässlichkeit. Als Ideal wird in der Literatur empfohlen aufrecht zu stehen und mit auf beide Beine verteiltem Gewicht die Füße leicht gewinkelt in einem Abstand von etwa 15 cm aufzusetzen. Für die praktische Anwendung reicht es aus, wenn Sie daran denken, die Füße in leichtem Abstand nebeneinander zu stellen. Achten Sie darauf, dass die Fußsohlen Bodenkontakt haben; wer auf den Außenrändern steht oder ein Bein nur mit der Fußspitze aufsetzt demonstriert Unsicherheit. Der Stand soll weder militärisch stramm noch zu breitbeinig sein. Zu breites Stehen würde als überheblich empfunden. Wenn ein Bein leicht vorgestellt wird, entsteht der Eindruck, dass der Redner weglaufen möchte. Verschlungene Beine sind ein Indiz für Unentschlossenheit.

Neben den Füßen und Beinen ergibt sich aus der Haltung des Oberkörpers ein weiterer Hinweis auf die rednerische Souveränität. Auch diese Erkenntnis bringt der Volksmund auf einen kurzen Nenner: *„Ein aufrechter Körper zeigt einen aufrechten Geist".* Nur bei einem aufgerichteten Oberkörper ist eine ausreichende Atmung möglich. Zu einem aufrechten Oberkörper gehört auch eine passende Kopfhaltung. Halten Sie den Kopf so, dass ein gerader Blick nach vorne möglich wird. Nehmen Sie den Kopf aber nicht zu hoch, denn das wird als „hochnäsig" verstanden. Wer zu viel hin und her schwankt, wirkt unsicher. Lediglich ein leicht vorgebeugter Oberkörper wird bei entsprechenden Aussagen als Zeichen von Interesse gedeutet. Eine zu lässige Haltung kann als arrogant empfunden werden. Ein gebeugter Kopf, eine eingesunkene Brust und hängende Schultern sind Zeichen für Unsicherheit.

Übereinstimmung von Haltung und Aussage

Körperhaltung und Aussage müssen zueinander passen. Aus der Haltung eines Redner kann seine Einstellung zum Inhalt seiner Ausführungen oder zu den Zuhörern entnommen werden. Wer in seinen Ausführungen von erfolgreichen Geschäftsabschlüssen, hohen Auftragsbeständen oder zufriedenen Kunden berichtet, der wird nicht mit verklemmten Beinen vor seinen Zuhörern stehen.

Denken Sie daran, dass der erste Eindruck, den Ihr Publikum von Ihnen gewinnt, durch die Körpersprache bestimmt wird. Bereits nach wenigen Sekunden hat sich beim Zuhörer ein festes Bild eingeprägt, also deutlich bevor Sie die Möglichkeit haben Ihr Auditorium durch eine passende Anrede und einen originellen Einstieg zu beeindrucken. Schon die Art und Weise, wie Sie zum Redeplatz gehen und diesen einnehmen, wird registriert. Gehen Sie deshalb aufrecht mit festem Gang nach vorn und nehmen Sie dabei bereits Ihre Stichwortzettel in die Hand. Falls möglich, erkunden Sie den Weg vorher; ein Stolperer über ein Kabel oder eine Stufe mag zwar das Publikum erheitern, aber für den Redner entsteht zusätzliche Spannung. Lassen Sie sich nicht davon beirren, dass einige Zuhörer sich vielleicht noch unterhalten oder anderweitig beschäftigt sind. Nehmen Sie die richtige „Grundhaltung" ein: Leicht gespreizte Beine und ein ruhiger, aufrechter Oberkörper mit entspannten Schultern. Kehren Sie im Verlauf Ihrer Ausführungen in diese Haltung immer wieder zurück. Stellen Sie schnell Blickkontakt zum Publikum her (Blick schweifen lassen, vgl. Seite 128) und denken Sie daran, nicht zu früh mit dem Sprechen zu beginnen.

Bei Kurzvorträgen sollte der Redeplatz für die Dauer des Vortrags beibehalten werden. Bei längeren Vorträgen müssen Sie nicht wie ein Denkmal an derselben Stelle kleben. Wenn Sie nicht durch ein Mikrofon an einen Platz gebunden sind, dann sind Bewegungen in vernünftigem Ausmaß durchaus möglich. Ein Schritt in Richtung der Zuhörer, kann zur Lockerheit beitragen. Allerdings verbreitet der „Dauerläufer", der ständig von einer Seite zur anderen rennt, Unruhe und wird vom Publikum nicht geschätzt.

10.5 Kleidung

Neben dem Gang, der Haltung und dem Blickkontakt wird der erste Eindruck des Publikums auch durch die Kleidung des Redners mitbestimmt. **Wählen Sie eine dem Publikum angemessene Garderobe; orientieren Sie sich bei der Auswahl daran, wie die Zuhörer voraussichtlich gekleidet sein werden.** Der zitronengelbe Pullover ist bei der Trauerrede genauso fehl am Platz, wie der Trainingsanzug beim Fachvortrag über die neuesten Konjunkturdaten. Werden Sie nicht durch eine falsche Kleidung zum Außenseiter.

Achten Sie auch darauf, was Sie alles mit sich führen. Überfüllte, ausgebeulte Jacken- oder Hosentaschen machen sich nicht gut. Insbesondere klimpernde Münzen oder ein dicker Schlüsselbund sollten vorher herausgenommen werden.

Im Rhetorik-Seminar hat sich gezeigt, dass auch die Brille für manche Teilnehmer unerwartet zum Problem wurde. Mancher mag dies für eine Nebensächlichkeit halten. Aber überprüfen Sie einmal, wie es wirkt, wenn ein Redner die Brille ständig auf- und absetzt. Sie müssen abwechselnd in Ihr Stichwortmanuskript und zu den Zuhörern sehen. Ich selbst habe mich nach verschiedenen Versuchen für eine Halbbrille entschieden. Zum Stichwortlesen ist sie erforderlich, der Blickkontakt drüber weg geht noch ohne. Finden Sie rechtzeitig eine geeignete Lösung.

Auch die Uhr kann zum Problem werden

Nehmen Sie eine gut ablesbare Uhr mit. Der Redner wird auch daran gemessen, ob er die vorgesehene Redezeit einhält. Sie müssen also von Zeit zu Zeit auf die Uhr blicken.

10. Auch der Körper „spricht" mit

Wenn eine Möglichkeit zum Ablegen vorhanden ist, dann legen Sie die Uhr so vor sich, dass Sie diese im Blick haben. Mit dem Ablegen der Uhr vermitteln Sie den Zuhörern den Eindruck, dass Sie sich darum bemühen wollen, die vorgesehene Redezeit einzuhalten. Wenn Sie frei im Raum stehen, dann tragen Sie die Uhr auf der Innenseite des Handgelenks. Damit können Sie die Zeit kontrollieren, ohne dass es allzu sehr auffällt. Es wird zwar vom Redner erwartet, dass er seine Redezeit einhält, wer aber zu häufig auf die Uhr schaut, wird als nervös eingestuft. Außerdem könnten manche Zuhörer den falschen Eindruck gewinnen, dass Sie sich für dieses Thema oder diesen Teilnehmerkreis nicht genügend Zeit nehmen.

Auf den Punkt gebracht:

- Bei jeder zwischenmenschlichen Kommunikation werden die gesprochenen Aussagen von körpersprachlichen Äußerungen begleitet.
- Die Körpersprache ist stark vom Unbewussten gesteuert und damit ehrlicher als die verbale Sprache.
- Die wichtigsten Ausdrucksmittel der Körpersprache sind Blickkontakt, Mimik, Gestik und Haltung.
- Zeigen Sie Ihr Engagement für eine Sache durch den bewussten Einsatz der Körpersprache.
- Bewerten Sie körpersprachliche Beobachtungen nur unter Beachtung der gleichzeitig stattfindenden verbalen Kommunikation.
- Bleiben Sie, wer Sie sind, versuchen Sie nicht, die Mimik, Gestik oder Sprechweise anderer Personen zu kopieren.
- Halten Sie die Verbindung mit Ihren Zuhörern durch Blickkontakt.
- Lassen Sie den Blick schweifen, damit alle Zuhörer einbezogen werden.
- Begleiten Sie positive Aussagen mit einer entspannten, freundlichen Mimik.
- Unterstreichen Sie Ihre Aussagen durch eine passende (nicht übertriebene) Gestik.
- Halten Sie die Arme leicht gebeugt, damit sich die Hände oberhalb der Hüftlinie befinden.
- Versuchen Sie nicht, Blick, Mimik und Gestik „auf Abruf" einzustudieren.
- Stehen Sie mit beiden Füßen, in leichtem Abstand fest auf dem Boden.
- Orientieren Sie sich bei der Auswahl der Kleidung an der Garderobe des Publikums.

> Um sich begreiflich zu machen,
> muß man zum Auge reden.
> (Herder)

11. Ein Bild sagt mehr als tausend Worte

Erinnern Sie sich an die Fernsehberichterstattung über Bundes- und Landtagswahlen. Mit dem Schließen der Wahllokale bekommt der Fernsehzuschauer die erste Prognose geliefert; schon wenige Minuten später folgt die erste Hochrechnung. Aber es werden nicht nur die nackten Zahlen genannt, sondern sie werden grafisch aufbereitet. In Säulen werden die erreichten Prozentsätze der Parteien dargestellt, zumeist noch ergänzt um die Werte der vorherigen Wahl. Als Kreisdiagramm wird die vorläufige Sitzverteilung verdeutlicht. Der Zuschauer braucht nicht lange zu rechnen; auf einen Blick kann er Verluste und Gewinne der einzelnen Parteien sowie mögliche Konstellationen bei der Bildung von Koalitionen erkennen. Das wäre bei einer rein verbalen Darstellung wesentlich schwieriger. Auch die täglichen Nachrichtensendungen werden durch Bilder visuell unterstützt. Tageszeitungen oder Nachrichtenmagazine enthalten heute wesentlich mehr Grafiken und Bilder als noch vor 20 oder 30 Jahren.

Diese Vorreiterrolle der Medien hat zu einer Änderung des Zuhörerverhaltens geführt, wenn auch gelegentlich bereits über die tägliche Bilderflut geklagt wird. Berücksichtigen Sie diesen Wandel schon bei der Vorbereitung Ihres Vortrags. Erhöhen Sie die Verständlichkeit und Wirksamkeit Ihrer Rede durch den Einsatz von Hilfsmitteln. **Als Hilfsmittel eignen sich grundsätzlich alle Möglichkeiten, durch welche die gesprochenen Ausführungen visuell unterstützt werden.**

11.1 Visuelle Hilfen haben viele Vorteile

Der Mensch behält wesentlich mehr, wenn mehrere Sinne gleichzeitig angesprochen werden. Insbesondere über die Augen nehmen wir mehr Informationen auf als über die Ohren. Die folgenden Erfahrungswerte zeigen, dass das reine Zuhören nur zu sehr begrenzten Erinnerungswerten führt.

> Der Mensch behält etwa
> 10 % von dem, was er liest,
> 20 % von dem, was er hört,
> 30 % von dem, was er sieht,
> 50 % von dem, was er hört und sieht,
> 70 % von dem, worüber er spricht,
> 90 % von dem, was er selbst ausführt.

Stellen Sie sich einmal vor, wie die Zahlen im vorstehenden Kasten verstanden würden, wenn diese in einem Vortrag lediglich genannt würden. *„Der Mensch behält etwa 10 % von dem was er liest, 20 % von dem was er hört, 30 % von dem was er sieht....... usw.".* Die Zuhörer hätten zwar auch die Steigerung erkannt, aber Einzelwerte, hier insbesondere die Behaltensquote von 50 % bei Hören und Sehen, wären verloren gegangen. Wie die Abbildung auf der folgenden Seite zeigt, können Sie eine noch größere Wirkung erzielen, wenn Sie die Zahlenwerte bildhaft darstellen.

Durch eine visuelle Unterstützung kann vor allem bei Überzeugungs- und Informationsvorträgen das Verständnis erleichtert und das Behalten gefördert werden. Bei Präsentationen ist die Visualisierung sowieso schon fester Bestandteil. Eine Gelegenheitsrede ist dagegen eher für den Augenblick bestimmt; sie soll unterhalten und den Anlass würdigen. Es kommt in den meisten Fällen nicht darauf an, dass die Zuhörer die vorgetragenen Gedanken dauerhaft behalten. **Prüfen Sie bei Überzeugungs- und Informationsvorträgen, inwieweit Sie Ihre Ausführungen durch visuelle Unterstützung beim Zuhörer vertiefen können.**

Größere Verständlichkeit und besseres Behalten sind nur zwei Vorteile der Visualisierung.
- Oft ist es auch wesentlich einfacher komplizierte Zusammenhänge bildhaft oder schriftlich darzustellen. Das kann auch zu einer Verkürzung des Redeaufwands beitragen.

11.1 Visuelle Hilfen haben viele Vorteile

Der Mensch behält etwa:

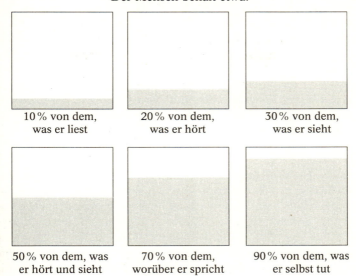

- Bei längeren Ausführungen ist für die Zuhörer der berühmte „rote Faden" nicht immer zu erkennen. Durch die Visualisierung der Gliederung während des gesamten Vortrags kann sich das Publikum jederzeit neu orientieren. Auch einem Nachzügler ist es noch möglich in einen bereits begonnenen Vortrag einzusteigen.
- In Diskussionen trägt die Visualisierung zur Versachlichung bei, weil Argument und Person durch die schriftliche Darstellung getrennt werden.
- Durch visuelle Unterstützung wichtiger Gedanken können Sie die Aufmerksamkeit des Publikums sicherstellen oder wieder zurückgewinnen, wenn diese nachlässt. Je nach Art der Visualisierung (Karikatur) kann diese auch zur Auflockerung beitragen.
- Nicht jeder ausgesprochene Gedanke hat die gleiche Bedeutung. Durch die Visualisierung können Sie das Wesentliche Ihres Vortrags herausstellen und untermauern.

Bei so vielen Vorteilen darf ein Nachteil nicht verschwiegen werden. **Wenn ein Gedanke visualisiert wird, misst ihm das Publikum ein** größeres Gewicht bei als wenn er nur ausgesprochen wird. Diese Beobachtung kann fast in jedem Vortrag gemacht werden: Zuhörer, die sich Notizen machen schreiben in erster Linie das auf, was visuell unterstützt wurde. Deshalb muss jeder Redner genau prüfen, welche Gedanken er visualisieren möchte.

Auch wenn nach einem Vortrag eine Aussprache stattfindet, werden immer häufiger Visualisierungsinstrumente benutzt. So kann z. B. ein Redner seine Zuhörer auffordern, Fragen auf Kärtchen und Pinnwänden zu sammeln, damit er sie in der späteren Diskussion beantworten kann. (vgl. Seite 183).

Nicht übertreiben

Leider gibt es Redner, die mit riesigen Folienstapeln oder voll beschriebenen Flipchartblöcken anreisen. 30 Folien in einem Kurzvortrag von wenigen Minuten kann niemand mehr nachvollziehen. Aus dem Vortrag wird dann lediglich eine Kommentierung des vorbereiteten Materials. Die Zuhörer werden überfordert und die Vorteile der Visualisierung gehen wieder verloren. **Die Hilfsmittel sollen das gesprochene Wort unterstützen, aber nicht verdrängen.** Prüfen Sie genau, welche Gedanken es wert sind, visualisiert zu werden oder wo das sogar zwingend erforderlich ist. Das können Schlüsselbegriffe sein, die Gliederung oder auch die Einleitung und der Schluss.

Medien beherrschen

Prüfen Sie auch, welche Medien zur Verfügung stehen und ob sich diese für das Thema und den Zuhörerkreis eignen. Wie das folgende Beispiel zeigt, muss das Publikum auch reif sein für ein bestimmtes Medium. Eine Kollegin des Autors hat in einer Kleinstadt vor Vertretern der Gemeinde und der örtlichen Wirtschaft zum Thema „Stadtentwicklung" referiert. Sie hat ihre Kerngedanken sowie die wichtigsten Beiträge der späteren Diskussion mit Kärtchen auf einer Pinnwand festgehalten. Am nächsten Tag konnte in der lokalen Presse nachgelesen werden, dass die Teilnehmer sich gewundert hätten, dass eine Professorin mit „Spielmaterial aus der Vorschule" gearbeitet hätte.

Machen Sie sich rechtzeitig mit Ihren Hilfsmitteln vertraut. Der Redner, der aufgeregt nach dem Einschaltknopf des Projektors sucht, überzeugt nicht. Falls beim Projektor die Birne ausfällt, müssen Sie wissen, wie Sie auf die Reservebirne umschalten können. Liegt bei der Tafel Kreide? Schreiben die Filzstifte noch, die am Flipchart liegen?

Prüfen Sie auch den Standort Ihrer Hilfsmittel. Können alle Anwesenden auf die Leinwand, das Flipchart oder die Pinnwände sehen?

11.2 Tafel, Flipchart, Pinnwand

Aus der Schulzeit kennen wir alle noch die grünen (ganz früher schwarzen) Kreidetafeln. Sie werden heute in Konferenz- und Seminarräumen zunehmend durch weiße, kunststoffbeschichtete Tafeln ersetzt, die mit speziellen Farbstiften beschrieben werden. Eine zeitgemäße Weiterentwicklung der Schreibtafel ist das Flipchart. Das Flipchart ist ein Ständer, auf dem Papierblöcke im DIN-A0-Format befestigt sind.

Tafel oder Flipchart zählen heute zur Mindestausstattung an visuellen Hilfsmitteln. **Selbst wenn Sie Ihren Vortrag ohne visuelle Unterstützung planen, sollten Sie dafür sorgen, dass mindestens eine Möglichkeit vorhanden ist um etwas anzuschreiben.** Sie werden dafür dankbar sein, wenn Sie während des Vortrags nach der Schreibweise eines Namens, eines Fremdworts oder Fachbegriffs gefragt werden.

Soweit Sie über die einzusetzenden visuellen Hilfsmittel selbst entscheiden können, empfehle ich das Flipchart. Es hat gegenüber der Schreibtafel mehrere Vorteile:

- Größere Sauberkeit und bessere Lesbarkeit.
- Größere Mobilität im Raum.
- Aufzeichnungen früherer Vortragsphasen können vorübergehend weggeklappt und bei Bedarf wieder zurückgeholt werden.
- Größere Niederschriften (z. B. Tabellen, Zeichnungen, eine Gliederung) können vor dem Vortrag vorbereitet und zunächst verdeckt gehalten werden. Damit bleibt der Überraschungseffekt gewahrt und eine zwischenzeitliche Ablenkung des Publikums wird verhindert.
- Aufzeichnungen können bei Bedarf aufbewahrt und bei späteren Anlässen erneut verwendet werden.

Tafel und Flipchart richtig einsetzen

Tafel und Flipchart haben den wesentlichen Nachteil, dass der Redner beim Anschreiben den Zuhörern den Rücken zuwendet. Die folgenden Empfehlungen helfen Ihnen diesen Nachteil zumindest teilweise zu überwinden:
- Versuchen Sie sich beim Anschreiben so zu stellen, dass die Schreibfläche nicht völlig verdeckt wird.
- Drehen Sie sich öfters einmal um und stellen den Blickkontakt zum Publikum wieder her.
- Sprechen Sie den anzuschreibenden Text laut mit oder sprechen Sie den Text vorher aus und schreiben ihn dann ohne zu sprechen an.
- Sprechen Sie während Sie anschreiben auf keinen Fall weiter, denn die Zuhörer können sich nicht gleichzeitig auf unterschiedliche gesprochene und geschriebene Aussagen konzentrieren.
- Begrenzen Sie die Niederschrift auf wesentliche Aussagen; wenn Sie „alles" anschreiben, können die Zuhörer nicht mehr zwischen wichtigen und weniger wichtigen Gedanken unterscheiden.
- Verwenden Sie Symbole und Abkürzungen, falls diese dem Publikum bekannt sind.
- Beim Flipchart besteht die Möglichkeit Blätter mit wichtigen Aussagen dauerhaft sichtbar zu halten, indem diese an seitlich ausklappbaren Stäben oder an der Wand befestigt werden.

Vorbereitete Niederschriften müssen kommentiert werden. Gegen diese Regel verstoßen viele Redner. Eine voll beschriebene Flipchartseite wird aufgeklappt und die Zuhörer werden vom Inhalt „erschlagen". Auch ein Vorlesen der Aufzeichnungen ist zu wenig. **Nur ein Kommentar jedes einzelnen Punkts stellt sicher, dass die Zuhörer die verschiedenen Gedanken richtig verstehen und sich einprägen.** Schreiben Sie niemals falsche Zahlen oder Behauptungen an, denn diese könnten sich einprägen oder vom Publikum irrtümlich abgeschrieben werden.

Haft- und Stecktafeln

Eine weitere Tafelvariante sind Haft- und Stecktafeln (Pinnwände). Je nach Art der Tafel werden Kärtchen oder Blätter mit Magneten, Nadeln oder Kleber befestigt. Sie eignen sich zum An-

bringen von vorbereitetem Material und für das Entwickeln von Gedanken während eines Vortrags. Sie kommen vor allem bei Vorträgen vor kleineren Gruppen zum Einsatz. Bei den Stecktafeln dominieren inzwischen die aus der Moderationsmethode übernommenen Pinnwände. Einzelheiten zum Ablauf der Moderationsmethode sind auf Seite 188 ausführlicher dargestellt. Die zugehörigen Materialien sind:
- Packpapier,
- Kärtchen unterschiedlicher Größe, Farbe und Form,
- Nadeln und Klebestifte,
- Filzstifte unterschiedlicher Farbe und Stärke.

Über das Anheften eigener Materialien (Gliederung, Schlagworte, Spontanideen während des Vortrags) hinaus bietet die Pinnwand die Möglichkeit die Teilnehmer zu aktivieren (Abfragen durch Zuruf, Kartenabfragen, Punktabfragen/Gewichten). Solche Aktivitäten können zu Beginn eines Vortrags und vor allem in einer an den Vortrag anschließenden Diskussion eingesetzt werden. Beim Beschriften der Kärtchen sollten folgende Regeln beachtet werden:
- Verwenden Sie Groß- und Kleinbuchstaben.
- Schreiben Sie jeden neuen Gedanken auf ein eigenes Kärtchen; nur so können Sie die Kärtchen umsortieren.
- Verwenden Sie je Kärtchen nur wenige Stichworte; schreiben Sie keine ganzen Sätze auf.
- Schreiben Sie groß genug (höchstens drei Zeilen pro Kärtchen).

11.3 Tageslichtprojektor

Im Gegensatz zu Tafel und Flipchart hat der Tageslichtprojektor (Overheadprojektor, Arbeitsprojektor) den Vorteil, dass der Redner den Zuhörern beim Beschreiben und Kommentieren der Folien nicht den Rücken zukehren muss. Außerdem kann der Tageslichtprojektor auch bei einem großen Zuhörerkreis eingesetzt werden, unter der Voraussetzung, dass eine ausreichend große Leinwand vorhanden ist und der Projektor über eine starke Lichtquelle verfügt. Wie der Name schon sagt, kann der Tageslichtprojektor verwendet werden, ohne dass der Raum verdunkelt werden muss. Leider werden sowohl bei der Vorbereitung als auch beim Einsatz von Folien viele Fehler gemacht.

11. Ein Bild sagt mehr als tausend Worte

Foliengestaltung

Haben Sie nicht auch schon die Folie in winziger Schrift erlebt? Wer einen gedruckten Text unverändert kopiert, der tut zu wenig. Eine Folie wird nur dann ihren Zweck erfüllen, wenn sie für die Zuhörer ohne Probleme lesbar ist.

Bei den Folien gibt es die am Projektor montierten Rollenfolien und Einzelfolien. Achten Sie darauf, dass bei Rollenfolien noch genügend Reserve vorhanden ist oder besser, nehmen Sie zur Sicherheit immer einige leere Einzelfolien mit. Einzelfolien gibt es in verschiedenen Stärken. Wenn die Folien mit dem Drucker oder Kopiergerät erstellt werden, dann dürfen nur spezielle Kopierfolien verwendet werden.

Auch beim Folieneinsatz gilt es wie beim Flipchart genau auszuwählen, was visualisiert werden soll. Mit acht bis zehn Folien haben Sie bei einem halbstündigen Vortrag sicherlich die Obergrenze erreicht. Andernfalls bleibt nicht genügend Zeit für eine ausreichende Kommentierung.

- Behandeln Sie je Folie immer nur ein Thema.
- Sorgen Sie für Abwechslung, indem Sie Text- und Bildfolien verwenden.
- Um die Lesbarkeit sicherzustellen, sollten bei Textfolien je Folie höchsten acht Zeilen verwendet werden.
- Schreiben Sie in Druckschrift und verwenden Sie Groß- und Kleinbuchstaben. Großbuchstaben bis zu 12 Millimeter Höhe sind bis etwa acht Meter Abstand noch zu erkennen.
- Vergewissern Sie sich vor dem Einsatz, ob die Folien auch von der letzten Zuhörerreihe aus noch lesbar sind.
- Gliedern Sie die Folien durch Nummerierung, Spiegelstriche, Leerzeilen oder unterschiedliche Schriftgrößen.
- Nehmen Sie nur Schlagworte auf und keine vollständigen Texte. Ausnahme: Zitate und Definitionen.
- Sorgen Sie für Abwechslung durch unterschiedliche Farben. Auch Überschriften können durch unterschiedliche Farben hervorgehoben werden.
- Vermeiden Sie gelbe und andere helle Farben.

Für Bildfolien gibt es im Handel und in Fachverlagen zahlreiche

Vorlagen. Prüfen Sie bei selbst erstellten Bildfolien, ob Sie das Bild nur teilweise vorbereiten und entscheidende Elemente erst beim Vortrag hinzufügen (z. B. die Pfeile bei einem Organigramm). Wenn die Ursprungsdarstellung mehrfach verwendet werden soll, dann können Bildergänzungen auf eine darüberliegende Blankofolie angebracht werden. Sorgen Sie für Abwechslung und lockern Sie auch einen Sachvortrag einmal durch eine Karikatur auf.

Folien- und Projektoreinsatz

Zwei Fehler kommen beim Projektoreinsatz besonders häufig vor: Die Projektion wird verdeckt, weil der Redner zwischen Projektor und Leinwand steht und der Redner kommentiert gegen die Leinwand statt zu seinen Zuhörern. Gerade die Möglichkeit den Blickkontakt zu den Zuhörern beizubehalten ist jedoch ein Hauptvorteil des Projektors gegenüber der Tafel und dem Flipchart.

Schalten Sie den Projektor erst ein, wenn er benötigt wird. Leider gibt es Redner, die schalten das Gerät mit dem Betreten des Vortragsraums ein und vergessen nach eineinhalb Stunden Vortrag dann auch noch es wieder auszuschalten. Dabei ist die Energieverschwendung das kleinste Problem. Entscheidend ist, dass das Publikum durch eine abgehandelte Folie, die nicht mehr gebraucht wird, ebenso gestört wird wie durch eine leere, beleuchtete Leinwand. **Verhindern Sie solche Ablenkungen, indem Sie den Projektor ausschalten, wenn er längere Zeit nicht benötigt wird**. Wenn Sie vorher produzierte Folien einsetzen, dann legen Sie zunächst die Folie auf und schalten dann den Projektor ein. Lassen Sie den Projektor jedoch dann eingeschaltet, wenn Sie unmittelbar von einer Folie zur nächsten wechseln. Bauen Sie beim Publikum Spannung auf, indem Sie Folien ankündigen.

Wie vorbereitete Flipchartblätter oder Tafelanschriebe müssen auch vorbereitete Folien kommentiert werden. Ein reines Vorlesen der Folie ist zu wenig und geht auch für die meisten Zuhörer zu schnell. Denken Sie daran, dass manche Zuhörer den Folientext abschreiben möchten. Prüfen Sie bei Bildfolien oder größeren Textfolien, ob Sie den Zuhörern den Folieninhalt nicht in gedruckter Form aushändigen können.

Wichtige Aussagen einer Textfolie oder die gerade kommentierte Stelle in einer Bildfolie können durch einen aufgelegten Bleistift hervorgehoben werden. Die Meinungen gehen auseinander, ob eine Textfolie ganz oder nur zeilenweise aufgedeckt werden soll. Gegen eine Abdeckung eines Teils spricht, dass sich die Zuhörer nur dann eine Überblick verschaffen können, wenn sie sofort alles sehen. Wenn Sie aber eine mehrzeilige Liste sofort ganz aufdecken, dann besteht die Gefahr, dass die Zuhörer diese von oben nach unten durchlesen und nicht mehr Ihre Kommentare zu den einzelnen Zeilen hören. Wenn Sie dagegen die noch nicht gebrauchten Zeilen abdecken, dann lenken Sie den Blick und die Aufmerksamkeit der Zuhörer auf die zu diesem Zeitpunkt aktuelle Zeile.

11.4 Film- und Videoeinsatz, Diaprojektor

Für viele Themenbereiche können inzwischen fertige Video-Filme bezogen werden. **Film- und Video-Einsatz sollten während einer Überzeugungs- oder Gelegenheitsrede die Ausnahme sein**. Sie lenken zu stark ab. Denkbar ist ein Film zum Einstieg (Interesse wecken) bei Fachvorträgen, Präsentationen und Seminaren.

Ein erfolgreicher Filmeinsatz muss vorbereitet werden. Die folgenden Kontrollfragen helfen Ihnen dabei:
- Eignet sich der Film für die Zuhörergruppe?
- Bin ich mit dem Film und Begleitmaterial selbst ausreichend vertraut?
- Soll der Film ganz oder in Sequenzen gezeigt werden? (Diese Entscheidung ist teilnehmerabhängig zu treffen).
- Sind alle im Film vorkommenden Begriffe, Fachwörter bekannt?
- Ist eine Nacharbeit erforderlich?
- Welche Fragen werden von den Zuhörern voraussichtlich zum Film gestellt?
- Welche Fragen stellt der Redner an die Zuhörer?
- Steht die erforderliche Technik zur Verfügung?
- Wer sorgt für die Vorbereitung der Technik?
- Bin ich mit der Technik ausreichend vertraut?

Je länger ein Film ist, desto notwendiger ist die Bildung von Sequenzen. Zu lange Filmpassagen ermüden und das Interesse für den weiteren Vortrag geht verloren.

Wenn ein Vortrag als Lichtbildvortrag angekündigt wird, dann handelt es sich in der Regel um eine **Diaprojektion**. Ein typischer Anwendungsfall sind Reiseberichte, bei denen der größte Teil des Vortrags visuell unterstützt wird. Wenn dagegen nur einzelne Aussagen eines Vortrags visualisiert werden sollen, werden Dias nur noch selten eingesetzt. Sie eignen sich vor allem, wenn eine hohe Bildqualität gefragt ist (z. B. bei Produktdarstellungen). Ein Nachteil der Diaprojektion ist die erforderliche Verdunkelung des Vortragsraums.

Die Wirkung von Dias hängt weitgehend davon ab, wie gut Sie Wort und Bild miteinander koordinieren. Wenn Sie das Gerät nicht selbst per Fernsteuerung bedienen, dann vereinbaren Sie mit Ihrem Helfer ein eindeutiges Signal für den Bildabruf. Wie der Overheadprojektor sollte auch der Diaprojektor ausgeschaltet werden, wenn längere Zeit kein Bild gezeigt wird.

11.5 Sonstige Hilfsmittel

Der Erfolg eines Redners kann vom äußeren Rahmen und der Nutzung technischer Hilfsmittel beeinflusst werden. Wenn Sie vor einem größeren Publikum sprechen müssen, wird die normale Lautstärke nicht mehr ausreichen und Sie müssen ein **Mikrofon** benutzen. Es kann auch sein, dass Sie einer von mehreren Rednern sind und ein Pult mit fest installiertem Mikrofon bereits vorhanden ist.

Soweit Sie auf die Auswahl des Mikrofons Einfluss nehmen können, empfehle ich drahtlose Geräte zum Anstecken oder Umhängen. Damit sind Sie mobil und können den üblichen Redeplatz zeitweise verlassen, um z. B. zu den eingesetzten Hilfsmitteln (Tafel, Flipchart, Pinnwand) zu gehen. Bei fest installierten Mikrofonen müssen Sie auf den richtigen Abstand zwischen Mikrofon und Mund achten. Er sollte etwa 50 cm betragen und während des Vortrags weitgehend beibehalten werden. Zu enger oder zu weiter Abstand führt zu starken Schwankungen der Lautstärke. Bei einem sehr breiten Auditorium benötigen Sie zwei Mikrofone, die rechts und links vor Ihnen angebracht sind. Damit können Sie auch zu den seitlich sitzenden Zuhörern Blickkontakt halten, ohne dass es zu Schwankungen in der Lautstärke kommt. Achten Sie darauf, dass die Frequenz ihrer

Stimmlage entspricht. Weibliche Abgeordnete haben im Bundestag gefordert, dass die Mikrofone für die Frauen etwas dunkler gestellt werden (Schlüter, S. 49).

Machen Sie sich vor dem Eintreffen der Zuhörer durch kurze Sprechproben mit dem Mikrofon vertraut, damit es nicht zu den allseits bekannten Ritualen kommt. Das Publikum glaubt Ihnen, dass Sie die ersten Zahlen auswendig aufsagen können. Auch mehrfache Klopf- und Blasübungen als Tonprobe sind nicht gefragt. Die hektische Suche nach dem Einschaltknopf kann zu einer zusätzlichen Quelle für Lampenfieber werden. Berücksichtigen Sie bei der Mikrofonprobe, dass die Akustik bei leeren Vortragsräumen etwas abweicht.

Frei sprechen haben wir definiert als frei formulieren, anhand vorbereiteter Stichworte. In einem zweiten Sinne kann damit auch gemeint sein, frei vor den Zuhörern sprechen, also ohne sich hinter einem trennenden Tisch oder Pult zu verstecken. **Ein Redner, der frei von seinen Zuhörern steht, vermittelt dem Zuhörer den Eindruck, dass er sich seiner Sache sicher ist.** Wenn ein Pult oder Tisch nicht zu vermeiden sind, dann achten Sie zumindest darauf, dass Ihr Oberkörper darüber hinausragt. Wer sich völlig hinter dem Pult versteckt, verschenkt die gesamten körpersprachlichen Wirkungsmöglichkeiten.

Auf den Punkt gebracht:

- Erhöhen Sie die Verständlichkeit Ihrer Vorträge durch den Einsatz von Hilfsmitteln.
- Der Mensch behält mehr, wenn er eine Information gleichzeitig hören und sehen kann.
- Halten Sie Maß, visuelle Hilfsmittel sollen das gesprochene Wort unterstützen, aber nicht verdrängen.
- Machen Sie sich rechtzeitig mit den Hilfsmitteln vertraut.
- Achten Sie bei Tafel, Flipchart und Folien auf eine ausreichende Schriftgröße.
- Behandeln Sie beim Folieneinsatz nur ein Thema pro Folie.
- Schalten Sie den Overheadprojektor aus, wenn er längere Zeit nicht gebraucht wird.
- Kommentieren (nicht nur vorlesen) Sie alle vorbereiteten Folien oder Niederschriften.

> Ein Podium ist eine unbarmherzige Sache.
> Da steht der Mensch nackter als im Sonnenbad.
> (Tucholsky)

12. Ein bisschen Spannung gehört dazu

Die folgende Geschichte wird in unterschiedlichen Versionen erzählt, aber sie läuft immer auf dieselbe Pointe hinaus: Der junge Pfarrer muss vor der vollzähligen Gemeinde seine erste Predigt halten. Er beginnt wie folgt: *„Liebe Mitglieder der Christus-Gemeinde, als ich gestern meine Predigt zusammenstellte, da wussten nur der liebe Gott und ich, was ich heute sagen würde. Jetzt weiß es nur noch der liebe Gott."* Das Lampenfieber beim Reden zählt zu den Hauptängsten des Menschen. Mark Twain hat das einmal so ausgedrückt: *„Das menschliche Gehirn ist eine prima Sache. Es funktioniert von der Geburt bis zu dem Augenblick, in dem wir aufstehen und eine Rede halten wollen."*

In jedem Rhetorik-Buch und in den meisten Rhetorik-Seminaren wird verkündet, dass das Lampenfieber etwas ganz Normales sei. Auch Künstler sind nicht dagegen gefeit. Sammy Davis jr. wird der Ausspruch zugeschrieben: *„Ein Auftritt ohne Lampenfieber ist wie Liebe ohne Gefühl".* Solche Hinweise mögen zwar gut gemeint sein, aber wer mit Lampenfieber zu kämpfen hat, wird damit nicht zufrieden sein. Konkrete Hilfen sind gefragt, was im Ernstfall zu tun ist.

Wie kommt es zu Lampenfieber?

Ein Redner hat seinen Vortrag bestens vorbereitet. Er kennt sich in seinem Thema aus, er hat ein ausgezeichnetes Stichwortmanuskript erarbeitet, er hat den Vortrag zur Probe gehalten und die Bandaufzeichnung einem Kollegen vorgespielt, der begeistert war. Endlich ist es soweit. Die einführenden Worte werden gerade gesprochen und der Redner wartet darauf, zum Reden aufgefordert zu werden. Plötzlich werden die Hände feucht und der Schweiß bricht aus, das

12. Ein bisschen Spannung gehört dazu

Herz beginnt zu rasen und der Hals wird immer trockener. Im Kopf verspürt er nur noch eine große Leere und der Wunsch davonzulaufen wird immer größer.

Wir wollen dieses Horrorszenarium nicht weiterführen, sondern überlegen was hier geschehen ist. Unser Redner hatte plötzlich Angst zu versagen, ihm ist bewusst geworden, dass er für die nächsten 45 Minuten im Mittelpunkt steht. Das Reden vor Publikum ist für ihn keine alltägliche Situation. Die Aufmerksamkeit des Publikums ist alleine auf ihn gerichtet und er muss bestimmte Erwartungen erfüllen. Er hat vergessen, was er bieten kann und hat nur noch Schreckensbilder vor Augen:

- Bleibe ich auch nicht hängen?
- Blamiere ich mich nicht?
- Kann ich vor diesem Kreis bestehen?
- Kann ich die Erwartungen erfüllen?
- Reicht der Stoff für die vorgesehen Redezeit oder umgekehrt, werde ich rechtzeitig fertig?
- Mache ich mich nicht lächerlich?

Die Angstsituation führt zu einem Ausstoß von Adrenalin und Noradrenalin. Diese beiden Hormone werden in Sekundenbruchteilen in den Blutkreislauf geschickt und bewirken, dass sich der Körper auf Angriff oder Flucht einstellt. Die Reaktionsbereitschaft steigt und Energie wird freigesetzt. Leider bewirken diese Stresshormone noch etwas Anderes: Sie blockieren die Synapsen und damit unser Gedächtnis und das logische Denken. Synapsen sind die Verbindungsstellen zwischen den Nervenbahnen im menschlichen Gehirn. Wenn sie blockiert sind, können die einzelnen Gehirnzellen nicht mehr miteinander in Verbindung treten und das gespeicherte Wissen kann nicht mehr abgerufen werden.

Diese Fähigkeit, den Körper blitzschnell auf Hochleistung zu trimmen und gleichzeitig das Denken einzuschränken war vor vielen Jahrtausenden einmal das Rettungssystem unserer Vorfahren, das über Leben oder Tod entscheiden konnte. Diese Menschen lebten damals in Horden und haben sich gegenseitig geschützt. Wenn einer plötzlich allein einem wilden Tier oder einer feindlichen Horde gegenüberstand, dann kam es zu dem geschilderten Prozess. Es blieb keine Zeit mehr zum Nachdenken, sondern es musste ohne

12. Ein bisschen Spannung gehört dazu

Zeitverlust zwischen Angriff oder Flucht entschieden werden. Gleichgültig wie diese Entscheidung ausfiel, in beiden Fällen kam es zu einer körperlichen Aktion und die aufgebaute Energie wurde verbraucht.

Leider funktioniert dieses Programm heute nicht mehr. Wenn wir als Redner vor der vermeintlich feindlichen „Horde von Zuhörern" stehen, dann dürfen wir diese weder angreifen noch vor ihnen davonlaufen. Die körperliche Energie wird nicht mehr verbraucht, das Denken ist nach wie vor blockiert.

Eine weitere Ursache für Lampenfieber kann der Zuhörerkreis sein. Vor Jahren wollte ich einmal einen Schauspieler dafür gewinnen, bei einer Kinderparty in der Adventszeit als Nikolaus aufzutreten. Der Angesprochene hat meine Bitte mit der Begründung abgelehnt, dass ihn die strahlenden Kinderaugen viel zu nervös machen würden. Auf meine Frage, ob er denn Abend für Abend im Theater vor vollem Haus bei großen Rollen auch Lampenfieber habe, hat er geantwortet: *„Etwas Spannung verspüre ich immer, aber im Theater trete ich vor unbekannten Zuschauern auf, die ich außerdem im dunklen Parkett nur undeutlich sehe".* Die Teilnehmer im Rhetorik-Seminar haben sich unterschiedlich geäußert. Einigen fällt es leichter, vor Kollegen, Freunden oder Familienmitgliedern zu sprechen andere wiederum sagten, Bekannte dürften auf keine Fall dabei sein, vor Fremden sei es dagegen kein Problem zu sprechen.

Die Beachtung der Empfehlungen auf den nächsten Seiten trägt dazu bei, das Lampenfieber auf ein erträgliches Maß zu reduzieren. Das reicht aus, denn **etwas Spannung ist sogar erwünscht. Wer zu perfekt wirkt, findet keinen Anklang und erreicht nicht die notwendige Ausstrahlung.** Es gibt vier Ansatzpunkte um das Problem Lampenfieber zu meistern:
- Das Üben ohne konkreten Redeanlass,
- das Wissen um eine gute Vorbereitung,
- die Zeit unmittelbar vor dem Vortrag und
- das Verhalten während des Vortrags.

12. Ein bisschen Spannung gehört dazu

12.1 Üben bevor der Ernstfall eintritt

Das beste Mittel die Redeangst zu überwinden, ist das Reden selbst. Nur die tatsächliche Redeerfahrung vermittelt die Erkenntnis, dass dieses Problem zu meistern ist. Je häufiger Sie vor Gruppen sprechen, umso normaler empfinden Sie solche Auftritte. Die Angst sich zu blamieren nimmt von Übung zu Übung ebenso ab, wie das Bemühen um übertriebenen Perfektionismus. Auch beim Erlernen anderer Fähigkeiten war das Üben eine unerlässliche Voraussetzung. Wer Ski fahren lernen möchte, liest nicht nur ein Buch darüber oder verfolgt einige Fernsehübertragungen und kann dann Ski fahren, sondern er muss auf die Bretter und ungewollt auch manchmal in den Schnee. Beim Erwerb des Führerscheins folgte auf den theoretischen Unterricht eine vorgeschriebene Mindestzahl praktischer Fahrstunden, bevor es in die Prüfung ging.

Aus diesem Grund kann auch die Lektüre dieses oder anderer Rhetorikbücher niemals ausreichend sein. Sie muss durch Übungen ergänzt werden; die Regeln und Empfehlungen müssen praktisch umgesetzt werden. **Verschaffen Sie sich eine Grundsicherheit, indem Sie parallel mit der Lektüre des Buches die im Trainingsteil vorgeschlagenen Übungen durchführen. Versuchen Sie anschließend möglichst bald die erworbenen Fähigkeiten „im Ernstfall" umzusetzen.** Im Rhetorik-Seminar sind gelegentlich Teilnehmer aufgetaucht, die das Seminar Jahre zuvor schon einmal besucht hatten. Auf Nachfrage haben mir diese Wiederholer nahezu übereinstimmend erklärt, dass sie sich zwar beim ersten Mal unmittelbar nach Seminarabschluss ganz sicher gefühlt hätten, dass diese Sicherheit aber mangels Redegelegenheit wieder verloren gegangen sei. Machen Sie es besser. **Warten Sie nicht nur auf den Vortrag, der Ihnen zufällig übertragen wird**. Wenn sich in nächster Zeit weder beruflich noch privat ein Anlass zum Sprechen ergibt, dann müssen Sie sich eben selbst die notwendigen Gelegenheiten schaffen:

- Nutzen Sie alle Möglichkeiten im Betrieb, im Verein, in der Familie oder im Freundeskreis um kleine Reden zu halten. Das kann eine für alle interessante Information oder ein kurzes Statement zu einem aktuellen Problem sein.

12.1 Üben bevor der Ernstfall eintritt

- Nützen Sie die nächste Einladung. Warten Sie bis alle Gäste anwesend sind und begrüßen Sie diese mit einigen vorher überlegten Worten. Oder kündigen Sie das Essen mit ein paar humorigen Sätzen an. Oder informieren Sie die übrigen Gäste darüber, dass das Ehepaar Meier kurzfristig absagen musste. Erledigen Sie diese Pflichten aber immer im Stehen vor der Gruppe um der üblichen Redesituation so nahe wie möglich zu kommen. Im Sitzen haben wir doch alle keine Schwierigkeiten; Tischgespräche in dieser Form führen wir Tag für Tag. Überlegen Sie sich schon vorher eine Gliederung und vielleicht ein passendes Zitat oder eine kleine Anekdote.
- Ergreifen Sie bei Besprechungen häufiger das Wort. Schon an anderer Stelle haben wir gesagt, dass jeder Diskussionsbeitrag eine kleine Stegreifrede darstellt. Werfen Sie aber nicht nur einen „Wortfetzen" in die Debatte, sondern versuchen Sie Ihren Beitrag zu strukturieren. Verwenden Sie dabei die Fünf-Punkte-Formel oder eine andere Gliederungshilfe (vgl. Seite 59).
- Besuchen Sie öffentliche Veranstaltungen (z. B. Bürgerversammlungen, Wahlveranstaltungen) und ergreifen Sie das Wort. Sie gewöhnen sich auf diese Weise an die Atmosphäre solcher Veranstaltungen. Versuchen Sie auch hier Ihren Beitrag in geeigneter Weise zu gliedern.

Machen Sie sich bei all diesen Situationen bewusst, dass es sich um kleine Reden handelt, die Sie sogar ohne Manuskript gehalten haben. Sehen Sie das Positive an diesen Auftritten: Sie haben frei vor Publikum gesprochen. Stören Sie sich nicht daran, wenn einmal eine Formulierung etwas „holperig" ausgefallen ist. Mit der Erfahrung solcher Kurzübungen empfinden Sie den wirklichen Vortrag, den Sie irgendwann einmal halten müssen, als etwas Normales. Der Vortrag ist dann vielleicht länger, aber die Situation ist Ihnen nicht mehr völlig fremd.

Übung Nr. 30: Sicherheit aufbauen
Wer besonders stark mit Lampenfieber zu kämpfen hat, für den können auch die oben vorgeschlagenen Übungen in der Familie, im Freundeskreis oder mit Kollegen schon zu schwierig sein. In solchen Fällen müssen Sie sich stufenweise an die Redesituation herantasten:
- Entwerfen Sie zu einem Erlebnis, über das Sie Ihrer Familie oder guten Bekannten berichten wollen, ein Stichwortmanuskript. Üben Sie zunächst al-

12. Ein bisschen Spannung gehört dazu

leine mit Tonband- oder Videokontrolle ehe Sie den Vortrag vor der Familie oder den Bekannten halten.
- Führen Sie die Übung in derselben Weise durch und verwenden Sie anstelle des persönlichen Erlebnisses einen Kurzbericht aus der Tageszeitung.
- Üben Sie die Gästebegrüßung (vgl. oben) zunächst alleine, danach vor der Familie und vielleicht auch noch vor einem guten Freund.
- Erarbeiten Sie zu einem betrieblichen Thema ein kurzes Statement, das Sie nach dem Training im stillen Kämmerlein Ihren Mitarbeitern oder Kollegen vortragen.
- Steigern Sie den Umfang der vorstehenden Übungen von einer bis zu zehn Minuten.
- Bereiten Sie für angekündigte Besprechungen und Konferenzen zu einzelnen Tagesordnungspunkten kurze Beiträge vor. Verschaffen Sie sich auch hier zuvor die erforderliche Sicherheit durch Probevorträge auf Tonband oder vor der Familie oder Freunden.

Übungsziele: Sie überwinden die Redeangst, indem Sie sich das Wissen verschaffen, dass Sie den Vortrag schon in mehreren Situationen gehalten haben. Als Nebeneffekt lernen Sie die eigene Stimme besser kennen und erfahren, ob Sie deutlich genug sprechen. Sie erkennen sprachliche Nachlässigkeiten (Füllwörter, Wiederholungen bestimmter Wörter) und Sie können den Umgang mit dem Stichwortzettel üben. Soweit Sie mit Videokontrolle arbeiten, können Sie Ihre Gestik und Haltung überprüfen.

Entspannungsmethoden

Eine bewährte Hilfe, die Sie sich ebenfalls lange bevor der Ernstfall eintritt aneignen können, sind Entspannungsmethoden. Durch Lampenfieber entsteht Spannung, sodass es nahe liegend ist, durch Entspannung gegenzusteuern. Im Rhetorik-Seminar hat sich immer wieder bestätigt, dass Teilnehmer, die eine Entspannungstechnik beherrschen, deutlich weniger mit Lampenfieber zu kämpfen hatten als andere Teilnehmer. Am weitesten verbreitet sind das Autogene Training sowie die Progressive Muskelentspannung. Ein Einführungskurs umfasst im Allgemeinen nur acht Sitzungen und wird bei jeder Volkshochschule angeboten. Der Nutzen solcher Techniken geht weit über das hier angesprochene Lampenfieber hinaus, denn sie erleichtern Ihnen auch den Umgang mit dem alltäglichen Stress.

Nicht zu selbstkritisch sein

Noch eine wichtige Erkenntnis: **Sie erscheinen sicherer und sind rhetorisch viel besser, als Sie es subjektiv empfinden.** Diese Erfahrung haben auch viele Teilnehmer in den Rhetorik-Seminaren gemacht. Die meisten haben nach dem Abspielen der Videoaufzeichnungen festgestellt, dass das im Film Gesehene viel überzeugender wirkte, als sie es selbst während des Vortrags empfunden hatten. Versprecher, eine ungeschickte Formulierung, eine „vermeintlich" zu lange Pause wurden bei der Wiedergabe der Videoaufzeichnungen teilweise überhaupt nicht mehr wahrgenommen. Machen Sie sich diese Erkenntnis zu Eigen. **Der Redner ist sich selbst gegenüber im Allgemeinen wesentlich kritischer als es die Zuhörer sind.**

Vor einiger Zeit habe ich mit dem Verkaufsleiter eines größeren Unternehmens ein Einzeltraining durchgeführt. Obwohl er schon über eine langjährige Redeerfahrung verfügte, war er mit sich unzufrieden. Er hatte kurz zuvor auf einer Kundentagung einen Vortrag gehalten und hatte das Gefühl überhaupt nicht angekommen zu sein. Nun stand eine weitere wichtige Tagung bevor und er wollte sich überprüfen und „rhetorisch fit machen" lassen. Wir haben zunächst einen Videofilm analysiert, der bei der erwähnten Kundentagung aufgezeichnet worden war. Obwohl noch einige Kleinigkeiten zu verbessern waren, konnte ich schon mit dem Film die entscheidenden Zweifel ausräumen. Auf Nachfrage hat mir der Betreffende ausdrücklich bestätigt, dass der Gesamteindruck wesentlich besser war, als er es vom Vortrag in Erinnerung hatte. Danach haben wir ausgewählte Passagen des neuen Vortrags aufgenommen und bei der Analyse erneut festgestellt, dass der Vortrag beim Zuhörer (und das war der Redner beim Abspielen der Video-Aufzeichnung dann selbst) wesentlich besser ankommt als beim Redner während seines Auftritts.

Führen Sie ein solches Experiment einmal durch. Versuchen Sie eine Video-Aufzeichnung von sich selbst so zu sehen wie ein Zuhörer. Vermeiden Sie dabei den oben schon angesprochenen Fehler: **Legen Sie an sich selbst keinen höheren Maßstab an als an andere Redner.** Seien Sie beim eigenen Vortrag nicht zu pedantisch, sondern nehmen Sie das Maß an Toleranz, das Sie anderen zugestehen, auch für sich in Anspruch.

12.2 Eine gute Vorbereitung beruhigt

Nur wenige Reden werden Sie aus dem Stegreif halten müssen. In aller Regel wissen Sie rechtzeitig, dass Sie als Redner vorgesehen sind. Das gilt im beruflichen Bereich ebenso wie bei privaten Anlässen.

Übernehmen Sie einen Vortrag nur, wenn Sie sicher sind, dass genügend Vorbereitungszeit zur Verfügung steht. Nutzen Sie diese Zeitspanne für eine gründliche Vorbereitung, denn das Wissen um eine gute Vorbereitung vermittelt Sicherheit und reduziert die Redeangst. Manche Kollegen sind der Meinung, dass eine Stunde Vortrag etwa 60 Stunden Vorbereitungszeit von der Idee bis zur Durchführung verlangt. Ich meine, so pauschal lässt sich das nicht ausdrücken. Wer ein Thema bereits beherrscht kommt mit weniger Zeit aus. Nehmen Sie sich allerdings soviel Zeit, dass Sie möglichst mehr wissen, als Sie im Vortrag unterbringen können. Wer weiß, dass er sich in seinem Thema auskennt, der muss zwar auch die Anfangsspannung überwinden, aber er wird mit zunehmender Dauer des Vortrags immer sicherer. Das bestätigen auch die meisten Schauspieler. Sie kennen ihren Text (sie sind gut vorbereitet), aber sie müssen zunächst „zu ihrem Publikum finden". Nach den ersten Reaktionen des Publikums geht die Spannung zurück und die Freude am Spiel gewinnt die Oberhand.

Nur wenn Sie rechtzeitig mit der Vorbereitung beginnen, haben Sie Zeit um die erste Ausarbeitung zwischenzeitlich ruhen zu lassen und gedanklich etwas Abstand zu gewinnen (vgl. Seite 8). Schließen Sie die Vorbereitungsarbeiten so früh ab, dass Sie am Vorabend (noch besser am Vortag) nicht mehr daran arbeiten müssen. Wenn Sie sich am Abend vor dem Redetag noch mit Ihrem Manuskript beschäftigen, dann nehmen Sie diese Gedanken mit in die Nacht und beeinträchtigen dadurch den Schlaf. Stellen Sie durch einen Kino- oder Theaterbesuch, ein Treffen mit Freunden, einen ausgedehnten Spaziergang oder andere Aktivitäten sicher, dass Sie sich nicht bis zuletzt mit dem Vortrag beschäftigen.

Halten Sie den Vortrag vor Freunden oder der Familie einmal zur Probe und lassen Sie sich kontrollieren. Fragen Sie nach, ob bestimmte Passagen (Formulierungen, Beispiele), die Sie selbst für schwierig halten, verstanden wurden. Erkundigen Sie sich, ob das

Redeziel deutlich geworden ist oder ob die Gliederung erkennbar war. Lassen Sie sich ausdrücklich bestätigen, dass die Bedenken, die Sie selbst noch hatten, nicht berechtigt waren.

Erarbeiten Sie ein zuverlässiges Stichwortmanuskript und überprüfen Sie beim Probevortrag, ob es seine Aufgabe wirklich erfüllt. Falls Sie Schwierigkeiten haben Ihre Schrift zu entziffern, dann schreiben Sie das Manuskript neu. Falls einzelne Stichworte missverständlich waren, dann suchen Sie nach besseren Formulierungen. Im Rhetorik-Seminar haben mir nahezu bei jedem Seminar einige Teilnehmer bestätigt, dass sie die Hinweise auf ein gut vorbereitetes Stichwortmanuskript zunächst unterschätzt hätten. Diese Einsicht kam allerdings erst, als es beim Vortrag Entzifferungsprobleme gab. Wenn keine wirklichen Zuhörer verfügbar sind, dann holen Sie sich die Bestätigung über eine gute Vorbereitung durch eine Tonbandkontrolle.

Sie werden feststellen, dass schon beim Probevortrag etwas Spannung aufkommt, obwohl es sich doch nur um ein paar Freunde handelt. Aber gerade diese Erfahrung hilft Ihnen später, denn in der Ernstsituation wissen Sie, dass Sie es trotz dieser Spannung schon einmal geschafft haben. Sie erfahren außerdem, dass Sie sich auf Ihr Stichwortmanuskript verlassen können.

12.3 Die letzte halbe Stunde vor dem Vortrag

Die letzte halbe Stunde unmittelbar vor einem Redeauftritt ist ganz besonders wichtig, denn in dieser Zeit werden viele unnötige Fehler gemacht. Sie haben alle schon den Redner erlebt, der wie ein Tiger im Käfig rastlos hin und her läuft. Oder Sie erinnern sich an den Referenten, der bis zur letzten Minute an seinem Manuskript arbeitet?

Es gibt bessere Möglichkeiten. **Denken Sie in der letzten halben Stunde nicht mehr an den Vortrag. Beschäftigen Sie sich mit anderen Dingen und lassen Sie den Vortrag „ruhen".**

Nutzen Sie die Zeit vor dem Vortrag um sich zusätzlich Sicherheit zu verschaffen:

- Überprüfen Sie, wenn möglich, noch vor dem Eintreffen der Zuhörer die Rahmenbedingungen, wie Mikrofon, Projektor, Be-

12. Ein bisschen Spannung gehört dazu

leuchtung oder Zahl der Sitzplätze. Stellen Sie sich vor, Sie sind gerade bei dem wichtigen ersten Satz und es tauchen noch ein paar verspätete Zuhörer auf, die vergeblich nach einem Platz suchen. Sie können zwar nicht alle Störungen ausschließen, aber Sie können dazu beitragen, dass diese nicht überhand nehmen.

- Machen Sie sich mit der vorhandenen Technik vertraut. Wo wird die Beleuchtung eingeschaltet? Wie kann das Mikrofon höher oder tiefer gestellt werden. Lassen Sie sich ggf. von demjenigen in die Technik einweisen, der sie aufgebaut hat. Wenn Sie sich vor der Veranstaltung um die Rahmenbedingungen kümmern, dann haben Sie einen doppelten Nutzen: Störungen während des Vortrags, die dort wiederum zu einer Steigerung der nervlichen Anspannung führen könnten, werden verhindert und Sie sind beschäftigt, sodass Sie sich nicht bis zum letzten Augenblick mit Ihrem Vortrag befassen können.
- Wenn es die Situation zulässt, dann sollten Sie sich vor Beginn Ihres Vortrags noch etwas Bewegung verschaffen. Einmal stramm „um den Block herum" löst die Spannung (das Adrenalin wird abgebaut) und versorgt Sie mit zusätzlichem Sauerstoff. Konzentrieren Sie sich dabei auf die Atmung, aber vermeiden Sie ins Manuskript zu sehen und vielleicht sogar einzelne Passagen noch auswendig zu lernen.
- Falls Sie keine andere Gelegenheit haben, dann sorgen Sie zumindest durch einen Gang zur Toilette für etwas Bewegung. „Erleichtern" Sie sich nicht nur durch eine leere Blase und einen leeren Darm, sondern machen Sie zusätzlich ein paar Kniebeugen oder Streckübungen. Überprüfen Sie durch einen Blick in den Spiegel auch Ihr Äußeres.
- Ändern Sie nicht kurzfristig Ihr Manuskript auf Grund eines plötzlichen Einfalls, denn diesen können Sie nicht mehr ausreichend nach allen Gesichtspunkten überprüfen. Nur eine Ausnahme ist zulässig: Wenn ein Vorredner etwas sagt, auf das Sie Bezug nehmen möchten, dann notieren Sie sich dazu ein Merkwort auf dem entsprechenden Stichwortzettel.
- Lenken Sie sich durch Gespräche mit Familienangehörigen oder Bekannten unter den Zuhörern ab. Auch damit schließen Sie die Gefahr aus, ständig an den Vortrag zu denken. Durch ein solches

Gespräch geben Sie gleichzeitig Ihrer Stimme eine Chance sich schon vor dem ersten Satz zu bewähren. Sorgen Sie dafür, dass Familienmitglieder oder Freunde in der ersten Reihe oder zumindest sehr weit vorne und für Sie gut sichtbar Platz nehmen. Es beruhigt, bekannte Personen in der Nähe zu haben.

- Wenn keine Bekannte unter den Zuhörern sein sollten, dann versuchen Sie noch vor dem Vortrag mit ein paar fremden Personen ein Gespräch zu führen. Ein kleiner „Small-Talk" genügt. Damit haben Sie die Möglichkeit später die ersten Blicke zu diesen Personen zu richten, mit denen bereits ein kleiner Kontakt bestand. Diese werden auf Grund des vorherigen Gesprächs freundlich reagieren, lächeln oder nicken, sodass die erste Publikumsreaktion immer positiv ausfällt.
- Bei den Gesprächen vor dem Vortrag können Sie über alles sprechen nur nicht über das Vortragsthema. Andernfalls laufen Sie Gefahr, dass durch ein solches Gespräch neue Ideen ausgelöst werden, die Sie in Ihrem Manuskript noch nicht berücksichtigt haben. Sie erinnern sich noch, die Gedanken kommen beim Sprechen (vgl. Seite 72).
- Wenn weder Bekannte anwesend sind noch Gelegenheit war Kontakte herzustellen dann suchen Sie sich für den ersten Blickkontakt im Publikum eine Person aus, die Ihnen spontan sympathisch erscheint. Natürlich gilt diese Empfehlung, zu den Freunden, Bekannten oder dem sympathischen Zuhörer zu sehen, nur für den Anfangsblickkontakt. Während der weiteren Ausführungen muss der Blick schweifen, damit alle Zuhörer das Gefühl bekommen in den Blick einbezogen zu sein.
- Denken Sie, bevor Sie zum Reden aufgerufen werden, nochmals an Ihr Äußeres. Der Blick in den Spiegel wurde bereits erwähnt. Knöpfen Sie rechtzeitig die Jacke zu oder ziehen Sie die Hosen hoch oder streichen Sie den Rock glatt. Verschaffen Sie sich auch damit nochmals das Gefühl: *„Mein Äußeres stimmt."* Außerdem würde es schlecht aussehen, wenn solche Kleinigkeiten erst vor den Zuhörern erledigt werden.

12. Ein bisschen Spannung gehört dazu

Wie sieht es mit Alkohol aus?

Wer es nach der Devise versucht, *„Ich bringe den Vortrag nicht raus, ehe zehn Klare drin sind"*, der hat sicherlich den falschen Weg gewählt. Es soll ihm schließlich nicht wie jenem jungen Pfarrer gehen, der seine erste Predigt hielt und wusste, dass auch der Bischof und andere kirchliche und weltliche Prominente anwesend waren. Die Beruhigungsschlückchen dürften wohl etwas zu kräftig ausgefallen sein, denn nach Schluss des Gottesdienstes gratulierte ihm der Bischof zu der großartigen Predigt, bei der allerdings noch einige Kleinigkeiten zu ändern wären: *„Erstens hat Kain seinen Bruder Abel nicht in den Hintern getreten, sondern erschlagen, zweitens wurde Jesus nicht auf dem Großglockner, sondern auf Golgatha gekreuzigt und drittens heißt es am Ende der Predigt nicht ‚prost‘, sondern ‚amen‘."*

Auch wer weiß, dass er ein Schnäpschen oder ein Gläschen Sekt verträgt, sollte darauf verzichten. Das gilt auch für andere Beruhigungs- oder Aufputschmittel. Stellen Sie sich vor, Sie müssen eines Tages unvorbereitet eine kleine Rede halten und die gewohnte Pille wäre nicht vorhanden. Falls Sie vor dem Vortrag noch etwas essen, dann nur wenig und leichte Kost. Ein voller Magen macht müde.

12.4 Das Verhalten während des Vortrags

Auch im Vortrag selbst können Sie durch eigenes Verhalten weitgehend dazu beitragen, dass sich die innere Spannung in Grenzen hält.

- Vertrauen Sie auf Ihre gute Vorbereitung; schließlich steht alles, was Sie sagen wollen, genau geordnet auf Ihren Stichwortkärtchen. Machen Sie sich auch bewusst, dass Sie viel mehr wissen als Ihre Zuhörer. Diese kommen doch, um etwas zu erfahren. Sie selbst mussten dagegen bei der Vorbereitung sogar einige Gedanken wegstreichen.
- Glauben Sie an Ihre Fähigkeiten, Sie haben auch schon andere schwierige Situationen gemeistert. Erinnern Sie sich bewusst an schwierige Situationen (z. B. Prüfungen), die Sie erfolgreich bestanden haben.

12.4 Das Verhalten während des Vortrags

- Denken Sie umgekehrt nicht an frühere Erlebnisse, bei denen vielleicht etwas schief gegangen ist (z. B. ein Gedicht, das in der Schule schlecht vorgetragen wurde). Denken Sie auch nicht ständig daran, dass etwas schief gehen könnte (z. B. eine schwierige Passage im Manuskript, störende Zwischenrufe, Versagen der Technik). Verdrängen Sie solche Gedanken, falls sie aufkommen sollten, indem Sie sich wieder an Ihre gute Vorbereitung erinnern.
- Bewerten Sie Kleinigkeiten nicht zu hoch, z. B. ein Versprecher oder eine ungeschickte Formulierung. Lassen Sie auch einmal einen Satz unvollendet, die meisten Zuhörer merken es nicht.
- Sprechen Sie am Anfang bewusst langsam. Machen Sie ausreichend Sprechpausen und demonstrieren Sie damit sich selbst und dem Publikum Ruhe und Ausgeglichenheit.
- Behalten Sie Ihr Konzept bei und lassen Sie sich nicht durch einen Spontaneinfall oder einen Zwischenruf davon abbringen. Wenn sich ein Zwischenruf auf einen Aspekt bezieht, den Sie noch ansprechen werden, dann stellen Sie ihn bis dahin zurück oder nutzen die anderen Methoden zum Umgang mit Zwischenrufen (vgl. Seite 171).
- Halten Sie einen Stichwortzettel für „Notsituationen" bereit. Ein solches Stichwortkärtchen enthält die wichtigsten Hilfen (Notausgänge) um mit Störungen umzugehen. Auch das Wissen um einen solchen „Notstichwortzettel" beruhigt, sodass Sie ihn wahrscheinlich nie benötigen werden. Einzelheiten dazu finden Sie auf Seite 169.

Denken Sie positiv

Martin Luther hat in der Sprache seiner Zeit einmal gesagt: *„Aus einem traurigen Arsch kam noch nie ein freudiger Furz!"* Diese Erkenntnis trifft noch immer zu, auch wenn wir sie heute etwas weniger „deftig" ausdrücken würden. Er geht darum, dass sich der Redner um eine positive Einstellung zum Thema und zur Redesituation bemühen muss. Das gilt auch dann, wenn Ihnen einmal im Betrieb oder im Verein ein Vortrag „auf die Nase gedrückt wurde". Die Zuhörer können nichts dafür, dass Sie den Vortrag gegen Ihren Willen halten müssen. **Nur wenn Sie dem Auditorium mit einem freund-**

12. Ein bisschen Spannung gehört dazu

lichen Gesichtsausdruck gegenübertreten, können Sie mit entsprechenden Reaktionen rechnen.

Nicht zu früh mit dem Sprechen beginnen

Lassen Sie, bevor Sie mit dem Sprechen beginnen, zunächst den Blick über das Auditorium schweifen. Nutzen Sie diese Gelegenheit, um noch einige Mal tief durchzuatmen. Mit dem Blick in die Runde geben Sie den Zuhörern eine Chance sich zurechtzusetzen. Manch einer muss noch seine Tasche verstauen, das Gespräch mit dem Nachbarn beenden oder er sucht auch nur nach einem Block und Stift. Es wäre schade, wenn Sie zu früh beginnen und Ihren wohl überlegten Einführungssatz aussprechen, bevor Ihnen das Publikum seine volle Aufmerksamkeit zuwendet.

Werden Sie nicht nervös, wenn auch nach dem ersten Blickkontakt im Publikum noch Unruhe herrscht. Kein Redner kann erwarten, dass alle Anwesenden mit höchster Spannung auf den Vortragsbeginn warten. Blicken Sie in die Runde und setzen Sie die „Macht des Schweigens" ein. Der stumme Blick zu den Zuhörern ist wirkungsvoller als ironische Bemerkungen oder eine autoritäre Aufforderung. Es geht darum, für Ruhe zu sorgen ohne gleichzeitig die Zuhörer vor den Kopf zu stoßen.

Auf den Punkt gebracht:
- Das beste Mittel die Redeangst zu überwinden, ist das Reden selbst.
- Die Lektüre eines Rhetorikbuches reicht nicht aus; die Regeln müssen praktisch umgesetzt werden.
- Wenn sich in nächster Zeit kein Anlass zum Reden ergibt, dann schaffen Sie sich selbst die notwendigen Gelegenheiten im Betrieb, im Verein, in der Familie oder im Freundeskreis.
- Erlernen Sie eine Entspannungsmethode (Muskelentspannung, Autogenes Training, Meditation).
- Sie sind rhetorisch viel besser und sicherer, als Sie es subjektiv empfinden.
- Das Wissen um eine gute Vorbereitung vermittelt Sicherheit und reduziert die Redeangst.
- Übernehmen Sie einen Vortrag nur, wenn Sie genügend Zeit zur Vorbereitung haben.
- Arbeiten Sie am Vorabend (Vortrag) nicht mehr am Manuskript.

12.4 Das Verhalten während des Vortrags

- Erarbeiten Sie ein zuverlässiges Stichwortmanuskript und überprüfen Sie sich bei einem Probevortrag.
- Beschäftigen Sie sich in der letzten halben Stunde vor dem Vortrag nicht mehr damit. Ändern Sie nicht kurzfristig Ihr Manuskript auf Grund eines plötzlichen Einfalls.
- Machen Sie sich vor Beginn Ihres Vortrags mit der Technik und dem Umfeld vertraut.
- Suchen Sie sich vor dem Vortrag einen „sympathischen" Ansprechpartner für den ersten Blickkontakt.
- Verzichten Sie auf alkoholische oder andere Beruhigungsmittel.
- Bereiten Sie sich einen Stichwortzettel für Notsituationen vor.
- Gehen Sie mit einer positiven Einstellung in den Vortrag.
- Lassen Sie, bevor Sie mit dem Sprechen beginnen, den Blick nochmals über das Auditorium schweifen.

> Denn der Mensch als Kreatur,
> hat von Rücksicht keine Spur.
> (Wilhelm Busch)

13. Mit Störungen umgehen

Eng mit dem Lampenfieber zusammen hängt die Befürchtung mancher Redner, hängen zu bleiben. Insbesondere der unerfahrene Redner sieht diese Gefahr als besonders groß an. Bei manchen sind es unangenehme Erinnerungen an die Schulzeit, als man das Gedicht am Vortag mehrfach aufsagen konnte, und beim Vortragen am nächsten Tag war der Faden dann gerissen. Auch manche Prüfungserlebnisse sahen ähnlich aus: Beim Betreten des Prüfungsraumes war das Wissen noch vorhanden, als dann die Fragen gestellt wurden, war alles wie ausgelöscht. Nicht immer sind es frühere Negativerfahrungen; oft wird einfach die Angst, hängen zu bleiben überbewertet. Es kommt zur so genannten selbsterfüllenden Prophezeiung: Der Redner fürchtet sich, hängen zu bleiben, dadurch steigt das Lampenfieber und es kommt als Folge wirklich zum Hänger.

Das Hängenbleiben ist nicht die einzige Störungsursache. Auch Zwischenfragen vom Publikum oder unruhige und desinteressierte Zuhörer können für manchen Redner zum Problem werden. Das klingelnde Handy stört ebenso wie in der Oper oder im Gottesdienst auch beim Vortrag. **Gegen Störungen kann sich trotz bester Vorbereitung kein Redner völlig absichern. Umso wichtiger ist es, richtig damit umzugehen.**

13.1 Hilfen, wenn Sie hängen bleiben

Aus Angst vor dem Hängenbleiben verzichtet mancher Redner gegen besseres Wissen auf das Reden nach Stichworten. Statt dessen wird ein voll ausgearbeitetes Manuskript „verlesen" und damit auf alle Vorteile des freien Redens verzichtet.

13. Mit Störungen umgehen

Auch der erfahrenste Redner ist gegen einen Aussetzer nicht absolut sicher. Gestern wurde der Vortrag zur Probe gehalten und es gab keinerlei Probleme; jetzt, in der Ernstsituation, weiß der Redner mit dem nächsten Stichwort nichts mehr anzufangen. Die plötzliche Pause und die damit verbundene Stille werden vom Redner selbst als wesentlich belastender empfunden als vom Publikum.

Werden Sie in solchen Situationen nicht nervös und blockieren Sie sich nicht selbst, indem Sie krampfhaft überlegen, was Sie zu diesem Stichwort sagen wollten. Das wird zumeist keinen Erfolg haben. **Die wichtigste Regel lautet: Ruhe bewahren und Zeit gewinnen.** Verlassen Sie dieses Stichwort für einen Augenblick und richten Sie Ihre Gedanken nochmals zurück auf das, was sie zuvor gesagt haben.

Mit Anlauf über das Hindernis

Vergessen wir für einen Augenblick das freie Reden und wenden wir uns einer ganz anderen Situation zu: Sie kennen zumindest vom Fernsehen alle Springreiten. Dabei kommt es vor, dass ein Pferd vor einem Hindernis stehen bleibt, verweigert, wie es in der Fachsprache heißt. Wie reagiert der Reiter darauf? Er versucht auf keinen Fall aus dem Stand über das Hindernis zu kommen. Er reitet vielmehr einen kleinen Bogen und kommt mit neuem Anlauf auf das Hindernis zu und überquert es im Allgemeinen auch.

Auf unsere Situation übertragen bedeutet das, Sie müssen mit neuem gedanklichen Anlauf auf die kritische Stelle zukommen. **Überwinden Sie die Problemstelle aus dem Sprechfluss heraus; greifen Sie dazu auf bereits Gesagtes zurück.**

Tritt fassen durch Wiederholung

Wiederholen Sie den zuletzt ausgesprochenen Gedanken oder größere Teile ihres Vortrags nochmals in anderen Worten und gewinnen Sie dadurch wieder Sicherheit. Leiten Sie die Wiederholung durch eine geschickte Formulierung ein:

- *„Den letzten Gedanken sollten wir noch etwas vertiefen".*
- *„Diesen Aspekt möchte ich noch etwas genauer formulieren".*
- *„Lassen Sie mich das bisher Gesagte nochmals zusammenfassen".*

- *„Hier sollten wir noch etwas weiter ausholen".*
- *„Es sei nochmals besonders hervorgehoben".*

Stören Sie sich nicht daran, dass einige Zuhörer die Wiederholung eines bereits behandelten Gedankens erkennen. Entscheidend ist, dass Sie sich dadurch aus einer Notsituation befreien.

Die Wiederholungstechnik kann auch genutzt werden, wenn eine Störung durch äußere Einflüsse ausgelöst wurde. Das Licht im Saal oder am Pult ist vorübergehend ausgefallen oder fremde Personen sind versehentlich im falschen Raum gelandet. Bei solchen Unterbrechungen wissen auch die Zuhörer nicht mehr ganz genau, was der Redner zuletzt gesagt hat. Sie sind dankbar, wenn durch einen Rückgriff der Anschluss wieder hergestellt wird.

Fragen stellen

Einen anderen Notausgang aus dem Engpass „Hängenbleiben" benutzen Sie durch einen vorübergehenden Wechsel vom Monolog in den Dialog. Befreien Sie sich, indem Sie eine Frage an die Zuhörer richten:

- „Haben Sie ähnliche Erfahrungen gemacht?"
- „Bestehen noch Unklarheiten?"
- „Soll ich das Gesagte nochmals vertiefen?"

Selbst wenn das Publikum von solchen Angeboten keinen Gebrauch macht, verschaffen Sie sich doch eine kleine Verschnaufpause. Sie lösen sich von der kritischen Stelle und können mit der Bemerkung *„Dann werde ich fortfahren"* zu einem neuen Punkt übergehen. Wenn Ihnen später wieder einfallen sollte, was Sie zum dem Stichwort sagen wollten, das den Hänger ausgelöst hat, dann können Sie den Gedanken nochmals aufgreifen. Machen Sie sich aber auch bewusst, dass der Vortrag nicht scheitert, wenn ein Gedanke nicht ausgesprochen wird.

Stichworte überspringen

Scheuen Sie sich nicht davor, zum nächsten oder übernächsten Gedanken im Stichwortmanuskript überzugehen, wenn Ihnen das beim Überbrücken eines Aussetzers hilft. Kein Zuhörer weiß doch, was Sie als Nächstes sagen wollten (welches nächste

Stichwort in Ihrem Manuskript steht). **Überspringen Sie aber nur ein oder zwei Stichworte im Manuskript und fahren Sie dann in der vorbereiteten Reihenfolge fort.** Wenn Sie einen größeren Sprung machen und z. B. einen für wesentlich später vorgesehenen Teilaspekt vorziehen, dann lösen Sie die ganze Gliederung auf. In solchen Fällen wird es schwer, wieder in den geplanten Ablauf zurückzufinden.

Es kann auch vorkommen, dass Sie ein oder mehrere Stichworte oder gar ein ganzes Stichwortkärtchen übersehen. Wenn die übersprungenen Gedanken für den Fortgang Ihres Vortrag wichtig sind, dann versuchen Sie diese an passender Stelle einzuflechten:

„Vielleicht haben Sie den Punkt x vermisst, auf den ich jetzt zu sprechen komme".

„Bevor wir weiterfahren, muss noch etwas zu Punkt x gesagt werden".

Auf diese Weise lässt sich auch ein Satz wieder einfügen, den Sie bewusst übersprungen haben um einen Aussetzer zu überbrücken. Belasten Sie sich nicht mit Überlegungen darüber, ob solche Lösungen noch Ihrer Ideal-Gliederung entsprechen. Denken Sie auch hier daran, dass das Publikum nicht weiß, in welcher Reihenfolge die einzelnen Stichworte in Ihrem Manuskript stehen. Ein Kollege (Altmann, S. 80) empfiehlt bei allen kleinen Pannen, Versprechern, Auslassungen, Suchen nach den richtigen Worten oder Verdrehern eine allen Schauspielern bekannte Regel zu beherzigen: *„Man kann auf einer Bühne alles tun, wenn man es nur so tut, als wäre es das Selbstverständlichste der Welt."*

Publikum um Hilfe bitten

Die Hilfe des Publikums können Sie auch bei der einfachsten Form des Hängenbleibens in Anspruch nehmen: Ein bestimmtes Wort oder ein bestimmter Ausdruck fällt Ihnen nicht mehr ein. Bitten Sie die Zuhörer um Hilfe:

„Meine Damen und Herren, mir fällt der richtige Ausdruck im Augenblick nicht ein, bitte helfen Sie mir".

Das nimmt niemand übel, weil wohl jeder das schon einmal erlebt hat. Das Publikum freut sich sogar Ihnen helfen zu können, ohne dass dies negativ angekreidet wird.

Wenn Sie sich einmal völlig verhaspelt haben, dann treten Sie die „Flucht nach vorn" an. Teilen Sie dem Publikum mit, dass Sie den Faden verloren haben.

„Meine Damen und Herren, es tut mir Leid, ich habe mich hier verrannt. Ich breche diesen Punkt ab".

Machen Sie danach eine Pause und orientieren Sie sich in Ruhe in Ihren Unterlagen. Fahren Sie dann mit einem völlig neuen Gedanken fort.

Beispiele oder Geschichte vorbereiten

Von den folgenden Möglichkeiten machen auch Redeprofis gerne Gebrauch. Statt eine Frage zu stellen, können Sie auch ein zusätzliches Beispiel erläutern, das Sie für solche Situationen parat haben. Oder Sie erzählen eine passende kleine Geschichte (Anekdote), die sie für diesen Zweck vorbereitet haben: *„Übrigens, da fällt mir eine kleine Geschichte ein!"*

Natürlich muss zwischen dem Beispiel oder der Geschichte und Ihrem Thema ein Bezug bestehen. Eine ähnliche Wirkung erzielen Sie auch durch den Einsatz von Hilfsmitteln. Sie überbrücken die Spannungssituation, indem Sie zum Flipchart oder Projektor gehen, und einen dort sichtbaren Aspekt nochmals kommentieren:

„Bevor ich weiterfahre, werde ich zunächst noch kurz auf den Punkt........eingehen".

Stichwortzettel für Notsituationen

Denken Sie bei all diesen Möglichkeiten daran, dass es sich um Notausgänge aus einer Engpass-Situation handelt. Stellen Sie keine zu hohen Ansprüche, denn dabei wird nicht immer die brillanteste Formulierung herauskommen. Das haben auch die Teilnehmer im Rhetorik-Seminar akzeptiert. Manche hatten allerdings Bedenken, ob Ihnen diese Hilfen im entscheidenden Augenblick auch einfallen. Hier hilft der schon im Kapitel „Lampenfieber" (vgl. Seite 161) erwähnte Notstichwortzettel.

Notieren Sie sich auf einen Stichwortzettel einige der beschriebenen Notausgänge, auf die Sie im Ernstfall zurückgreifen wollen. Das könnte die Wiederholungstaktik oder das universell einsetzbare Beispiel sein. Verwenden Sie einen Stichwortzettel, der eine andere

Farbe hat als die Übrigen, damit Sie ihn bei Bedarf sofort finden. Auch hier gilt, was schon an anderer Stelle gesagt wurde: Das Wissen einen Stichwortzettel für Notfälle dabei zu haben reicht im Allgemeinen aus, sodass Sie ihn überhaupt nicht benötigen.

Übung Nr. 31: Schlagfertigkeit in Notfällen
Die Möglichkeit, einen bereits ausgesprochenen Gedanken wieder aufzugreifen lässt sich trainieren. Lesen Sie kleinere Zeitungs- oder Zeitschriftenberichte (30 bis 50 Zeilen), deren Inhalt Sie nicht kennen und versuchen Sie diese anschließend möglichst vollständig wiederzugeben. Wenn Sie nicht mit einer Gedächtnistechnik arbeiten, dann werden Sie wegen des fremden Inhalts dieser Berichte wahrscheinlich auch einmal hängen bleiben. Versuchen Sie nun diese Engstelle durch Wiederholung oder Zusammenfassung bereits gesagter Gedanken zu überbrücken.
Übungsziel: Schlagfertigkeit verbessern

13.2 Sie haben sich versprochen

Was der Druckfehler im Buch ist, das ist der Versprecher beim Vortrag. Zwar handelt es sich in beiden Fällen um einen kleinen Fehler, aber der jeweilige Schaden ist nur gering. **Versprecher sind etwas Alltägliches, das nicht zu vermeiden ist und von niemandem übel genommen wird.** Falls Sie das Gefühl haben, dass Sie trotz des Versprechers verstanden wurden, dann brauchen Sie überhaupt nichts zu tun. Sprechen Sie in gleichem Tempo und Tonfall einfach weiter.

Auch im Rhetorik-Seminar kam es bei den Redeübungen immer wieder einmal zu Versprechern. Dabei gab es unter den Zuhörern zwei Gruppen: Einige hatten die Versprecher überhaupt nicht wahrgenommen, teilweise auch nicht beim Abspielen der Video-Aufzeichnungen. Andere hatten den Versprecher zwar bemerkt, aber auf Nachfrage bestätigt, dass sie den Sinn der Ausführungen dennoch verstanden hatten.

Keine Entschuldigung

Es ist nicht erforderlich, sich für einen Versprecher oder eine kleine grammatikalische Unkorrektheit zu entschuldigen. Durch eine Entschuldigung würden auch solche Zuhörer aufmerksam gemacht, die den Fehler bisher nicht bemerkt hatten. Wenn Ihr Vortrag in den übrigen Teilen in korrektem Deutsch gehalten wird, dann ist es für Ihr Publikum doch ersichtlich, dass Sie die sprachlichen Voraussetzungen beherrschen, sodass es sich hier eben nur um einen Versprecher handeln kann.

Wenn Sie dagegen bemerken, dass Ihnen ein sinnentstellender Versprecher unterlaufen ist, dann wiederholen Sie den letzten Satz einfach in der richtigen Formulierung. Das gilt auch, wenn Sie einen ganzen Satz ungeschickt formuliert haben. Es ist auch möglich die korrigierte Form mit der Bemerkung *„Ich formuliere nochmals besser"* oder *„Ich berichtige"* einzuleiten. Auch hier ist keine Entschuldigung erforderlich. Wenn sich der Versprecher oder der verhaspelte Satz bei der Korrektur wiederholt, dann sollten Sie keinen weiteren Versuch starten. Es ist besser „die Flucht nach vorn anzutreten" und mit freundlicher Miene zu sagen:

„Meine Damen und Herren, ich habe diesen Satz zwar immer noch nicht richtig formuliert, aber Sie haben längst verstanden, was ich sagen möchte".

„Kurze Sätze sind das Geheimnis des guten Redners" hatten wir an anderer Stellen gesagt (vgl. Seite 99). Trotz dieser Devise kommt es vor, dass ein Satz immer länger wird und kaum mehr eine Möglichkeit für ein korrektes Ende zu erkennen ist. Brechen Sie einen solchen Satz ab mit der Formulierung *„Ich wiederhole nochmals in verständlichem Deutsch"* und sprechen Sie den Gedanken in kurzen Sätzen aus.

In allen Fällen gilt: Werden Sie nicht nervös durch Versprecher. Diese sind etwas Menschliches, wodurch die Qualität Ihres Vortrags aber nicht leidet.

13.3 Umgang mit Zwischenrufen

Es ist bei keinem Vortrag auszuschließen, dass sich einzelne Teilnehmer durch Zwischenrufe einschalten. Jeder Zwischenruf stellt für den Redner und die Zuhörer eine Störung dar, auch wenn er im Einzelfall wohl gemeint sein mag. Bei seiner Reaktion muss der Redner unterscheiden, um welche Art von Zwischenruf es sich handelt.

- Es gibt den sachlichen (positiven) Zwischenruf, der manchmal sogar zur Klärung eines Problems beiträgt. Gelegentlich hilft ein solcher Zwischenruf auch, die Vorkenntnisse Ihres Publikums besser einzuschätzen, sodass Sie die weiteren Ausführungen deutlicher auf die Zuhörerinteressen zuschneiden können. Sachliche Zwischenfragen kommen besonders bei Informationsvorträgen (Sachvorträgen) vor.
- Bei Überzeugungsreden (Meinungsreden) kommt es häufiger zu störenden Zwischenrufen. Manchmal handelt es sich um eine beabsichtigte Provokation, um den Redner aus dem Konzept zu bringen.
- Bei keiner Vortragsart ist auszuschließen, dass sich ein Witzbold unter den Zuhörern befindet, der sich mit ungeeigneten Mitteln „profilieren" möchte.

Eine Grundregel gilt bei jeder Art von Zwischenruf: **Lassen Sie sich nicht aus dem Konzept bringen, bleiben Sie ruhig und sachlich und reagieren Sie nicht aggressiv.** Eine erste Reaktionsmöglichkeit besteht darin, den Zwischenruf zu ignorieren (überhören). Diese Methode eignet sich sowohl bei provozierenden als auch bei banalen Zwischenrufen. Mancher Zwischenrufer ist schon zufrieden, wenn er seinen Ausruf losgeworden ist. Wenn Sie unqualifizierten Zwischenrufern zu große Beachtung schenken, laufen Sie Gefahr andere Zuhörer zu einem ähnlichen Verhalten zu animieren.

Beantworten oder verschieben

Überlegen Sie schon vorher, ob Sie auf (sachliche) Zwischenfragen eingehen wollen. Je mehr Zwischenfragen Sie beantworten, umso größer ist das Risiko, dass Sie die vorgesehene Redezeit überschreiten oder am Ende Ihres Vortrags stark kürzen müssen. Außerdem sind Zwischenfragen oft sehr speziell und nicht für alle Zuhörer von Interesse. Schließlich ist auch nicht auszuschließen, dass durch die Behandlung von Zwischenfragen für die Zuhörer die Struktur Ihres Vortrags verloren geht.

Je nach Art der Veranstaltung ist es möglich Zwischenfragen von vornherein weitgehend zu vermeiden. Der Redner bittet vorher darum, seine Ausführungen ungestört abhandeln zu können. Empfehlen Sie dem Publikum die Fragen auf Zetteln zu notieren und zu sammeln oder an eine Pinnwand zu heften, damit Sie nach dem Referat darauf eingehen können.

Bei Informationsvorträgen kommt es eher zu sachlichen Zwischenrufen. Wenn keine Diskussion vorgesehen ist oder wenn Sie sicher sind, dass eine Zwischenfrage die Ausnahme darstellt, dann sollte diese Frage, wenn das in wenigen Sätzen möglich ist, sofort sachlich beantwortet werden. Die Zuhörer haben wenig Verständnis dafür, wenn die Bitte um ein zusätzliches Beispiel oder um eine nochmalige Erläuterung eines bereits behandelten Aspekts abgeschlagen wird. Solche Zwischenrufe können auch ein Hinweis darauf sein, dass der Redner mit seinen Ausführungen zu knapp oder unvollständig war oder beim Publikum zu viel Vorkenntnisse vorausgesetzt hat. Verschiebungen sind dagegen bei den folgenden Anlässen angebracht:

- Ein sachlicher Zwischenruf, der nach einer umfangreicheren Antwort verlangt, kann bis zur nachfolgenden Diskussion zurückgestellt werden: *„Vielen Dank für diesen Hinweis (diese Frage), eine Antwort würde hier zu weit führen, ich werde in der Diskussion näher darauf eingehen"*. Andernfalls besteht die Gefahr durch die längere Antwort den eigenen „roten Faden" zu verlieren. Liefern Sie die Antwort dann aber auch tatsächlich nach, sonst verlieren Sie Ihre Glaubhaftigkeit. Beweisen Sie schon im Vortrag, dass die Zurückstellung der Antwort keine Ausrede ist, indem Sie den Zwischenruf notieren.
- Eine Verschiebung kann auch notwendig sein, weil Sie auf diesen Aspekt bei den weiteren Ausführungen sowieso noch zu sprechen kommen. *„Das ist ein interessante Frage, ich beantworte sie im nächsten Gliederungspunkt."*
- Wenn ein Zwischenruf für die Mehrheit der Zuhörer nicht interessant ist, dann kann seine Beantwortung auch auf ein späteres Gespräch mit dem Zwischenrufer verschoben werden: *„Diese Frage werde ich gerne im persönlichen Gespräch mit Ihnen erörtern."*

Wiederholen lassen

Die folgenden Möglichkeiten sind mehr taktischer Art. Sie eignen sich sowohl, um unsachliche Zwischenrufe ins Leere laufen zu lassen als auch bei sachlichen Beiträgen, wenn Sie etwas Bedenkzeit benötigen um eine passende Antwort geben zu können.

- **Tun Sie so als ob Sie den Zwischenruf nicht verstanden hätten und lassen Sie ihn wiederholen. Bei sachlichen Zwischenrufen gewinnen Sie dadurch Zeit für die Antwort. Ein unsachlicher Zwischenruf verliert durch die Wiederholung einen Großteil seiner Schärfe.**
  Die Erfahrung zeigt, dass der Zwischenrufer zumeist auf eine Wiederholung verzichtet und eher darauf hinweist, dass der Einwurf doch nicht so wichtig war.

- Zeitgewinn, um sich eine passende Antwort zu überlegen, erzielen Sie auch durch Rückfragen:
  „Das ist ein interessanter Aspekt, würden Sie nochmals erläutern, was Sie meinen?".
  Eine solche Frage führt zumeist dazu, dass der Fragesteller neben der Wiederholung des Zwischenrufs zusätzliche Argumente liefert, bei denen Sie mit der Antwort einhaken können.

- Wenn Ihnen auf einen sachlichen Zwischenruf nicht sofort eine Antwort einfällt, können Sie diesen auch an das Auditorium weitergegeben:
  „Meine Damen und Herren, hier wird Folgendes gefragt:…….. Was meinen Sie dazu?".
  Sie müssen allerdings dafür sorgen, dass die entstehende Diskussion nicht zu lange dauert und damit Ihr Vortrag beeinträchtigt würde.

- Wenn Sie sicher sind, dass ein unsachlicher (provozierender) Zwischenruf auch von den übrigen Zuhörern als Störung empfunden wird, dann können Sie die Solidarität des Publikums nutzen und diesem „den Zwischenrufer zum Fraß vorwerfen":
  „Meine Damen und Herren, was meinen Sie zu folgendem Einwand: …….?".

Schlagfertig reagieren

Eine gewisses Maß an Schlagfertigkeit ist erforderlich, wenn Sie einen ursprünglich aggressiven Zwischenruf „versachlichen". Sie lenken von der eigentlichen Zielrichtung des Zwischenrufs ab, indem Sie einen darin enthaltenen sachlichen Nebenaspekt aufgreifen und beantworten.

> **Beispiele:**
> - Zwischenrufer: „Der Bericht liegt immer noch nicht vor?" Redner: „Sie sprechen die wichtige Zeitfrage an. Der weitere zeitliche Ablauf sieht wie folgt aus":......
> - Zwischenrufer auf einer Betriebsversammlung: „Der Gewinn im letzten Jahr betrug über drei Millionen. Warum gibt es keine Prämie für die Mitarbeiter?" Sprecher der Geschäftsleitung: „Danke für diesen Hinweis. Das gute Geschäftsergebnis im vergangenen Jahr hat es ermöglicht, dass wir die erforderlichen Investitionen zur Sicherung der Arbeitsplätze durchführen können."

Schlagfertigkeit verlangt auch der Einsatz einiger bekannter Standardfomulierungen:
- *„Haben Sie nichts Gescheiteres zu sagen?"*
- *„Dazu kenne ich bessere Formulierungen, aber nicht von Ihnen."*
- *„Hören wir das nicht jedes Mal von Ihnen?"*
- *„Das haben Sie wieder einmal schön gesagt."*

Gehen Sie allerdings auch bei böswilligen Zwischenrufen nicht zu weit und machen sich jemanden zum „Feind", dem nur einmal eine unkontrollierte Bemerkung herausgerutscht ist. Zeigen Sie durch eine souveräne Reaktion, dass Sie über diesem Niveau stehen.

Übung Nr. 32: Definieren
Bei Zwischenfragen (oder auch während einer Diskussion) muss der Redner in der Lage sein spontan zu antworten und in knappen Worten das Wesentliche zu sagen. Das ist schwieriger als manche glauben. Eignen Sie sich die notwendige Schlagfertigkeit an, indem Sie alltägliche Begriffe oder Gegenstände definieren.

Definieren Sie z. B. die Begriffe: Kochtopf, Omnibus, Streichholz, Wanderweg, Zahnbürste usw.
<u>Übungsziel:</u> Schlagfertigkeit

13.4 Die Zuhörer sind desinteressiert

Auch eine plötzliche Unruhe im Auditorium, desinteressierte Zuhörer oder sogar der Weggang einzelner Personen können vorkommen. Nur teilweise ist daran der Redner schuld.

13. Mit Störungen umgehen

Stören Sie sich nicht daran, wenn Zuhörer aus dem Fenster blicken oder auf die Uhr sehen oder in ihren Unterlagen blättern. Auch Lesen, Lachen oder der Austausch von Zetteln zwischen zwei Zuhörern kommen vor. Bei meinen Studentinnen stand zeitweise Stricken als Nebenbeschäftigung während der Vorlesungen hoch im Kurs. Lassen Sie sich durch solche Beobachtungen nicht ablenken und vor allem lassen Sie keinen Ärger erkennen. Prüfen Sie, ob Sie noch in der Zeit liegen. Wenn nein, dann nehmen Sie das Zuhörerverhalten als Hinweis sich um ein baldiges Ende zu bemühen. **Es ist besser, einen Gedanken wegzulassen, als zu überziehen.**

Wenn Sie in der Zeit liegen, dann lassen Sie sich durch das Desinteresse dieser Zuhörer nicht beirren. Soweit nur wenige Zuhörer anderweitig „beschäftigt" sind und die anderen dadurch nicht gestört werden, sollte das kein Problem sein. Einige Außenseiter, die nicht am Thema interessiert sind, gibt es überall. Verlassen Sie sich auf Ihre gute Vorbereitung. Richten Sie den Blickkontakt zu den Zuhörern, die Aufmerksamkeit demonstrieren

Beziehen Sie ein „Fehlverhalten" der Zuhörer nicht sofort auf sich; es kann zahlreiche Ursachen geben, die der Redner nicht bemerkt oder falsch interpretiert. Dazu ein Erlebnis eines Arztes, der häufig auf internationalen Kongressen tätig war. Er hat als Referent an einer Fachtagung in den Vereinigten Staaten teilgenommen. Vor seinem eigenen Auftritt saß er zunächst als Zuhörer in einer hinteren Reihe. Als er zu seinem Referat nach vorne ging, hat er im Vorbeigehen beobachtet, wie zwei Kollegen plötzlich die Köpfe zusammensteckten und lachten. Das hat ihn bereits irritiert. Die Irritation war noch größer als wenige Reihen weiter vorn Ähnliches passierte. Während der ersten Minuten seines Referats konnte er sich kaum konzentrieren, weil er ständig überlegte, ob sich dieses Lachen auf ihn bezogen habe. Nur dank seiner großen Redeerfahrung hat er den Vortrag doch noch erfolgreich hinter sich gebracht. Später hat er bei beiden Gruppen nachgefragt, warum sie gelacht hätten. Die einen hatten sich über den vorhergehenden Abend unterhalten und die anderen hatten sich einen Witz erzählt.

Wenn etwas Ähnliches während des Vortrags geschieht, dann versuchen Sie die Aufmerksamkeit wieder zurückzugewinnen. Greifen Sie auch ein, wenn die Unruhe unter den Zuhörern für andere zur Belästigung wird. Laute Unterhaltungen, ständiges Lachen oder Telefonate überschreiten die Toleranzgrenze. Manchmal reicht schon ein Wechsel in der Lautstärke aus und das Publikum wendet sich dem Redner wieder zu. Auch eine (über-)lange Redepause, verbunden mit einem nachhaltigen Blick zu den Störern, ist einen Versuch wert. In der nächsten Stufe können Redepause und Blick mit einem „Bitte!", verbunden werden. Noch deutlicher werden Sie, wenn Sie die Störenden ausdrücklich ansprechen und um Ruhe bitten. Wenn Sie dabei eine humorige Formulierung wählen, demonstrieren Sie Ihre Souveränität in dieser Situation:

„Meine Herren, ich mache gerne eine Pause, damit Sie Ihr Gespräch zu Ende führen können".

Da auch die aufmerksamen Zuhörer gestört werden, sind Sie bei Ihrem Bemühen um Ruhe nicht allein. Durch ein „Psst" oder eine ausdrückliche Aufforderung kommen Ihnen die Zuhörer manchmal sogar zuvor.

Auch wenn einzelne Zuhörer den Raum verlassen, muss das nicht an Ihrem Vortrag liegen. Ein persönliches Bedürfnis, Unwohlsein, eine Verabredung, Hunger, Müdigkeit und vieles andere können die Ursache sein. Machen Sie sich bewusst, dass es für den Weggang der Zuhörer viel mehr Gründe bei diesen selbst gibt als bei Ihnen. Auch hier gilt wieder: Ruhig bleiben und weiter sprechen.

Eine weitere Störquelle kann eine Bewirtung während eines Vortrags sein. Bitten Sie in solchen Fällen die Zuhörer sich vor Beginn Ihrer Ausführungen und während der Pause mit Getränken einzudecken. Schlagen Sie ggf. eine zusätzliche Pause vor. Vereinbaren Sie mit dem Personal, dass erst nach Vortragsende abkassiert wird.

13.5 Genießen Sie Ihren Beifall

Robert Lemke hat einmal gesagt: *„Ob sich die Redner darüber klar sind, dass 90 Prozent des Beifalls, den sie beim Zusammenfalten des Manuskripts entgegennehmen, ein Ausdruck der Erleichterung ist?"* Auch Beifall kann für manche Redner zum Problem werden. Dabei ist doch Beifall zumeist ein Beweis dafür, dass die Zuhörer positiv gestimmt sind. Der Redner oder seine Aussage werden akzeptiert.

13. Mit Störungen umgehen

Es ist zwischen dem spontanen Beifall während des Vortrags und dem Beifall am Ende zu unterscheiden. Geben Sie dem „Szenenapplaus" eine Chance und machen Sie eine kurze Pause. Setzen Sie Ihre Ausführungen erst fort, wenn der Beifall im Abklingen ist. **Auch die Aufnahme des Schlussbeifalls und die Art, wie der Redner abtritt, werden vom Publikum noch wahrgenommen.** Ein Redner sollte auf keinen Fall wie ein Dieb davon hasten. Sie haben dem Publikum etwas geboten, darauf dürfen Sie stolz sein. Bleiben Sie während des Beifalls noch stehen und halten Sie Blickkontakt zum Auditorium. Bedanken Sie sich mit einem leichten Nicken und verlassen Sie den Redeplatz mit sicheren Schritten. Dankesworte für den Beifall sind nur bei Künstlern üblich, bei „normalen" Vorträgen werden sie nicht erwartet.

Nur in Ausnahmefällen ist Beifall ein Zeichen der Ablehnung gegenüber bestimmten Aussagen oder dem Redner als Person. Denken Sie an Reden im politischen Bereich. In solchen Situationen heißt es durchhalten. Wer sich damit auseinander zu setzen hat, der muss in aller Regel auch schon mit einem derartigen Verhalten rechnen.

Auf den Punkt gebracht:
- Gegen Störungen kann sich kein Redner völlig absichern.
  - Lernen Sie mit Störungen umzugehen.
  - Versuchen Sie Ruhe zu bewahren.
- Vermeiden Sie, wenn Sie hängen bleiben, eine totale Blockierung, indem Sie krampfhaft überlegen, was Sie zu dem kritischen Stichwort sagen wollten.
- Versuchen Sie die problematische Stelle aus dem Sprechfluss heraus zu überwinden.
- Greifen Sie auf bereits Gesagtes zurück und wiederholen Sie einen früheren Gedanken.
- Stellen Sie Fragen an das Auditorium.
- Überspringen Sie ein Stichwort und fahren mit einem Gedanken fort, der Ihnen wieder geläufig ist.
- Bitten Sie das Publikum um Formulierungshilfe, wenn Ihnen ein Wort fehlt.
- Bereiten Sie universell einsetzbare Geschichten oder Beispiele vor um Engpässe zu überwinden.
- Halten Sie einen Stichwortzettel für Notsituationen bereit.

13.5 Genießen Sie Ihren Beifall

- Sehen Sie einen Versprecher als etwas Alltägliches an, das niemand übel nimmt.
- Bleiben Sie auch bei Zwischenrufen ruhig und sachlich und reagieren Sie nicht aggressiv.
- Überlegen Sie sich, ob Sie Zwischenrufe beantworten oder verschieben wollen.
- Lassen Sie Zwischenrufe wiederholen um Zeit zu gewinnen.
- Beziehen Sie nicht jedes Fehlverhalten der Zuhörer (Unaufmerksamkeit, Desinteresse) sofort auf sich.
- Nehmen Sie den verdienten Beifall mit Blick zum Publikum entgegen.

> Ein Abend, an dem sich alle Anwesenden einig sind,
> ist ein verlorener Abend.
> (Albert Einstein)

14. Die Aussprache nach dem Vortrag

„Vortrag mit anschließender Diskussion" oder eine ähnliche Formulierung steht in mancher Einladung. Insbesondere bei Präsentationen und Fachvorträgen ist häufig nach dem Vortrag noch eine Diskussion oder Aussprache vorgesehen. Leider haben manche Redner Angst vor einer Aussprache und versuchen sich mit teilweise schwachen Ausreden zu drücken. Warum eigentlich? Auch das Publikum akzeptiert, dass in einer Diskussion nicht jeder Satz so vorbereitet sein kann, wie im eigentlichen Vortrag. Machen Sie sich bewusst, dass Sie über das notwendige Fachwissen verfügen und in einem Gespräch über Ihr Thema auch keine Probleme haben eine Frage oder einen Einwand sachlich zu beantworten. In einer Aussprache ist zwar der Rahmen etwas anders, aber es geht doch lediglich darum, von einem Thema, das Sie beherrschen einige weitere Aspekte zu beleuchten. Sehen Sie eine Diskussion positiv. Eine lebhafte Beteiligung der Zuhörer ist der Beweis dafür, dass Sie das richtige Thema gewählt haben und beim Publikum angekommen sind.

Bereiten Sie sich auf eine Aussprache vor. Überlegen Sie im Rahmen eines kleinen Brainstormings (vgl. Seite 201), welche Fragen oder Einwendungen durch Ihren Vortrag beim Publikum ausgelöst werden könnten.

14.1 Eine Aussprache hat viele Vorteile

- **Die Aussprache bietet die Möglichkeit Lücken zu schließen und Missverständnisse auszuräumen.** Sie selbst sind mit Ihrem Thema vertraut. Mancher Teilaspekt, den Sie vielleicht weglassen oder nur knapp darstellen, ist für die Zuhörer völlig neu und muss geklärt werden.

- **Sie erhalten eine Rückmeldung (Feedback), wie Ihre Ausführungen vom Publikum aufgenommen worden sind und ob Sie Ihr Redeziel erreicht haben.** Damit können Sie künftige Vorträge ggf. noch besser auf die Bedürfnisse der Zuhörer zuschneiden.
- Wenn Sie keine genauen Kenntnisse über Ihr Publikum haben, aber wissen, dass eine Aussprache vorgesehen ist, dann können Sie diese bereits in der Vorbereitung bei der Stoffauswahl mit berücksichtigen. Begrenzen Sie den Vortrag auf das Wesentliche weisen Sie darauf hin, dass Sie für spezielle Fragen in der Aussprache zur Verfügung stehen.
- **Durch den Hinweis auf die vorgesehene Aussprache können Sie den Vortrag von Zwischenfragen weitgehend freihalten.** Auf diese Weise verschaffen Sie den Zuhörern schon während des Vortrags die Möglichkeit, sich qualifizierte Fragen zu überlegen, sodass auch eine Aussprache mit Substanz zu Stande kommt.
- Eine Diskussion vermittelt Ihnen zusätzliche Sicherheit für künftige Vorträge; die Spannung geht zurück, wenn Sie wissen, dass Sie auch diese Hürde schon erfolgreich gemeistert haben.

14.2 Unterschiedliche Verfahrensweisen

Die Diskussion kann entweder durch den Redner selbst oder einen Moderator geleitet werden. Stimmen Sie mit einem Moderator rechtzeitig die Vorgehensweise ab: Klären Sie, ob jeder Einwand sofort beantwortet werden soll oder ob einige Beiträge zusammengefasst werden können. Auch über die ungefähre Dauer einer Aussprache sollten Sie sich vorher informieren, denn davon kann wiederum abhängen, wie ausführlich Sie auf einzelne Diskussionsbeiträge eingehen können.

Da die verschiedenen Fragen zumeist in sehr unterschiedliche Richtungen gehen, würde eine sofortige Beantwortung zu einer sehr sprunghaften Diskussion führen. Außerdem kommt es erfahrungsgemäß zu zahlreichen Wiederholungen, weil viele Teilnehmer sich nur auf ihr eigenes Anliegen konzentrieren und deshalb oft nicht mitbekommen, dass ein ähnliches Problem schon von einem Vorredner angesprochen wurde.

14.2 Unterschiedliche Verfahrensweisen

Eine thematisch besser gegliederte Aussprache erreichen Sie, wenn Sie einige (oder alle) Beiträge zunächst sammeln und danach im Block beantworten. Bei dieser Vorgehensweise müssen die Fragen entweder von den Teilnehmern notiert werden (z. B. an einer Pinnwand) oder der Redner bzw. ein Moderator schreibt sie auf und fasst sie in sinnvolle Gruppen zusammen. Wenn Sie die Fragen selbst aufschreiben, dann eignen sich auch dafür die Stichwortkärtchen. Verwenden Sie für jeden Beitrag ein eigenes Kärtchen und notieren Sie die Frage direkt nachdem sie gestellt wurde. Damit beweisen Sie dem Auditorium, dass Sie jeden Diskussionsbeitrag ernst nehmen und gewillt sind darauf einzugehen. Durch einfaches Umsortieren der Kärtchen können Sie zusammengehörige Themenkomplexe bilden.

Manchmal kann es notwendig sein, die Diskussion zunächst in Gang zu bringen. Vielleicht haben Sie auch schon die peinliche Stille erlebt, nachdem ein Redner seine Ausführungen beendet hat und er selbst oder ein Moderator bedankt sich und fordert zur Diskussion auf. Aus Scheu oder Trägheit fühlt sich niemand dazu berufen, die erste Frage zu stellen. **In solchen Fällen sollte der Moderator oder der Redner ein paar Eisbrecherfragen vorbereitet haben.**

Beispiele:
- Ein Moderator könnte wie folgt beginnen: „Meine Damen und Herren, zunächst möchte ich selbst an den Redner eine Frage stellen:.........."
- Wenn der Redner selbst die Diskussion leitet, sollte er mit einer offenen Frage einsteigen, die sich möglichst an alle (viele) Zuhörer richtet: „Meine Damen und Herren, was ist noch klärungsbedürftig, wenn Sie meine Vorschläge auf Ihre Situation (Abteilung, Problem) übertragen?"

Gelegentlich werden solche Eröffnungsfragen vorsorglich zwischen Redner und Moderator abgesprochen. Das ist legal, wenn dadurch eine ergiebige Aussprache entsteht und nicht nur eine Alibidiskussion, wie das folgende Erlebnis zeigt: Vor einigen Jahren hatte ich mit einem Berufsverband zu tun, dessen Mitglieder zweimal im Jahr an einer Fortbildung teilnehmen mussten. Es war ein heißer Samstagvormittag und ich konnte schon am Äußeren der

Teilnehmer erkennen, dass diese mehr auf einen Schwimmbadbesuch als auf einen Vortrag mit anschließender Diskussion eingestellt waren. Der Leiter der Veranstaltung hat mich schon vor meinem Vortrag „gewarnt", dass in diesem Kreis nicht mit allzu großer Diskussionsfreude zu rechnen wäre. Damit die Diskussion in Gang kommt, hat er mich gebeten ihm drei Fragen aufzuschreiben. So ist es dann auch geschehen; die drei Fragen wurden gestellt und von mir beantwortet und die Veranstaltung mit einem *„Dank für die rege Diskussion"* beendet.

Am Ende der Diskussion fasst der Redner die verschiedenen Beiträge zusammen und zieht ein knappes Fazit. Je nach Thema wird auch der Schlussappell des Vortrags nochmals wiederholt. Falls berechtigt, kann auch ein Dankeswort für die lebhafte Diskussion hinzugefügt werden.

14.3 Umgang mit einzelnen Diskussionsbeiträgen

Nicht immer wird eine Diskussion in ruhiger, sachlicher Atmosphäre verlaufen. Dennoch muss das Publikum auch in solchen Situationen erkennen, dass Sie alle Fragen und Einwendungen ernst nehmen und sich um eine korrekte Antwort bemühen. Um auch in einer „hitzigen" Aussprache bestehen zu können, sollten Sie einige Techniken beherrschen, wie sie auch bei Besprechungen und Konferenzen eingesetzt werden.

Der richtige Umgang mit Fragen und Einwendungen sowie die Bereitschaft zuzuhören sind drei wesentliche Voraussetzungen um eine Diskussion erfolgreich zu bestreiten.

Aus der Formulierung eines Diskussionsbeitrags erkennen Sie, ob es sich um einen sachlichen Beitrag handelt oder ob dieser eher emotional gemeint ist. **Sachliche Einwendungen sollten auch sachlich beantwortet werden.** Schwieriger ist der Umgang mit emotionalen Diskussionsbeiträgen. Wer emotional argumentiert, der wird sich in diesem Punkt kaum durch sachliche Argumente überzeugen lassen. Lassen Sie sich nicht ebenfalls zu emotionalen Äußerungen verleiten. **Versuchen Sie, auch wenn eine Frage emotional formuliert wird, den sachlichen Kern zu erkennen und gehen Sie nur darauf ein.**

14.3 Umgang mit einzelnen Diskussionsbeiträgen

> **Beispiel:**
> Diskussionsteilnehmer: „Sie haben doch nur behauptet, dass hier noch Einsparreserven vorhanden sind, um uns zu provozieren!"
> Antwort des Redners: „Einsparreserven sind vorhanden, weil......". Die Behauptung „provozieren zu wollen" bleibt unbeantwortet.

Wenn Sie eine Antwort gegeben haben, dann gehen Sie zum nächsten Diskussionsbeitrag über. Fragen Sie nicht nach, ob Sie verstanden wurden oder ob der Fragesteller zufrieden ist. Durch eine Nachfrage würden Sie sich selbst in Frage stellen und möglicherweise weitergehende Fragen auslösen, wodurch andere Teilnehmer gelangweilt würden.

Wenn Sie einen Diskussionsbeitrag akustisch nicht verstanden haben, dann bitten Sie freundlich um eine Wiederholung.

„Ich habe Sie nicht verstanden, würden Sie Ihre Frage bitte wiederholen?"

Fragen in Ruhe anhören

Während des Vortrags wünscht sich jeder Redner ein aufmerksames Publikum. Zuhörer, die nicht bei der Sache sind, sondern sich unterhalten oder gelangweilt zum Fenster hinaus sehen, werden als Störung empfunden. In der Aussprache wird der Redner vorübergehend selbst zum Zuhörer, von dem die Diskussionsredner die notwendige Aufmerksamkeit bei den einzelnen Beiträgen erwarten. **Zeigen Sie Ihre Bereitschaft zum Zuhören. Signalisieren Sie Ihre Wertschätzung durch nonverbale Verhaltensweisen, wie Blickkontakt, offene Haltung oder Kopfnicken.** Vermeiden Sie auf die Uhr zu schauen, mit Gegenständen zu spielen oder in Ihren Unterlagen zu lesen, denn dadurch drücken Sie Desinteresse aus. Nur wenn Sie richtig zuhören erfahren Sie, worauf es dem Diskussionsteilnehmer ankommt. Außerdem erhalten Sie beim genauen Hinhören oft schon wichtige Anhaltspunkte für die Antwort.

Verbindlichkeit durch Quittungen

Neben der sachlichen Kompetenz wird der Redner auch daran gemessen, wie er mit den Diskussionsbeiträgen umgeht. Eine verbindliche Form auf Fragen zu reagieren ist die sog. Quittung (Mohler, S. 240). Die Quittung ist ein Verbindungsstück, das zwischen Frage und Antwort geschoben wird. Je nach Formulierung und Adressat erfüllt die Quittung verschiedene Aufgaben. Sie kann eine Art des Dankes darstellen, dass der Fragesteller durch seine Frage sein Interesse am Vortrag verdeutlicht. Sie kann auch dazu dienen, das Bedürfnis nach Anerkennung des Fragestellers zu befriedigen. Wenn der Vortragende durch eine Frage überrascht wird, kann die Quittung eine kleine Denkpause verschaffen. Emotionale Einwendungen können durch eine Quittung „entschärft" werden.

> **Beispiel (von der vorhergehenden Seite):**
> Diskussionsteilnehmer: „Sie haben doch nur behauptet, dass hier noch Einsparreserven vorhanden sind um uns zu provozieren!"
> Antwort des Redners mit Quittung: „Sie sprechen den wichtigen Punkt Einsparreserven nochmals an. Ich glaube, dass wir in folgenden Bereichen über Reserven verfügen:......".

Beispiele für Quittungen:
- Sie sprechen einen wichtigen Aspekt an.
- Sie sehen die Angelegenheit aus einer anderen Sicht.
- Sie bringen einen neuen Aspekt ein.
- Vielen Dank für diese Frage.
- Ich verstehe Ihre Bedenken.
- Ich teile Ihre Auffassung.
- Sie treffen den Nagel auf den Kopf.
- Sie haben erkannt, worauf es ankommt.

Zeitgewinn verschaffen

Auch wenn Sie ein Thema beherrschen und sich gut auf die Diskussion vorbereitet haben wird es vorkommen, dass Sie von einem Einwand überrascht werden. Lassen Sie sich Ihre Überraschung nicht anmerken, sondern bleiben Sie ruhig und aufnahmebereit. **Verschaffen Sie sich etwas Zeitgewinn, indem Sie nachfragen oder den Einwand selbst in Frageform wiederholen (reflektierende Frage).**

14.3 Umgang mit einzelnen Diskussionsbeiträgen

> **Beispiele:**
> „Habe ich Sie richtig verstanden, dass........"?
> „Sie möchten wissen, ob......."?

Auch wenn Sie so tun, als ob Sie einen Einwand akustisch nicht verstanden hätten, gewinnen Sie etwas Zeit. **Die Erfahrung zeigt, dass kaum jemand einen Einwand wörtlich wiederholt. Zumeist wird der Einwand beim zweiten Mal wesentlich ausführlicher formuliert, sodass sich der Zeitgewinn noch erhöht.** Außerdem erbringt die Wiederholung häufig zusätzliche Informationen, an denen Sie Ihre Antwort orientieren können.

Ein Notausgang, wenn Sie durch eine schwierige Diskussionsfrage in Verlegenheit geraten, kann die Gegenfrage sein. **Auch die Gegenfrage verschafft in jedem Fall einen kleinen Zeitgewinn.** Außerdem bewirkt sie in vielen Fällen, dass die ursprüngliche Fragestellung abgewandelt wird oder völlig verloren geht oder vom Fragesteller selbst beantwortet wird. Wie die reflektierende Frage, erbringt auch die Gegenfrage häufig zusätzliche Informationen, auf die bei der späteren Antwort zurückgegriffen werden kann. Allerdings sollte die Gegenfrage nur in Ausnahmefällen eingesetzt werden um sich aus einem Engpass zu befreien, denn sie hat teilweise destruktiven Charakter und wird als unhöflich empfunden.

Ja, aber-Methode

Mehr taktischer Natur ist die bekannteste Methode zur Einwandbehandlung, die so genannte „Ja, aber-Methode". Dem Partner wird zunächst rhetorisch zugestimmt, diese Zustimmung wird danach aber sofort wieder eingeschränkt. Statt des stereotypen „Ja, aber" werden auch andere Formulierungen verwendet, die sinngemäß auf dasselbe hinauslaufen:

- *Sicherlich haben Sie recht, jedoch.....*
- *Da stimme ich Ihnen zu, allerdings.....*
- *Das ist richtig, obwohl.....*
- *Das sehe ich auch so, dennoch....*

Wenn Sie auf eine Frage keine überzeugende Antwort haben, dann ist es kein Problem das zuzugeben. Sagen Sie offen, dass Sie diese Frage gegenwärtig nicht beantworten können, aber bereit sind sich zu informieren und die Antwort nachzuliefern.

Übung Nr. 33: Quittung (Ja, aber-Methode) trainieren
Die Quittung und die Ja, aber-Methode verlaufen ähnlich. In beiden Fällen wird auf eine Frage oder einen Einwand vor der eigentlichen Antwort eine „verbindliche" Formulierung eingeschoben.
Übungsablauf: Nehmen wir an, sechs Personen A bis F sind beteiligt. Die Gruppe entscheidet sich zunächst für ein Thema, über das diskutiert wird (z. B. Einführung eines autofreien Sonntags pro Monat).
- A beginnt und legt seinen Standpunkt zum Thema in zwei bis drei Sätzen dar; A schließt seine Ausführungen mit einer Frage an Person B.
- B reagiert zunächst mit einer Quittung an A (z. B. *„Sie haben recht, jedoch....."*) und setzt mit seiner Meinung zum Thema fort. B schließt seine Ausführungen ebenfalls mit einer Frage, richtet diese aber an Person C.
- C quittiert (z. B. *„Sie vertreten eine interessante Sicht, allerdings....."*), legt seine Meinung dar und schließt mit einer Frage an Person D.

In dieser Form läuft das Spiel weiter: Quittung – Meinung – Frage. Stören Sie sich nicht daran, dass die gefundenen Formulierungen am Anfang recht schwerfällig klingen. Nach ein bis zwei Runden (Reihenfolge kann geändert werden) werden Sie feststellen, dass die Antworten und Fragen immer treffender ausfallen. Wenn das ursprüngliche Thema erschöpft ist, dann kann mit dieser Methode auch auf elegante Weise ein Themenwechsel vollzogen werden: *„Das sehe ich auch so wie Sie, aber sollten wir uns nicht zuerst mit dem Thema XY befassen......"?*
Übungsziele:
Verbindlicher Umgang mit Einwendungen;
Zeitgewinn verschaffen;
Schlagfertigkeit.

14.4 Moderationsmethode

Ziel der bisher beschriebenen Spielarten einer Aussprache war es die Ausführungen des Vortrags abzurunden oder zu vertiefen. **Wenn es in der Diskussion darum geht, das im Fachvortrag oder einer Präsentation Gehörte praktisch umzusetzen und mit dem Vortragenden zusammen Lösungen zu entwickeln, dann eignet sich die Moderationsmethode.**

Die Moderationsmethode ist eine Form der Diskussion in Gruppen, wobei durch den Einsatz der Visualisierungs- und Fragetechnik sichergestellt wird, dass alle Teilnehmer aktiv und zielorientiert in den Kommunikationsprozess einbezogen werden. Dabei werden die Erfahrungen und die Kreativität der Teilnehmer systematisch genutzt. Die gefundenen Lösungen weisen einen hohen Qualitätsstandard auf, da alle am Zustandekommen der Lösung beteiligt sind, wodurch eine starke Identifikation mit den erarbeiteten Ergebnissen erreicht und die Umsetzung in die Praxis erleichtert wird.

Als Teilnehmer kommen Personen infrage, die über die notwendige Sachkompetenz verfügen und willens sind in der Gruppe aktiv zur Problemlösung beizutragen. **Ein kooperatives Arbeitsklima und die vielfältigen Aktionsmöglichkeiten durch die Visualisierungstechnik stellen sicher, dass das Wissen, die Meinung und die Erfahrung aller in Verbindung mit der Spontaneität und Kreativität des Augenblicks genutzt werden.**

Rolle des Moderators

Der Ablauf wird durch einen Moderator gesteuert, der jedoch auf die inhaltlichen Entscheidungen der Gruppe keinen Einfluss nehmen darf. Der Moderator hat sich als eine Art „Primus inter Pares" zu verstehen, der keinesfalls mit dem Konferenzleiter im herkömmlichen Sinne zu vergleichen ist. Deshalb kann grundsätzlich jeder Teilnehmer, nicht nur der Ranghöhere oder der Spezialist, die Moderatorenrolle übernehmen. Der Moderator hat folgende Aufgaben:
- Instruktion der Teilnehmer über die Methode,
- Erfassung der Ziele und Absichten der Gruppe,
- Formulierung eines Grobablaufs (Dramaturgie),
- Steuerung des Gruppenprozesses durch Fragen,
- Abrufen der Informationen,
- „Provokation" von Ideen der Teilnehmer,
- Einsatz des methodischen Instrumentariums (insbesondere der Visualisierungstechnik),
- Überwachung der Einhaltung der Spielregeln,
- Herbeiführung der notwendigen Ablauftransparenz,
- Sicherung der Ergebnisse.

Das folgende Beispiel verdeutlicht, wie die Inhalte eines Fachvortrags durch Einsatz der Moderationsmethode praktisch umgesetzt wurden.

14. Die Aussprache nach dem Vortrag

> **Beispiel:**
> Als Autor eines Fachbuchs zum Thema „Personalentwicklung" musste ich in der Vergangenheit mehrfach Grundsatzvorträge zu diesem Thema halten. Hauptziel solcher Vorträge war es, dem Management die Idee Personalentwicklung nahe zu bringen und es für die Einführung der Personalentwicklung und den Aufbau eines eigenen Konzepts zu gewinnen. Im Anschluss an den Vortrag wurde ich mehrfach als Moderator herangezogen, um in einer mehrstündigen Sitzung einen ersten Entwurf für ein künftiges betriebliches Personalentwicklungskonzept zu erarbeiten. Für die Moderation stand damit ein „neutraler" Fachmann zur Verfügung.

Das wichtigste Hilfsmittel der Moderationsmethode ist die Visualisierung. **Alle wesentlichen Diskussionsbeiträge (Informationen, Meinungen, Stimmungen, Bewertungen, Ergebnisse) werden dabei für alle sichtbar optisch festgehalten.** Pinnwände (Stecktafeln) und die zugehörigen Utensilien (Packpapier, Karten in unterschiedlicher Farbe, Form und Größe, Filzstifte, Nadeln, Klebespray und Klebepunkte) sind das typische Material der Moderationsmethode.

Einsatz der Fragetechnik

Das wichtigste Steuerungsinstrument des Moderators ist die Fragetechnik. Durch eine geschickte Fragestellung werden die Teilnehmer stimuliert, es werden Denkanstöße vermittelt, sodass sowohl das vorhandene Wissen und die bestehenden Erfahrungen sowie Meinungen und Stimmungen geäußert werden. Besonders geeignet sind offene und weiterführende Fragen, durch die möglichst viele (im besten Fall alle) Teilnehmer angesprochen werden. Ungeeignet sind dagegen geschlossene Fragen, Suggestivfragen, rhetorische Fragen sowie komplizierte und unklare Formulierungen. Ein Moderator sollte die wichtigsten Fragearten beherrschen:

Offene Fragen lassen einen großen Antwortspielraum zu. Sie bringen den Befragten zum Nachdenken und geben ihm die Möglichkeit sich mit dem Frageinhalt auseinander zu setzen und sein Wissen bzw. seine Vorschläge einzubringen. Offene Fragen beginnen mit einem Fragewort (weshalb, wozu, womit, wieso, warum, was wie usw.) und können nicht mit „ja" oder „nein" beantwortet werden.

> **Beispiele:**
> - „Was schlagen Sie vor?"
> - „Woher haben Sie diese Information?"
> - „Welche Bedenken haben Sie?"

Geschlossene Fragen beginnen mit einem Verb oder Hilfsverb. Sie lassen sich in der Regel nur mit „ja" oder „nein" beantworten (gelegentlich auch mit „vielleicht"). Geschlossene Fragen eignen sich zur Gesprächssteuerung und als Entscheidungs- und Abschlussfragen.

> **Beispiele:**
> - „Habe ich Ihre Frage richtig verstanden?"
> - „Können wir diesen Punkt damit abschließen?"
> - „Sind Sie einverstanden, dass wir eine kurze Pause machen?"

Alternativfragen geben mit der Fragestellung Wahlmöglichkeiten für die folgende Antwort vor. Sie erbringen keine neuen Informationen, sondern lenken die Befragten zu einer der vorgegebenen Alternativen.

> **Beispiele:**
> - „Sollen wir sofort eine Pause machen oder erst etwas später?"
> - „Wollen Sie schon heute oder erst beim nächsten Treffen über Ihre Erfahrungen referieren?"

Suggestivfragen beinhalten bereits eine Meinung und sollen erreichen, dass sich der Befragte dieser Meinung anschließt. Die Beeinflussung wird gerne mit den Wörtern *auch, doch, ebenfalls, sicherlich* usw. erreicht. Wegen ihres manipulativen Charakters stoßen Suggestivfragen auf Ablehnung. Bei einer Moderation sollten sie vermieden werden, denn es geht nicht darum, die Meinung des Moderator zu bestätigen, sondern durch die Fragestellung neue Gedanken zu entwickeln.

> **Beispiele:**
> - „Sie sind doch auch der Meinung, dass.....?"
> - „Sie geben mir doch sicherlich recht, wenn ich behaupte, dass....?"
> - „Es macht Ihnen doch bestimmt nichts aus, wenn.....?"

14. Die Aussprache nach dem Vortrag

Rhetorische Fragen stellen von vornherein nicht auf eine Antwort ab, sodass sie ebenfalls ungeeignet sind um Meinungen zu erfragen.

Aktivierung der Teilnehmer

Die Aktivierung der Teilnehmer erfolgt durch ganz verschiedene Methoden:

- Bei **Punktabfragen** verteilt jeder Teilnehmer einen oder mehrere Klebepunkte. Diese Methode kann verwendet werden um Anfangsbarrieren zu überwinden (z. B. mit dem so genannten Stimmungsbarometer), um Meinungstransparenz herzustellen und um Ergebnisse zu bewerten (z. B. bei einer Problemliste). Allerdings besteht keine absolute Objektivität, da nicht auszuschließen ist, dass sich einzelne Teilnehmer am Verhalten anderer orientieren.
- Bei **verdeckten Stichwortabfragen** notiert jeder Teilnehmer seine Meinung auf Kärtchen (je Karte nur einen Beitrag aufschreiben). Bei dieser Methode können alle gleichzeitig arbeiten. Die Kärtchen werden an die Pinnwand geheftet und es kommt in kurzer Zeit ein breites Meinungsbild zu Stande.
- Bei **offenen Stichwortabfragen** rufen die Teilnehmer dem Moderator ihre Beiträge zu und dieser schreibt sie auf Kärtchen. Diese Methode kann bei kleinen Gruppen eingesetzt werden. Ein Problem kann entstehen, wenn einigen Teilnehmern der Mut fehlt sich zu artikulieren.
- Durch **Sortieren (Klumpen bilden/Clustern)** werden die zunächst unsortierten Einzelbeiträge zusammengefasst. Für jede entstehende Gruppe wird ein **Oberbegriff** gebildet. Dabei ist wichtig, dass keine Idee ausgelassen wird, auch wenn nur eine Karte vorhanden ist. Auf diese Weise bleiben auch ausgefallene Beiträge zunächst noch im Rennen und kein Teilnehmer hat das Gefühl, dass sein Beitrag von Meinungsführern oder „hohen Tieren" nicht ernst genommen wird.
- Eine **Problemliste** entsteht, indem die Problembereiche entsprechend der Oberbegriffe untereinander geschrieben werden. Dabei darf durch die Reihenfolge noch keine Gewichtung vorgenommen werden. Das geschieht anschließend durch eine Punktbewertung.

Eine besondere Spielart zur Verhinderung langweiliger Monologe, zum Bremsen von Dauerrednern und zur Sicherung gleicher Rede-

14.4 Moderationsmethode

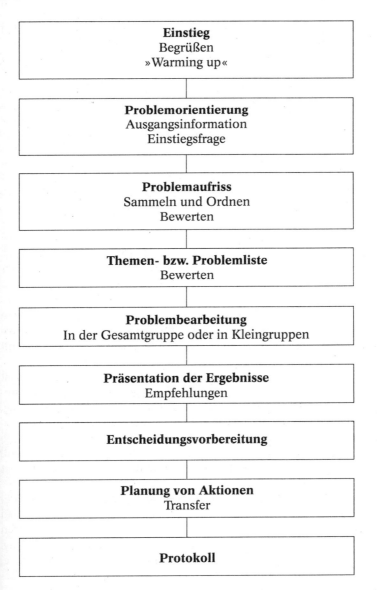

14. Die Aussprache nach dem Vortrag

zeitanteile für alle ist die „30-Sekunden-Regel". Sie kann auch bei Diskussionen eingesetzt werden, die sich sonst nicht des Instrumentariums der Moderationsmethode bedienen. Falls sich die Gruppe vorher auf diese Modalität geeinigt hat, kann jeder Teilnehmer beim Überschreiten der 30-Sekunden-Grenze einen sofortigen Abbruch des Beitrags erzwingen („rote Karte"). Auch eine Verwarnung kann noch eingebaut werden, wenn beim erstmaligen Überschreiten der 30 Sekunden zunächst die „gelbe Karte" gezeigt wird. Die Regel kann allerdings nur angewandt werden, wenn alle Teilnehmer einverstanden sind (keine Privilegien). Die 30-Sekunden-Regel fördert die Disziplin und verdeutlicht schnell, dass in 30 Sekunden sehr viel gesagt werden kann, wenn nur das Wesentliche ausgesprochen wird.

Dramaturgie

Eine Moderation umfasst die vollständige Bearbeitung einer Aufgaben- oder Problemstellung mit einer Gruppe vom Input der Daten und Fakten bis zur Maßnahmenplanung. Die Abfolge der einzelnen Schritte unterliegt keiner starren Regel. In der Praxis hat sich jedoch ein bestimmter Ablauf bewährt, der einen dramaturgisch günstigen Spannungsbogen beinhaltet, wodurch das Interesse und die Aufmerksamkeit der Teilnehmer sichergestellt werden. Der idealtypische Ablauf ist auf der vorhergehenden Seite dargestellt. Bei einer Moderation im Anschluss an einen Vortrag würden der Einstieg und die Problemorientierung durch den Vortrag geschehen. Die Moderation würde dann mit der Einstiegsfrage eröffnet.

Auf den Punkt gebracht:
- Bereiten Sie sich auf eine Diskussion vor. Überlegen Sie, mit welchen Fragen voraussichtlich zu rechnen ist.
- Durch eine Diskussion können Lücken geschlossen und Missverständnisse ausgeräumt werden und Sie erfahren, ob Sie Ihr Redeziel erreicht haben.
- Wenn eine Aussprache vorgesehen ist, können Sie Ihren Vortrag entlasten und „Randthemen" sowie Zwischenfragen in die Diskussion verlagern.

14.4 Moderationsmethode

- Durch Zusammenfassung mehrerer Diskussionsbeiträge erreichen Sie eine thematisch gegliederte Aussprache.
- Falls die Diskussion nicht in Gang kommt, sollten Sie einige Eisbrecherfragen vorbereitet haben.
- Beenden Sie auch eine Diskussion mit einem eindrucksvollen Schluss (Fazit, Appell).
- Hören Sie die Diskussionsbeiträge in Ruhe an; lassen Sie Ihr Interesse durch nonverbale Signale erkennen.
- Sachliche Einwendungen sollten auch sachlich behandelt werden.
- Gehen Sie bei emotionalen Einwendungen nur auf den sachlichen Teil ein.
- Verschaffen Sie sich bei schwierigen Diskussionsbeiträgen Zeitgewinn durch reflektierende Fragen und Gegenfragen.
- Durch die „Ja, aber-Methode" können Sie einen direkten Widerspruch vermeiden.
- Die Moderationsmethode eignet sich, wenn in der Diskussion bereits Lösungen erarbeitet werden sollen.

> Man muß etwas zu sagen haben,
> wenn man reden will.
> (Goethe)

15. Stoffsammlung

Nur wer über ausreichend Material verfügt, wird im Vortrag etwas zu sagen haben. Das gilt für jede Vortragsart. Nur ein Teil des benötigten Materials ist im Kopf des Redners bereits vorhanden. Der Rest muss durch eine systematische Stoffsammlung zusammengetragen werden.

Halten Sie bei der Materialsuche zunächst alle Gedanken fest, die Ihnen einfallen. Zu diesem frühen Zeitpunkt können Sie noch nicht entscheiden, welche Ideen Sie endgültig in Ihren Vortrag aufnehmen. Auch Gedanken, die nicht in den Vortrag einfließen, können nützlich sein: Ein Redner sollte immer wesentlich mehr wissen als er sagt. Das Publikum merkt sehr schnell, ob ein Redner sein Thema wirklich beherrscht oder sich nur das angelesen hat, was er vorträgt. Außerdem können einzelne Gedanken auch in einer späteren Diskussion noch nachgeschoben werden.

15.1 Spontanideen zum Thema sofort aufschreiben

Mit dieser Empfehlung sprechen wir ein grundlegendes Gesetz aus der Arbeitstechnik an: Jede Idee sofort aufschreiben! Wahrscheinlich haben auch Sie schon die Erfahrung gemacht, dass Sie eine neue Aufgabe übernommen haben und spontan ein paar gute Einfälle dazu hatten. Sie nehmen sich vor daran zu denken, wenn Sie sich intensiver mit der Aufgabe befassen. Bis dahin vergeht einige Zeit und wenn Sie dann endlich an der Arbeit sind, haben Sie vieles bereits wieder vergessen.

Ideen sind zu wertvoll um sie verloren gehen zu lassen. Diese Erkenntnis gilt auch bei der Vorbereitung eines Vortrags. Wenn Sie das Thema und das Redeziel kennen, dann stellen sich ganz automatisch einige gute Gedanken ein. Auch bei der weiteren Vorbereitung wird Ihnen immer wieder einmal etwas einfallen, insbesondere dann, wenn Sie sich nicht gerade gezielt mit Ihrem Vortrag beschäftigen. **Ideen kommen nicht auf Abruf, sondern werden zufällig, durch irgendeinen äußeren Vorgang ausgelöst. Lassen Sie keine Idee verloren gehen, sondern halten Sie diese sofort in irgendeiner Form fest.**

Ich empfehle auch schon für die Sammlung der Spontanideen die an anderer Stelle bereits vorgestellten Stichwortkärtchen (vgl. Seite 73) zu verwenden. Wenn Sie jeden Gedanken auf ein eigenes Kärtchen schreiben, dann können Sie die Kärtchen später durch einfaches Umsortieren in die gewünschte Reihenfolge bringen. Auch jede andere Form den Gedanken zu sichern ist möglich; für einen kleinen Notizblock findet sich bei jeder Kleidung noch ein Plätzchen. Ich selbst führe immer ein Diktiergerät im Füllhalterformat mit mir; einige Ideen und Formulierungen für dieses Buch stammen von den täglichen Spaziergängen mit dem Hund. Sie werden später dankbar sein, wenn das Material für Ihren Vortrag auf diese Weise ohne größere Anstrengungen wächst.

15.2 Systematische Stoffsammlung

Leider fliegen uns nicht alle Gedanken von selbst zu. Zusätzlich gilt es die für jedes Thema vorhandenen Quellen zu erschließen. **Regen Sie dazu Ihr Gedächtnis durch Fragen an.** Diese können sich auf das Thema und den Inhalt, auf das Publikum, aber auch auf mögliche Quellen richten. Verwenden Sie einige Leitfragen aus der folgenden Checkliste.

Checkliste: Leitfragen zur Vorbereitung
Fragen zum Publikum
- Wer ist der Veranstalter?
- Vor wem wird der Vortrag gehalten?
- Wie setzt sich das Publikum zusammen?
- In welcher Situation befindet sich das Publikum?
- Wieviele Zuhörer kommen voraussichtlich?
- Welche Vorkenntnisse und Erfahrungen haben die Zuhörer?
- Was interessiert die Zuhörer?
- Was interessiert die Zuhörer nicht?
- Welche Erwartungen haben die Zuhörer?
- Muss jemand namentlich erwähnt (begrüßt) werden?
- Sind Bedankungen erforderlich?

15.2 Systematische Stoffsammlung

Fragen zum Thema
- Was ist der Anlass für den Vortrag?
- Wie ist das Thema genau formuliert?
- Warum spreche ich?
- Was will ich erreichen (Redeziel)?
- Will ich informieren oder überzeugen?
- Was sind die wichtigsten Aussagen um das Redeziel zu erreichen?
- Wie erreiche ich die Beziehungsebene (Gefühlsebene)?
- Welche Probleme bestehen?
- Worüber will ich informieren?
- Was gehört zum Thema, was kann weggelassen werden?
- Welche Argumente habe ich?
- Mit welchen Gegenargumenten ist zu rechnen?
- Welche Kenntnisse und praktischen Erfahrungen habe ich auf diesem Gebiet?
- Kann ich neue Erkenntnisse vermitteln?
- Darf ich bestimmte Dinge nicht sagen („Fettnäpfchen" vermeiden)?
- Welche Möglichkeiten zum Auflockern habe ich?
- Welche Daten müssen genannt werden?
- Sind die Ausführungen von Vorrednern zu berücksichtigen?
- Wie lässt sich das Thema im Vortrag darbieten?
- Ist eine anschließende Diskussion vorgesehen?
- Was kann in der Diskussion behandelt werden?

Technisch-organisatorische Fragen
- Wie viel Zeit steht zur Verfügung?
- Wie sieht der Vortragsraum aus?
- Sollen einzelne Gedanken visualisiert werden?
- Welche Hilfsmittel können eingesetzt werden?
- Sind die benötigten Hilfsmittel vorhanden?

Die wichtigsten Quellen für fachliche Themen sind Fachbücher und Fachzeitschriften. Allerdings kann die Fachliteratur nicht alles liefern, was einen guten Vortrag ausmacht. Sie ist nicht immer auf dem neuesten Stand und enthält insbesondere nicht die Gedanken, die einem Vortrag seine „Würze" verleihen. Auf Anekdoten, Zitate, besondere Formulierungen, treffende Beispiele oder Vergleiche stoßen Sie oft zufällig. Tageszeitungen, Rundfunk- oder Fernsehnachrichten, Gespräche mit anderen sind nur einige Lieferanten für gute Ideen. In der folgenden Checkliste sind die wichtigsten Ideenquellen zusammengefasst.

15. Stoffsammlung

Checkliste: Ideenquellen
- Fachbücher, Fachzeitschriften
- Fachverlage
- Wissenschaftliche Untersuchungen
- Lexika, Handwörterbücher, Jahrbücher
- Gesetzestexte, Rechtsprechung
- Bibliotheken, Firmenarchiv
- Korrespondenz, Akten, Kataloge
- Firmenzeitschriften
- Projektberichte, Untersuchungsergebnisse
- Tageszeitungen, Rundfunk, Fernsehen
- Auskunfteien, Buchhandlungen
- Datenbanken, Internet
- Pressestellen, Öffentlichkeitsabteilungen von Unternehmen
- Tagungsberichte
- Hochschulen, Professoren, Dozenten, Lehrer
- Kollegen, Vorgesetzte, Mitarbeiter, Freunde, Familie
- Berater, Experten
- Kammern, Verbände
- Statistische Ämter, Behörden, Ministerien
- Zitate-, Anekdoten- oder Witzesammlungen
- Eigene Beobachtungen, Erfahrungen, Erlebnisse
- Eigenes Ideenarchiv

Die personenbezogenen Daten in Gelegenheitsreden müssen zumeist im Umfeld des Jubilars erfragt werden. Bei betrieblichen Anlässen (Jubiläum oder Verabschiedung von Mitarbeitern) kann auch die Personalakte wertvolle Hinweise liefern. Häufig wird eine Gelegenheitsrede unter ein begleitendes Motto gestellt oder es werden Verknüpfungen zu einer bekannten Person oder einem besonderen Anlass hergestellt. Die in der folgenden Liste genannten Möglichkeiten eignen sich besonders für Mitarbeiterjubiläen und Geburtstagsreden.

Checkliste: Begleitendes Motto für Geburtstagsreden und Mitarbeiterjubiläen
- Geburtsjahr oder Kalendertag
- Sternzeichen
- Beruf des Jubilars

- Beruf des Gratulanten
- Gemeinsamkeit mit dem Jubilar
- Zitat (Geschichte, Literatur, Politik)
- Eigenzitat des Jubilars
- Lebensmotto, Lieblingsspruch des Jubilars
- Zahlensymbolik
- Lieblingsautor/Lieblingsgestalt des Jubilars in der Literatur und Geschichte
- Geschätzte Person der Gegenwart
- Die am meisten bewunderte Erfindung
- Das Gebäude, in dem wir uns heute befinden
- Gemälde, Einrichtung im Raum
- Lebensweisheiten/Philosophieren über das Alter
- Rückgriff auf eine literarische Vorlage
- Aktuelles Tagesgeschehen

(Quelle: Der Reden-Berater)

15.3 Kreativitätstechniken

Verwenden Sie auch Kreativitätstechniken um originelle Ideen zu erhalten. Die bekannteste Kreativitätstechnik für das schöpferische Denken in Gruppen ist das Brainstorming. Brainstorming für den Einzelnen wird als Freewheeling bezeichnet. Der Erfolg des Brainstorming beruht auf dem Assoziationsprinzip: Eine Idee weckt die Nächste. In beiden Fällen lassen wir unseren Gedanken freien Lauf und schreiben alles auf, was uns einfällt. Auch die ausgefallensten Ideen werden notiert. Gerade die augenblicklich unsinnig erscheinende Idee könnte der Auslöser für den nächsten, brauchbaren Einfall sein. Wir unterscheiden bei beiden Methoden eine schöpferische Phase und eine Auswertungsphase. Die wichtigsten Regeln sind im Folgenden zusammengefasst.

Freewheeling (Einzelbrainstorming)

- Formulieren Sie zunächst das Ziel, das Sie mit der Übung erreichen wollen. Brauchbare Ergebnisse werden nur erreicht, wenn eine eindeutige Zielformulierung vorliegt.

15. Stoffsammlung

> **Beispiel:**
> Wie eröffne ich einen Vortrag zum Thema „Zeitmanagement?"

- Legen Sie einen abgegrenzten Zeitraum für die Gedankenassoziation (schöpferische Phase) fest. Zehn bis fünfzehn Minuten reichen im Allgemeinen.
- Die schöpferische Phase beginnt: Alle Ideen werden sofort notiert, so wie sie Ihnen einfallen.
- In dieser Phase nicht über die einzelnen Ideen nachdenken, sondern sofort aufschreiben.
- Keine Kritik an den einzelnen Gedanken üben; das würde zu einer Denkblockade führen.
- Auch völlig ausgefallene Einfälle werden zunächst aufgeschrieben. Selbst wenn ein Gedanke sich später als sinnlos herausstellt, kann er in der schöpferischen Phase wichtig sein, um eine neue brauchbare Idee auszulösen.
- Während der kreativen Phase nicht über die Realisierbarkeit der gefundenen Ideen nachdenken. Überlegungen wie *„das geht doch nicht"*, *„das ist bereits bekannt"* oder *„dafür haben wir kein Geld"* gehören in die Auswertungsphase.
- Auswertung: Ideen überprüfen, werten, ordnen und auswählen.

Brainstorming

- Stellen Sie einen begrenzten Teilnehmerkreis zusammen; eine ideale Größe sind acht bis zehn Teilnehmer. Beim Fachvortrag können die Kollegen herangezogen werden; diese werden sich freuen Sie bei der Materialsuche unterstützen zu können.
- Es hat sich bewährt, einen Außenseiter hinzu zu ziehen um Fachblindheit zu vermeiden.
- Definieren Sie ein eindeutiges Ziel.
- Legen Sie einen Zeitrahmen fest; 20 Minuten sind bei den meisten Themen ausreichend.
- Machen Sie alle Teilnehmer mit den Regeln bekannt.
- Jetzt beginnt die kreative Phase: Die Ideen werden vorgetragen, ohne wenn und aber. Wer eine Idee hat, meldet sich und spricht sie aus.

- Alle Gedanken müssen in kurzen Sätzen formuliert werden.
- Sämtliche Ideen werden notiert (Person vorher festlegen) bzw. auf Tonband festgehalten.
- Jede Kritik an den geäußerten Gedanken ist absolut verboten. Die Einhaltung dieser Regel fällt besonders schwer; bei Brainstormingübungen im Seminar musste ich immer wieder daran erinnern, wenn ich beim Umhergehen Bemerkungen wie *„das geht doch nicht"* oder auch schärfer formuliert hörte.
- Es darf auch nicht über die einzelnen Ideen diskutiert werden. Dafür gibt es die anschließende Auswertungsphase.
- Ideen von Vorrednern dürfen jedoch aufgegriffen und fortgeführt werden.
- Beenden Sie die Ideenproduktion nach der vorgesehenen Zeit.
- Auswertungsphase: Erst jetzt werden die einzelnen Ideen bewertet und auf ihre Verwendbarkeit untersucht. Jetzt dürfen auch kritische Anmerkungen gemacht werden.
- Die Auswertung kann entweder sofort im Anschluss an die kreative Phase von der Gruppe selbst durchgeführt werden oder sie wird von einem neutralen Gremium übernommen.

Brainstorming und Freewheeling sollten nicht nur für die fachlichen Teile eines Vortrags eingesetzt werden. Auch die zur Lockerung eingesetzten Stimulatoren (vgl. Seite 93) können auf diesem Weg gefunden werden. Vor einigen Jahren habe ich einmal im Auftrag eines Karikaturisten eine Studentengruppe eingesetzt um Ideen für die Bebilderung eines Fachaufsatzes zum Thema Fragetechnik zu finden. Innerhalb von 20 Minuten wurden über 40 Vorschläge gemacht, von denen fünf verwertbar waren und in den Aufsatz eingegangen sind.

15.4 Mind-Mapping

Die Mind-Map (Gehirnlandkarte) wurde bereits als Alternative zu den Stichwortkärtchen erwähnt (vgl. Seite 80). Die Mind-Map-Methode ist eine assoziative Vielzwecktechnik, die schnell zu erlernen ist und rasch zu Ergebnissen führt. **Durch Mind-Mapping wird das bildlich-räumliche Denken aktiviert. Ausgehend von einem zentralen Begriff werden komplexe Themen vorstrukturiert.**

Wenn wir uns mit einem Problem beschäftigen, entwickelt unser Gehirn zumeist viele Lösungen (Ideen), die jedoch nicht strukturiert sind und schnell wieder verloren gehen. Mind-Maps halten diese Lösungen in Schlüsselwörtern fest und ordnen sie gleichzeitig. Dabei werden die Möglichkeiten unseres Gehirns optimal genutzt, da die beiden unterschiedlichen Gehirnseiten in ständigem Wechsel herangezogen werden.

Das Grundmuster einer Mind-Map ist einfach: Ausgangspunkt ist ein Kreis in der Blattmitte, der das Thema enthält. Von diesem Kreis gehen Verzweigungen (sog. Äste) ab, die das Thema in einzelne Bereiche untergliedern und auffächern. Von den Ästen gehen wiederum Zweige und von diesen Nebenzweige ab.

An den Ästen, Zweigen und Nebenzweigen werden die jeweiligen Gedanken durch Stichworte (Schlüsselwörter) vermerkt. Bei den Schlüsselwörtern handelt es sich in der Regel um einfache Substantive, durch welche die Assoziation zu den Gedankenbildern hergestellt wird. Wie bei den Kreativitätstechniken darf auch beim Mind-Mapping nicht zu lange nachgedacht werden; Logik ist (zunächst) nicht gefragt. Schreiben Sie auf, was Ihnen in den Sinn kommt; die Auswertung erfolgt später. Ein Beispiel für eine Mind-Map ist auf Seite 80 abgedruckt. Die wichtigsten Regeln sind im Folgenden zusammengefasst.

Regeln des Mind-Mapping

- Verwenden Sie Papier im Querformat; um nicht zu schnell „an die Grenzen" zu stoßen wird DIN-A3-Format empfohlen.
- Schreiben Sie in Blockbuchstaben.
- Beginnen Sie mit dem Thema in der Blattmitte; das Thema kann in Worten oder als Bild festgehalten werden.
- Die einzelnen Themenkomplexe (Hauptpunkte) werden jeweils einem Ast zugeordnet.
- Halten Sie die Gedanken nur in Stichworten fest.
- Als Ordnungsprinzip gilt: Vom Allgemeinen zum Speziellen
- Durch Symbole oder Bilder kann die Anschaulichkeit erhöht werden.
- Bei Platzmangel kann das Papier durch Ankleben erweitert werden.

Kreativitätstechniken und Mind-Mapping können bei der Stoffsammlung eine Hilfe sein, sie sollten aber nicht überschätzt werden.

Sie wirken als eine Art Initialzündung und liefern Denkanstöße. Wenn es darum geht, zu entscheiden, was endgültig in den Vortrag übernommen wird, dann ist wieder der analytische Verstand gefragt.

15.5 Ideenarchiv anlegen

Vielleicht verfügen Sie schon über ein Ideenarchiv? Oder Sie legen sich ab jetzt ein solches an. Wenn Sie öfters Vorträge halten müssen, sollten Sie zumindest zu den Themenbereichen, über die Sie häufiger sprechen, nicht darauf verzichten. Halten Sie im Ideenarchiv alle Gedanken fest, auf die Sie beim Lesen, durch eine Meldung im Rundfunk, im Gespräch oder anderweitig stoßen. Auch wenn Sie heute keine Verwendung für einen Gedanken haben, kann er schon morgen nützlich sein.

Nehmen Sie in ein solches Archiv auch eigene Erlebnisse, private und berufliche Erfahrungen sowie Beispiele auf, die zu Ihrem „Spezialgebiet" passen. Ein guter Redner sollte immer auch ein guter Geschichtenerzähler sein. Die Amerikaner sprechen von „story telling qualities".

Schreiben Sie die Gedanken aber so ausführlich auf, dass Sie auch nach einiger Zeit noch wissen, was gemeint war. Notieren Sie sich bei Zitaten oder Literaturstellen die genaue Quelle. Das Ideenarchiv kann eine einfache Hängemappe im Schreibtisch sein.

Auf den Punkt gebracht:
- Der Redner sollte wesentlich mehr wissen als er sagt.
- Stellen Sie sicher, dass Ihnen keine Spontanideen verloren gehen.
- Schreiben Sie jeden Einfall auf ein eigenes Kärtchen.
- Orientieren Sie sich bei der systematischen Stoffsammlung an Leitfragen.
- Halten Sie bei der Materialsuche alle Einfälle fest, auch wenn Sie zunächst noch nicht sicher sind, ob Sie diese verwerten können.
- Setzen Sie zur Ideensuche Kreativitätstechniken (Freewheeling/Brainstorming) ein.
- Mind-Mapping eignet sich zur Ideensuche und zur Vortragsgliederung.
- Legen Sie sich ein Ideenarchiv an.
- Sammeln Sie alle Ideen, Erlebnisse, Erfahrungen, Anekdoten und Zitate, die für Ihre Vortragsgebiete geeignet erscheinen.

> Wer aufhört, besser zu werden,
> hat aufgehört, gut zu sein.
> (Philip Rosenthal)

16. Dichter werden geboren, Redner werden gemacht

Es kann nicht jeder ein großer Dichter sein; es kann aber jeder das überzeugend und treffend sagen, was er anderen sagen möchte. Wie bereits erwähnt, haben im Rhetorik-Seminar viele Teilnehmer die Erfahrung gemacht, dass sie rhetorisch viel besser waren, als sie es selbst glaubten. Auch Sie haben auf den vorangegangen Seiten festgestellt, dass Sie viele Regeln und Empfehlungen bereits anwenden. Manches muss noch hinzugelernt werden; das geschieht durch Übungen. Einige rhetorische Nachlässigkeiten, die sich im Laufe der Jahre eingeschlichen haben, müssen durch Training überwunden werden.

Bestandsaufnahme

Ich empfehle mit einer Bestandsaufnahme zu beginnen, indem Sie einige kleine Vorträge zu selbst gewählten Themen halten. Im Rhetorik-Seminar steht am Anfang eine Vorstellungsübung, wie sie in Übung Nr. 34 (vgl. Seite 208) beschrieben ist. Diese Übung hat den Vorteil, dass der Redner keine inhaltlichen Probleme hat. Auch die Übungen Nr. 11 und 12 (vgl. Seite 81) eignen sich für die Bestandsaufnahme. **Stellen Sie fest (oder lassen Sie feststellen), was Sie bereits beherrschen und wo es noch Mängel gibt.** Sie werden erstaunt sein, wie viele unserer Empfehlungen Sie schon einsetzen.

Stufenweises Umsetzen

Greifen Sie von den festgestellten Schwachpunkten einen oder zwei heraus, auf die Sie sich beim nächsten Vortrag konzentrieren. Wenn Sie festgestellt haben, dass Sie zu schnell sprechen und die Zuhörer zu wenig ansehen, dann achten Sie vor allem auf das

16. Dichter werden geboren, Redner werden gemacht

Sprechtempo und den Blickkontakt. **Sorgen Sie durch Regieanweisungen in Ihrem Stichwortmanuskript dafür, dass Sie regelmäßig an dieses Vorhaben erinnert werden.** Wenn Sie diese Schwächen weitgehend bereinigt haben, dann wechseln Sie auf zwei weitere Ansatzpunkte. Sie werden über den schnellen Erfolg überrascht sein, der sich durch die Konzentration auf einzelne Schwachstellen einstellt.

Wählen Sie für Ihr weiteres Training aus den folgenden Übungen. Neben dem jeweils genannten Übungsziel können Sie mit den meisten Übungen zusätzlich den Umgang mit dem Stichwortmanuskript und damit Sicherheit trainieren.

Übung Nr. 34: Vorstellungsübung
Diese Übung kann als Einzel- oder Gruppenübung durchgeführt werden.

Einzelübung
Schreiben Sie folgende Wörter auf einen Stichwortzettel:
- Name
- Wohnort
- Familienstand
- Schulischer Werdegang
- Beruflicher Werdegang
- Derzeitige Tätigkeit
- Hobby

Aber verwenden Sie die vorstehenden Begriffe und nicht schon die Antwort. Sie wollen doch das Reden mit Stichworten trainieren; es fällt Ihnen garantiert ein, wie Sie heißen und wo Sie wohnen.

Gruppenübung:
In der Gruppe ist es abwechslungsreicher sich gegenseitig vorzustellen. Erfragen Sie zunächst vom Partner die notwendigen Daten und stellen Sie den anderen dann so vor, wie Sie das bei einer Veranstaltung tun würden (z. B. als Gastredner).
Übungsziel: Dies ist eine geeignete Übung um das Reden anhand eines Stichwortzettels zu trainieren. Als Nebeneffekt erkennen Sie, was bei einer Vorstellung gesagt werden muss und in welcher Reihenfolge die Informationen gebracht werden sollen.

Übung Nr. 35: Von der Zeitungsmeldung zum Kurzvortrag
Suchen Sie sich in Tageszeitungen kleinere Berichte (etwa 20 bis 40 Zeilen) heraus. Erstellen Sie daraus unter Verwendung einer Redeformel ein kurzes Stichwortmanuskript. Aus der Überschrift erfahren Sie zumeist, ob es sich um einen Sach- oder einen Überzeugungsvortrag handelt.

16. Dichter werden geboren, Redner werden gemacht

Übungsziel: Diese Übung verdeutlicht, dass sich eine Rede vom geschriebenen Text unterscheiden muss. Außerdem können Sie den Einsatz von Redeformeln üben.

Übung Nr. 36: Gelegenheitsrede
Als Abschlussübung wurde im Rhetorik-Seminar sehr oft eine Gelegenheitsrede gehalten (nachdem zuvor Überzeugungsreden im Vordergrund standen). Die Teilnehmer haben entweder ihr Thema mitgebracht oder sich aus der nachstehenden Liste einen Anlass ausgewählt. Nach 15 Minuten Vorbereitung wurden kleine Gelegenheitsreden von zwei bis drei Minuten Dauer gehalten.
Übungsziel: Ein weiterer Auftritt vor Publikum und das Wissen schon einmal eine Gelegenheitsrede gehalten zu haben. Ein Nebeneffekt dieser Übung bestand darin, dass teilweise recht originelle Ideen entwickelt wurden, die mancher sich für seine künftige Gelegenheitsrede notiert hat.

Themen aus dem beruflichen Bereich:
- Mitarbeiterjubiläum
- Mitarbeiterverabschiedung
- Begrüßung eines neuen Mitarbeiters
- Betriebsfest
- Beförderung
- Firmenjubiläum
- Eröffnung der neuen Filiale
- Bezug der neuen Büros

Themen im privaten Bereich:
- Gäste begrüßen
- Geburtstag
- Hochzeit
- Verlobung
- Baby angekommen
- Pensionierung
- Richtfest
- Bezug der neuen Wohnung
- Schulentlassung/Studienabschluss
- Führerschein erworben
- Lottogewinn
- Sportlicher Erfolg

Übung Nr. 35: Juxvorträge halten
Diese Übung hat im Seminar viel Spaß bereitet. Sie kann allein oder in der Gruppe durchgeführt werden. Jeder zieht aus der nachfolgende Liste ein Jux-

16. Dichter werden geboren, Redner werden gemacht

thema und erstellt in höchstens 20 Minuten Vorbereitungszeit ein Stichwortmanuskript. Die Redezeit soll etwa drei Minuten betragen. Je ausgefallener die Gedanken, umso besser.

Themenvorschläge:
- Fußgängerüberweg für Haustiere
- Ein Nilpferd als Haustier
- Einen Frosch küssen
- Mitgliedschaft im Verein der Rennregenwurmzüchter
- Diät für Elefanten
- Umsiedlung der Eskimos nach Australien
- Verlegung der Zugspitze nach Hamburg
- Tempolimit für Schnecken
- Scheibenwischer für Brillen
- Ölwechsel bei Kühlschränken
- Hähnchen mit Stäbchen essen
- Ich mache eine Bananendiät
- Gurtpflicht für Tretroller
- Fliegender Teppich als Verkehrsmittel

Übungsziel: Üben des Redens nach Stichworten und Aufbau zusätzlicher Sicherheit. Außerdem wird die Kreativität gefordert und der Redner wird gezwungen ungewöhnliche Gedanken auszusprechen. Davor scheut sich mancher.

Übung Nr. 38: Zitate interpretieren

Diese Übung eignet sich besonders für Gruppen. Schreiben Sie vorher auf Zettel jeweils ein Zitat, ein Sprichwort oder eine Lebensweisheit und lassen Sie die Teilnehmer ziehen (oder lassen Sie aus einer Liste ein Thema auswählen). Nach einer kurzen Vorbereitung (15 Minuten) eines Stichwortmanuskripts muss über das gezogenen Thema ein Vortrag von drei bis fünf Minuten Dauer gehalten werden.

Themenbeispiele:
- Dumme Gedanken hat jeder, nur der Weise verschweigt sie (Wilhelm Busch)
- Wer verlangt, dass mit offenen Karten gespielt wird, hat gewöhnlich alle Trümpfe in der Hand (Graham Greene)
- Jede Situation ist beeinflussbar (Schopenhauer)
- Natürlich sein ist eine Pose, die sich schwer durchhalten lässt (Oscar Wilde)
- Wer seinen Hund liebt, muss auch seine Flöhe lieben (Bantuweisheit)
- Es geht uns allen schlecht, aber auf einem sehr hohen Niveau (Karl Heinrich Lebherz)

16. Dichter werden geboren, Redner werden gemacht

- Manche meinen, wenn jeder zuerst an sich selbst denke, sei schließlich auch an jeden gedacht (Bernhard Vogel)
- Es gibt keine Höhen, wenn dazwischen nicht auch Täler liegen (Manfred Kerler)
- Es kommt nicht darauf an, woher der Wind weht, sondern dass man die Segel richtig setzt (Bernhard Plettner)

Übungsziel: Üben des Redens nach Stichworten und Aufbau zusätzlicher Sicherheit. Außerdem zwingt die Übung dazu, sich einmal mit einem „anderen Aspekt" (im Gegensatz zum Fach- oder Lieblingsthema) auseinander zu setzen.

Übung Nr. 39: Erlebnisse erzählen
Diese Übung wird in ähnlicher Form auch in Seminaren zur Persönlichkeitsentwicklung durchgeführt. Sie eignet sich für eine oder mehrere Gruppen von vier bis sechs Teilnehmern. Gespielt werden mehrere Runden.

1. Runde: Ein Teilnehmer sitzt den übrigen frontal gegenüber. Der allein Sitzende erzählt etwa eine Minute lang ein Kindheits- oder Jugenderlebnis. Die anderen hören zu und klatschen Beifall, wenn der Erzähler fertig ist. Der bisherige Erzähler tauscht den Platz mit einem Zuhörer. Dieser erzählt ebenfalls etwa eine Minute lange ein Kindheits- oder Jugenderlebnis. Wiederum Beifall und Platztausch bis alle einmal erzählt haben.

2. Runde: Der Redner sitzt und die Zuhörer stehen. Thema: Ein schulisches oder berufliches Erlebnis. Der Ablauf vollzieht sich wie in der ersten Runde. Nacheinander muss jeder eine Geschichte erzählen und erhält dafür Beifall. Die ungewöhnliche Anordnung (vor stehenden Zuhörern) bedeutet für manche ein kleines Problem; vergleichbare Situationen treffen wir im Alltag z. B. vor Gericht an.

3. Runde: Der Redner steht und die Zuhörer sitzen (= frei Sprechen vor Gruppen). Thema: Ein Erlebnis im Verkehr oder ein Reiseerlebnis. Wieder erzählt nacheinander jeder etwa eine Minute lang.

4. Runde: Redner und Zuhörer stehen. Das Thema stammt aus dem großen Feld Politik (Denken Sie nicht nur an die Große „Weltpolitik"; auch Lokalpolitik, Vereinspolitik, Schulpolitik, Verbandspolitik usw. kommen infrage). Im Gegensatz zu den bisherigen Runden hören die Zuhörer aber nicht zu, sondern unterhalten sich miteinander. Der Redner muss dennoch weiter sprechen und mindestens eine Minute durchhalten. Wenn er fertig ist, hebt er den Arm, dann müssen alle Beifall spenden. Wegen des fehlenden Interesses der Zuhörer, fällt es in dieser Situation besonders schwer nicht aufzugeben.

Übungsziel: Sicherheit aufbauen in spielerischer Form

16. Dichter werden geboren, Redner werden gemacht

Übung Nr. 40: Von anderen lernen
Hören Sie sich die Vorträge anderer an. Sie können von guten und schlechten Rednern lernen. Besuchen Sie öffentliche Veranstaltungen, nehmen Sie an Versammlungen teil, verfolgen Sie Ansprachen bekannter Persönlichkeiten im Fernsehen oder hören Sie sich Predigten und Plädoyers an, wenn Sie Gelegenheit dazu haben.
- Prüfen Sie, ob die Redner ein klares Ziel haben;
- Versuchen Sie, die Gliederung zu erkennen;
- Achten Sie auf sprachliche und sprechtechnische Feinheiten;
- Notieren Sie sich gute Ideen.

Übungsziel: Analysieren fremder und eigener Vorträge

Übung Nr. 41: Zeichnen
Übungsablauf: Ein Freiwilliger erhält das erste Bild (ohne dass es die anderen sehen) und muss dieses den übrigen Teilnehmern in Worten so erklären, dass es von diesen nachgezeichnet werden kann. Es dürfen keine Fragen gestellt werden. Anschließend werden Zeichnungen und Original miteinander verglichen. Wiederholen Sie die Übung mit den anderen Bildern und weiteren Freiwilligen. Entwerfen Sie bei Bedarf eigene Bilder.
Übungsziel: Durch die Übung wird den Teilnehmern deutlich, wie schwierig es ist einfache Dinge verständlich zu erklären. Es geht nicht darum festzustellen, ob „schlecht" erklärt oder „schlecht" zugehört wurde. Entscheidend ist, dass den Teilnehmern die Abweichungen zwischen Sagen und Verstehen bewusst werden.

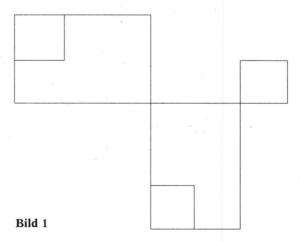

Bild 1

16. Dichter werden geboren, Redner werden gemacht

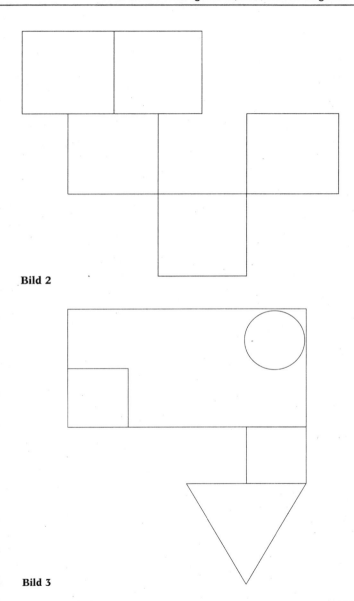

Bild 2

Bild 3

16. Dichter werden geboren, Redner werden gemacht

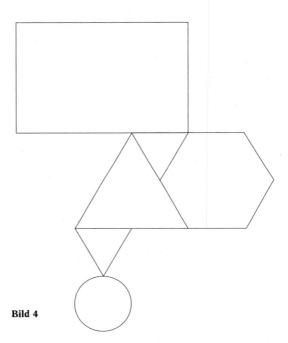

Bild 4

Literatur- und Quellenverzeichnis

Altmann, Hans-Christian: Wie man frei spricht und seine Zuhörer fesselt, Kissing/Zürich/Paris 1982
Altmann, Hans Christian: Die hohe Kunst der Überzeugung, Landsberg 1999
Birkenbihl, Vera. F.: Rhetorik, Berlin 1998
Blum, Karl: Rhetorik für Führungskräfte, Landsberg 1993
Cole, Kris: Kommunikation klipp und klar: besser verstehen und verstanden werden, Weinheim/Basel 1999
Der Reden-Berater: Erfolgreiche Reden im Betrieb, in der Öffentlichkeit und im Privatleben, Bonn
Ebeling, Peter: Reden ohne Lampenfieber, Regensburg/Düsseldorf 1998
Enkelmann, Nikolaus B.: Rhetorik Klassik, Offenbach 1999
Gehm, Theo: Kommunikation im Beruf. Hintergründe, Hilfen, Strategien, Weinheim/Basel 1997
Hey, Julius: Der kleine Hey. Die Kunst des Sprechens. Mainz 1997
Krieger, Paul/Hantschel, Hans-Jürgen: Handbuch Rhetorik. Reden – Gespräche – Konferenzen, Niedernhausen 1998/1999
Langer/Schulz v. Thun/Tausch: Sich verständlich ausdrücken, München 1993
Lemmermann, Heinz: Lehrbuch der Rhetorik, Landsberg 1993
Mentzel, Wolfgang: Rhetorik – frei und überzeugend sprechen, Planegg 2000
Mentzel/Grotzfeld/Dürr: Mitarbeitergespräche. Mitarbeiter motivieren, richtig beurteilen und effektiv einsetzen, Planegg 1998
Mohler, Alfred: Die 100 Gesetze überzeugender Rhetorik, Frankfurt/Berlin 1996
Müller, Klaus Ulrich: Sprich – damit ich dich sehe, Nürnberg 1983
Reiners, Ludwig: Stilfibel. Der sichere Weg zum guten Deutsch, München 1990
Ruhleder, Rolf H.: Rhetorik Kinesik Dialektik, Bonn 2000
Schlüter, Barbara: Rhetorik für Frauen, Landsberg 1998
Schneider, Wolf: Deutsch für Profis, München 1999
Schneider, Wolf: Wörter machen Leute. Magie und Macht der Sprache, München 1996

Literatur- und Quellenverzeichnis

Schorkopf, Horst: Reden frei – verständlich – wirksam, Freiburg 1993
Vogt, Gustav: Erfolgreiche Rhetorik, München/Wien 1998
Watzlawick, P./Beaven, J. H./Jackson, D. D.: Menschliche Kommunikation, Formen – Störungen – Paradoxien, Bern/Stuttgart 1969
Zillo, Adriana/Greissing, Hans: Neue Hoffnung: Zilgrei. Schmerzfrei durch eine kombinierte Haltungs- und Atemtherapie, Gütersloh 1995

Stichwortverzeichnis

Ablenken 158
Ahnentafel 79
Alkohol 160
Alternativfrage 191
Anapher 105
Anrede 23
Anschaulichkeit 104
Anschauungsmaterial 30
Ansprache 16
Antike Redegliederung 57
Appell 51
Artikulation 112
Atemtechnik 119
Aufhören 49
Aufnahmefähigkeit 40
Ausblick 53
Aussprache 112, 181
Auswendig vortragen 87
Begeisterung 124
Begrüßung 23, 65
Beifall 177
Beispiele 104
Beziehungsebene 44
Blickkontakt 126
Brainstorming 202
captatio benevolentiae 26
Demonstration 30
Dialekt 108
Diaprojektor 146
Diskussion 181
Drei-Wörter-Übung 81
Eigene Vorstellung 34
Einfachheit 92
Einleitung 6, 21, 39
Einstieg 21
Einwandbehandlung 184
Einzelbrainstorming 201
Eisbrecherfragen 183
Entspannungsmethoden 154
Eröffnungsfragen 183
Erzählen üben 82
Fachbegriffe 96
Fachvortrag 15
Festrede 64, 65
Festvortrag 64
Filmeinsatz 146
Firmenjubiläum 66
Flipchart 141
Folien 143
Fragearten 190
Fragen ans Publikum 167
Fragetechnik 190
Freewheeling 201
Frei sprechen 71
Fremdwörter 94
Füllwörter 97
Fünf-Finger-Formel 59
Fünf-Punkte-Formel 59
Fünf-Satz-Formel 59
Fünf-Schritte-Formel 59
Gastredner begrüßen 65
Gelegenheitsrede 16, 64
Generalprobe 9
Geschlossene Frage 191
Geselligkeitsrede 17, 64, 67
Gesellschaftsrede 66
Gestik 130
Gliederung 6, 92
Gliederungsmuster 46
Hafttafel 142

Haltung 133
Hände 132
Handflächen 131
Hängenbleiben 165
Hauptsätze 100
Hauptteil 6, 21, 39
Hilfsmittel 9, 30, 137
Hinführung zum Thema 33
Historische Einleitung 32
Hochdeutsch 108
Humor 28
Ideenarchiv 205
Ideenquellen 200
Informationsrede 15
Informationsverluste 42
Interesse wecken 21
Ja, aber-Methode 187
Kleidung 135
Kommunikation 40
Körpersprache 124
Kreativitätstechniken 201
Kürze 93
Lampenfieber 149
Lautstärke 114
Leitfragen 198
Manuskript 8, 73
Manuskriptreden 83
Marotte 125
Materialsuche 197
Medien 137, 140
Meinungsrede 13
Metapher 102
Mikrofon 147
Mimik 129
Mind-Mapping 80, 203
Mitarbeiterjubiläum 67
Moderationsmethode 188
Moderator 182, 188
Modewörter 97
Musterreden 16

Namen 24, 76
Negativer Vortragsbeginn 34
Notsituationen 169
Notstichwortzettel 169
Offene Frage 190
Orientierung am Zuhörer 34
Overheadprojektor 143
Pausen 116
Pinnwand 141
Prägnanz 93
Präsentation 14
Probevortrag 157
Problemlösung 30
Problemlösungsformel 30, 61
Projektor 143
Pro-und-Kontra-Formel 62
Punktabfragen 192
Rahmenbedingungen 157
Rahmenrede 64
Redeangst 152
Redefiguren 101
Redeformeln 57
Redeunterbrechungen 171
Redezeit 76
Redeziel 4, 11
Referat 15
Reflektierende Frage 186
Regieanweisung 75
Rhetorische Frage 32, 105, 192
Rückfragen 174
Sachebene 44
Sachvortrag 15
Satzbau 94
Schlagfertigkeit 174
Schluss 6, 21, 39, 49
Schlussappell 51
Schlussbeifall 178
Schreibstil 84
Schriftdeutsch 108
Spickzettel 77

Spontanideen 197
Sprachstil 91
Sprechdenken 71
Sprechpausen 116
Sprechtechnik 111
Sprechtempo 114
Sprichwörter 102
Standardgliederungen 57
Stecktafel 142
Stegreifrede 17
Stichwortabfragen 192
Stichwortkärtchen 73
Stichwortmanuskript 72
Stichwortreden 72
Stimme 112
Stimulanz 93
Stimulatoren 203
Stoffsammlung 5, 197
Störungen 165
Suggestivfrage 191

Tafel 141
Tageslichtprojektor 143
Tischrede 66
Titel 24
Toast 58
Tonlage 112
Trauerrede 64, 67

Überzeugungsrede 13

Übungen 19, 36, 43, 45, 48, 81, 98, 117, 120, 126, 153, 172, 175, 188, 208
Uhr 135
Umgang mit Beifall 178
Veranstaltungseröffnung 65
Verben 98
Vergleiche 31, 104
Verlegenheitslaute 97
Versform 69
Versprecher 170
Verständlichkeit 91
Videoeinsatz 146
Vier-B-Formel 65
Visualisierung 138
Vollständigkeit 40
Vorbereitung 1
Vortragsdauer 50

Wechselrede 67
Wiederholung 104, 166
Wortschatz 98
Wortwahl 94

Zahlen 76
Zeichenvorrat 40
Zeitgewinn 186
Zeithinweise 76
Zitate 29, 52, 68, 76, 102
Zuhörerkompliment 26
Zusammenfassung 52
Zwecksatz 59
Zwischenrufe 171

Buchanzeigen

Beruf und Karriere: Die richtigen Bücher für Ihren Erfolg

Dahm
Das Recht der Angestellten im öffentlichen Dienst (BAT)

Arbeitszeit, Teilzeitbeschäftigung, Beschäftigungszeit, Dienstzeit, Eingruppierung, Urlaubsanspruch, Beendigung des Arbeitsverhältnisses, Übergangsgeld, Dienstwohnung.

2.A.1994. 239 S.
DM 12,90. dtv 5258

Beck
Das Recht des Auszubildenden im öffentlichen Dienst

Systematische Einführung mit praktischen Hinweisen und allen wichtigen Tarifverträgen und Gesetzestexten.

1.A.1994. 319 S.
DM 15,90. dtv 5628

BeamtenR · Beamtenrecht

BundesbeamtenG, BeamtenrechtsrahmenG, BundesbesoldungsG mit Anlagen, BeamtenversorgungsG, Bundesdisziplinarordnung, Beihilfevorschriften und weitere Vorschriften des Beamtenrechts.

Textausgabe.
17.A. 2000. 462 S.
DM 16,50. dtv 5529

Der Start in den Beruf

Nasemann
Richtig bewerben

Praktische Hinweise für die Stellensuche, Inhalt und Form der Bewerbung, alle Rechtsfragen zu Vorstellungsgespräch und Einstellungstest.

4.A.1996. 144 S.
DM 9,90. dtv 50608

Göpfert
Die argumentative Bewerbung

Tips für die Stellensuche, Bewerbung und Vorstellung

4.A.1999. 194 S.
DM 14,90. dtv 5818

List
Neue Wege der Stellensuche

Wie Sie Ihre Chancen auf dem Arbeitsmarkt verbessern.

1.A.1997. 211 S.
DM 16,90. dtv 5897

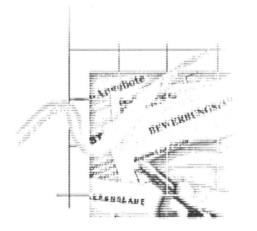

Beruf und Karriere: Die richtigen Bücher für Ihren Erfolg

Wetter
Ärger im Betrieb

Rechtsfragen im Arbeitsverhältnis und bei der Kündigung: Krankheit, Lohnfortzahlung, Mutterschutz, Mitbestimmung des Betriebsrats, Abmahnungen, Kündigung.
Mit Rechtsvorschriften und Mustern.

1.A.1993. 149 S.
DM 9,90. dtv 50606

Wetter
Der richtige Arbeitsvertrag

Die wichtigsten Rechtsfragen bei Vertragsabschluß und späteren Änderungen.

3.A. 2000. 117 S.
DM 11,50. dtv 50607

Schulz
Kündigungsschutz im Arbeitsrecht von A–Z

Alle wesentlichen Fragen zum Thema „Kündigung und Kündigungsschutz" in rund 400 Stichwörtern erläutert.

3.A. 2000. Rd. 240 S.
Ca. DM 15,50. dtv 5070

In Vorbereitung für Herbst 2000

Schulz
Alles über Arbeitszeugnisse

Zeugnissprache, Haftung, Rechtsschutz.
Mit zahlreichen Mustern.

6.A. 2000. 188 S.
DM 16,50. dtv 5280

MitbestG · Mitbestimmungsgesetze

in den Unternehmen mit allen Wahlordnungen.
Textausgabe.

6.A. 2000. Rd. 400 S.
Ca. DM 16,50. dtv 5524

In Vorbereitung für Herbst 2000

Schaub/Kreft
Der Betriebsrat

Aufgaben – Rechte – Pflichten.

Wahl und Organisation des Betriebsrats, Mitbestimmung in sozialen und personellen Angelegenheiten, Beteiligung des Betriebsrats in wirtschaftlichen Angelegenheiten, Verfahren nach dem BetrVG.

7.A. 2001. Rd. 540 S.
Ca. DM 21,50. dtv 5202

In Vorbereitung für Frühjahr 2001

Schaub
Meine Rechte und Pflichten im Arbeitsgerichtsverfahren

Klagearten, Klageerhebung, Güteverhandlung, Vertretung durch Anwalt, Rechtsmittel, Vollstreckung, Einstweilige Verfügung, Beschlußverfahren, Kosten.

6.A.1997. 388 S.
DM 14,90. dtv 5205

Beruf und Karriere: Die richtigen Bücher für Ihren Erfolg

SGB III · Arbeitsförderung

mit ArbeitserlaubnisVO, BaubetriebeVO, Winterbau-UmlageVO, AltersteilzeitG und weiteren wichtigen Vorschriften.

Textausgabe.
5.A. 2000. 361 S.
DM 17,90. dtv 5597

Köbl
Frau und Beruf

Arbeitsrecht für Frauen.
3.A.1995. 473 S.
DM 24,90. dtv 5204

Gröner/Fuchs-Brüninghoff
Lexikon der Berufsausbildung

1000 Begriffe für Ausbildungsleiter und Ausbilder. Didaktik und Methodik, Rechtsgrundlagen, jugendpsychologische Fragen, Grundfragen der Berufsbildung.

1.A. 2000. Rd. 300 S.
Ca. DM 19,50. dtv 50835
In Vorbereitung

Rittweger
Altersteilzeit

Wege in den vorgezogenen Ruhestand.
Mit Beispielen, Faustformeln und Mustern.

1.A. 2000. Rd. 200 S.
Ca. DM 19,50. dtv 5636
In Vorbereitung

Battis
Öffentliches Dienstrecht von A–Z

Beamtenverhältnis, Besoldung, Versorgung, Ruhestand, Nebentätigkeit, Tarifautonomie, Arbeitsentgelt, Arbeitskampf, Personalrat, Personalversammlung.

5.A.1999. 314 S.
DM 16,90. dtv 5230

BAT · Bundes-Angestelltentarifvertrag

mit Vergütungstarifverträgen, Versorgungs-Tarifverträgen und anderen Tarifverträgen, BundespersonalvertretungsG mit Wahlordnung, Beihilfevorschriften.

Textausgabe.
13.A.1998. 273 S.
DM 12,90. dtv 5553

BAT-O · Bundes-Angestelltentarifvertrag-Ost

Tarifverträge für Angestellte, Arbeiter und Auszubildende.

Textausgabe.
9.A. 2000. Rd. 320 S.
Ca. DM 16,90. dtv 5565
In Vorbereitung

Then/Denkhaus
Zeitarbeit

Flexibel arbeiten und beschäftigen.

1.A.1994. 111 S.
DM 12,90. dtv 5851

Beruf und Karriere

DIE RICHTIGEN BÜCHER FÜR IHREN ERFOLG

Arbeitsrecht

**ArbG ·
Arbeitsgesetze**

mit den wichtigsten Bestimmungen zum Arbeitsverhältnis, KündigungsR, ArbeitsschutzR, BerufsbildungsR, TarifR, BetriebsverfassungsR, MitbestimmungsR und VerfahrensR.

Textausgabe.
58.A. 2000. 746 S.
DM 10,90. dtv 5006

Schaub
Arbeitsrecht von A–Z

Aussperrung, Betriebsrat, Gewerkschaften, Gleichbehandlung, Jugendarbeitsschutz, Kündigung, Mitbestimmung, Erziehungsurlaub, Ruhegeld, Streik, Tarifvertrag, Zeugnis u.a.m.

15.A.1998. 983 S.
DM 19,90. dtv 5041

Schaub
Meine Rechte und Pflichten als Arbeitnehmer

Anbahnung und Abschluß des Arbeitsvertrages sowie seine Beendigung, Rechte und Pflichten, der Einfluß des Betriebsrats, Betriebsnachfolge, Sonderrechte.

7.A.1997. 583 S.
DM 19,90. dtv 5229

Schaub/Rühle
**Guter Rat
im Arbeitsrecht**

2.A.1998. 819 S.
DM 19,90. dtv 5600

Das Buch zur ⬤ *ZDF-Serie „Wie würden Sie entscheiden?"*
Notter/Obenaus/Töpper
Meine Rechte am Arbeitsplatz

Vom Vorstellungsgespräch bis zum Kündigungsschutzprozeß – der Band informiert leicht verständlich über Rechte und Pflichten des Arbeitnehmers.
Mit Originalfällen aus der ZDF-Rechtsserie.

1.A.1997. 286 S. mit 6 Fotos.
DM 15,90. dtv 5664

Beruf und Karriere: Die richtigen Bücher für Ihren Erfolg

Mensch und Beruf

Knieß
Kreatives Arbeiten
Methoden und Übungen zur Kreativitätssteigerung.
1.A.1995. 228 S.
DM 16,90. dtv 5873

Hugo-Becker/Becker
Motivation
Neue Wege zum Erfolg.
1.A.1997. 419 S.
DM 19,90. dtv 5896

Haug
Erfolgreich im Team
Praxisnahe Anregungen und Hilfestellungen für effiziente Zusammenarbeit.
2.A.1998. 188 S.
DM 16,90. dtv 5842

Fuchs-Brüninghoff/Gröner
Zusammenarbeit erfolgreich gestalten
Eine Anleitung mit Praxisbeispielen.
Das Buch ist eine Anleitung für Vorgesetzte und Mitarbeiter, eigene Persönlichkeitsmerkmale und Fähigkeiten zu erkennen und sie sinnvoll zur Verbesserung der Kommunikation und Kooperation mit Mitarbeitern, Kollegen, Vorgesetzten und Kunden einzusetzen.
1.A.1999. 203 S.
DM 17,90. dtv 50834

Hugo-Becker/Becker
Psychologisches Konfliktmanagement
Menschenkenntnis – Konfliktfähigkeit – Kooperation.
3.A. 2000. 411 S.
DM 19,90. dtv 5829

Neuhäuser-Metternich
Kommunikation im Berufsalltag
Verstehen und verstanden werden.
1.A.1994. 300 S.
DM 16,90. dtv 5869

Lang
Schlüsselqualifikationen
Handlungs- und Methodenkompetenz, Personale und Soziale Kompetenz.
1.A. 2000. 600 S.
DM 29,50. dtv 50842

Zander/Femppel
Praxis der Personalführung
Was Sie tun und lassen sollten.
Das Was und Wie der Personalführung, 99 Tipps Fallbeispiele, Führungsgrundsätze.
1.A. 2000. Rd. 250 S.
Ca. DM 19,50. dtv 50841
In Vorbereitung für Winter 2000

Lobscheid
Mitarbeiter einvernehmlich führen
2.A.1998. 253 S.
DM 16,90. dtv 5848

Drzyzga
Personalgespräche richtig führen
Ein Kommunikationsleitfaden.
Der rasche Überblick über die fachlichen und psychologischen Faktoren des Gesprächs mit Mitarbeite[r]
1.A. 2000. 148 S.
DM 16,90. dtv 50840

Beruf und Karriere: Die richtigen Bücher für Ihren Erfolg

Weisbach
Professionelle Gesprächsführung
Ein praxisnahes Lese- und Übungsbuch. Tips für Führungskräfte und Berater.
4.A.1999. 415 S.
DM 19,90. dtv 5845

Briese-Neumann
Erfolgreiche Geschäftskorrespondenz
Perfektion in Form, Stil und Sprache.
1.A.1996. 280 S.
DM 18,90. dtv 5878

Stoll
Zeitmanagement
Wege zu Effizienz und Leistungsfähigkeit.
1.A.2000. Rd. 150 S.
Ca. DM 16,50. dtv 50836

In Vorbereitung für Winter 2000

Jeske
Erfolgreich verhandeln
Grundlagen der Verhandlungsführung.
Dieses Werk stellt einerseits die strategischen Momente der Verhandlungsführung dar, verdeutlicht andererseits die Interaktionsaspekte, die für die Zielerreichung in Verhandlungssituationen erfolgreich gestaltet werden können.
1.A.1998. 238 S.
DM 16,90. dtv 50824

Briese-Neumann
Optimale Sekretariatsarbeit
Büroorganisation und Arbeitserfolg. Ein Leitfaden für Chefs und Sekretariatsmitarbeiter. Das Werk stellt die wichtigsten Arbeitsabläufe und Strukturen eines Sekretariats dar und zielt auf die Optimierung der Zusammenarbeit zwischen Chef und Sekretärin. Praktische und umsetzbare Informationen mit Checklisten, Tipps und Beispielen.
1.A.1998. 308 S.
DM 19,90. dtv 50804

Schmitt
Streß erkennen und bewältigen
Effektive Gegenstrategien.
1.A.1992. 200 S.
DM 12,80. dtv 5855

Schanz/Gretz/Hanisch/Justus
Alkohol in der Arbeitswelt
Fakten – Hintergründe – Maßnahmen.
1.A.1995. 281 S.
DM 16,90. dtv 5879

Management und Marketing

Dichtl/Issing
Vahlens Großes Wirtschaftslexikon
4 Bände in Kassette.
2.A.1994. 2505 S.
DM 138,–. dtv 59006

Rittershofer
Wirtschaftslexikon
1.A. 2000. Rd. 850 S.
Ca. DM 34,50. dtv 50844
In Vorbereitung für Herbst 2000

Pepels
Lexikon des Marketing
Über 2500 grundlegende und aktuelle Begriffe für Studium und Beruf.
1.A.1996. 1237 S.
DM 39,90. dtv 5884

Pepels
Praxiswissen Marketing
Märkte, Informationen und das Instrumentarium des Marketing.
1.A.1996. 349 S.
DM 19,90. dtv 5893

Becker
Das Marketingkonzept
Zielstrebig zum Markterfolg!
Die notwendigen Schritte für schlüssige Marketingkonzepte, systematisch und mit Fallbeispielen.
1.A.1999. 233 S.
DM 17,90. dtv 50806

Bruhn
Kundenorientierung
Bausteine eines exzellenten Unternehmens.
1.A.1999. 382 S.
DM 24,90. dtv 50808

Schneck
Lexikon der Betriebswirtschaft
Über 3000 grundlegende und aktuelle Begriffe für Studium und Beruf.
3.A.1998. 823 S.
DM 34,90. dtv 5810

→

Betriebs- und Volkswirtschaft: Fragen und Antworten für das Management

Schwan/Seipel
Personalmarketing für Mittel- und Kleinbetriebe

Dieser Band zeigt den modernen Ansatz des Personalmarketing:
· Entwicklungstendenzen am Arbeitsmarkt
· Personalbeschaffung und Personalplanung
· Personalkosten und Entgeltgestaltung
· Wege zum Bewerber
· Techniken der Personalauswahl
· Arbeits- und Sozialrecht und Personalmarketing
· Stabilisierung, Integration und Leistungsentfaltung
  Personalabbau.

1.A.1994. 295 S.
DM 16,90. dtv 5841

Becker
Lexikon des Personalmanagements

Über 1000 Begriffe zu Instrumenten, Methoden und rechtlichen Grundlagen betrieblicher Personalarbeit.

1.A.1994. 455 S.
DM 24,90. dtv 5872

Kleine-Doepke/Standop/Wirth
Management Basiswissen

Konzepte und Methoden zur Unternehmenssteuerung.
Strategische Planung, Marketing, Kostenrechnung und Kostenmanagement, Investitionsrechnung, Bilanz- und Finanzanalyse.

2.A.2000. Rd. 200 S.
Ca. DM 19,50. dtv 5861

In Vorbereitung für Herbst 2000

Füser
Modernes Management

Lean Management, Business Reengineering, Benchmarking und viele andere Methoden. Dieser Wirtschaftsberater führt durch den Dschungel moderner Managementansätze und -theorien.

2.A.1999. 224 S.
DM 16,90. dtv 50809

Daschmann
Erfolge planen

Strategische Managementansätze und Instrumente für die Praxis.

1.A.1996. 265 S.
DM 16,90. dtv 5895

Rohr (Hrsg.)
Management und Markt

Unternehmensführung und gesamtwirtschaftlicher Rahmen.
Dieser Band zeigt die Mechanismen des Marktes und die unternehmerischen Handlungsmöglichkeiten in leichtverständlicher Form. Das Werk vermittelt fachübergreifend die Grundlagen des Wirtschaftswissens und eignet sich für Studium und Ausbildung sowie als Nachschlagewerk.

1.A.1994. 518 S.
DM 19,90. dtv 5871